Der vietnamesische Gulag

Unter Mitarbeit von Michel Voirol

Doan Van Toai

Der vietnamesische Gulag

Aus dem Französischen von Heinz Abosch

Kiepenheuer & Witsch

Titel der Originalausgabe *Le Goulag Vietnamien*

Autorisierte gekürzte Ausgabe
Aus dem Französischen von Heinz Abosch

Schutzumschlag Hannes Jähn, Köln
Gesamtherstellung C.H. Beck'sche Buchdruckerei, Nördlingen

ISBN 3 462 01318 1

INHALT

Den politischen Gefangenen aller Regime Vietnams; dem Andenken meiner Mutter und aller vietnamesischen Mütter, die in Erwartung einer unmöglichen Heimkehr starben.

EINLEITUNG

Sich von der »Befreiung« befreien

Es war sehr spät. Schon lange sprachen wir in der Finsternis in dem nahe Saigon gelegenen Wald. Der Mönch Thich Chon Phap ergriff meine Hand und verabschiedete sich – vielleicht für immer: »Falls wir uns auf einem freien Boden nicht mehr wiedersehen sollten, Toai, dann werden wir uns irgendwo in einer anderen Welt wiederfinden.«

Das war am 10. Mai 1978. Thich Chon Phap, den ich in der Gefangenschaft kennenlernte, hatte das braune Gewand der vietnamesischen Mönche abgelegt und seinen Geburtsnamen Nguyen Huu Hieu wieder angenommen. Er hatte sich von seinen Schülern der buddhistischen Universität Van Hanh verabschiedet. Einem kommunistischen Schriftsteller, der aus dem Norden zu ihrem Schutz herbeigeeilt war, hatte er seine einzigen irdischen Güter geschenkt: seine Bücher. Darunter seine eigenen Werke, etwa zwei Dutzend, den großen europäischen Philosophen, von Nietzsche bis Sartre, gewidmet, die er ins Vietnamesische übersetzte.

Gekleidet wie ein vietnamesischer Bauer, verschwand Hien in der Nacht. Er wollte sich einer jener Gruppen anschließen, die die angelsächsische Presse als *boat people* bezeichnet: Schiffsvolk – es wäre richtiger von Verzweifelten des Meeres zu sprechen. Denn sie verlassen, zumeist in der Nacht, mit ihren Kindern das von ihnen geliebte Land für ein unbekanntes Ziel, ohne jegliche Habe. Und ohne zu wissen, ob sie jemals irgendwo ankommen werden. Um solch einen Entschluß zu fassen, um sich solch einer Gefahr auszusetzen, muß man jede Hoffnung verloren haben.

Ich ging nach Saigon, jetzt Ho Chi Minh-Stadt, zurück. Ich hatte mehr Glück als mein Freund Hien, besaß ich doch einen Flugschein nach Frankreich. Nach achtundzwanzig Monaten Gefangenschaft konnte ich mein Land legal verlassen. Zwei Tage später war ich in Paris.

Das erste, was ich bei meiner Ankunft in Paris tat, war das Abhalten einer Pressekonferenz, um die monströse, der ganzen Welt unbekannte Wahrheit zu enthüllen: drei Jahre nach der »Befreiung« gibt es im neuen »demokratischen und sozialistischen« Vietnam 800 000 Gefangene in Lagern und Gefängnissen. Die Zahl schien so ungeheuerlich, daß die meisten Journalisten sie mit einer Vorsicht wiedergaben, die ihren Zweifel verriet. Damals gestand die vietnamesische Regierung widerwillig, daß 50 000 Personen in »Umerziehungslagern« seien, wo Militärs und Beamte des alten Regimes »umgeschult« würden. Nebenbei sei bemerkt, daß drei Jahre vorher Leute zu einer einmonatigen »Umschulung« einberufen wurden ...

Dennoch waren die Journalisten vom »Testament« der Gefangenen des neuen Regimes beeindruckt, das ich ihnen vorlegte. Zwischen 1975 und 1977 hatten es 47 Häftlinge unterzeichnet, ehemalige Mitglieder der Kommunistischen Partei, einstige Kämpfer der Befreiungsfront oder namhafte Gegner der Saigoner Militär-Marionettenregierung.

1978 zögerte die westliche Linke noch, obwohl von der ununterbrochenen Flucht der Vietnamesen beunruhigt, die Hanoi-Regierung zur Rede zu stellen. Die Führer der vietnamesischen Revolution genossen noch jene Aura, welche die gleiche Linke seinerzeit bei den stalinistischen Verbrechen geblendet hatte. In den Augen der westlichen Linken waren die vietnamesischen Kommunisten Helden, die in dreißig Kampfjahren Frankreich besiegt und das machtvolle Amerika bezwungen hatten. Sie waren Symbole des antikolonialistischen und antiimperialistischen Kampfes. Sie waren unberührbar.

So bemühte man sich lange Zeit in den westlichen Linkskreisen, jene Verzweifelten, die die Küsten Thailands oder Malaysias erreichten, als letzte Stützen des alten Regimes zu betrachten: wohlhabende, vom Blitzsieg der Revolution überraschte Bourgeois oder Kriegsprofiteure, die die Amerikaner nicht rechtzeitig vor dem Fall Saigons am 30. April 1975 herausbringen konnten.

Daher wurden auch ihre Berichte über die Lage Vietnams mit Skepsis aufgenommen. Sie sprachen von einer hungernden Nation, wo der Reis immer strenger rationiert wurde, es praktisch kein

Fleisch mehr gab, die Bevölkerung keine Freiheit mehr hatte, Gefängnisse und Lager überfüllt, die kommunistischen Kader korrupt waren ... Man glaubte ihnen nicht. Zwei Ereignisse sollten die Konspiration des Schweigens Ende 1978 brechen. Im November traf in der Meerenge von Malakka der alte Frachter *Hai Hong* ein, bis an den Rand gefüllt mit 2500 Flüchtlingen jeden Alters und jeder sozialen Herkunft. Durch den plötzlichen Anstieg der vietnamesischen Auswanderung erschrocken, untersagten die malaysischen Behörden das Anlegen des Frachters, trieben ihn ins Meer hinaus und verweigerten sogar die Lebensmittelversorgung. Die internationale Presse griff ein. Das Bild dieses Unglücks erschütterte die Welt, das vietnamesische Volk hatte seinen *Exodus.* Der *Hai Hong* enthüllte mit einem Schlag das Ausmaß der Tragödie. Offenbar wurde, daß der Flüchtlingsstrom nicht versiegte, sondern unaufhörlich anstieg; daß das neue Regime nicht von einer dünnen Schicht ehemaliger Privilegierter abgelehnt wurde, sondern von allen Klassen der Bevölkerung. Die zweite Erschütterung war die Invasion Kambodschas durch die vietnamesische Armee in den letzten Dezembertagen. Gewiß wagte niemand, das verruchte Pol Pot-Regime zu verteidigen, das seit 1975 den Sozialismus mittels Deportationen und Massenhinrichtungen errichtete. Aber die zynische Besetzung eines kleinen Nachbarlandes durch vietnamesische Panzerdivisionen erinnerte ärgerlich an die zehn Jahre davor von den Armeen des Warschauer Paktes durchgeführte Invasion der Tschechoslowakei. Und vor allem zeigte sich eine neue Seite des Hanoi-Regimes, die lange Zeit verborgen war hinter Freundschaftsschwüren und Nichteinmischungsversprechen gegenüber den »Brudervölkern« der Khmer und Laoten. Heute ist Laos nichts anderes als ein vietnamesisches Protektorat, und Kambodscha ist im Begriff, es selbst auch zu werden. Ist denn die vietnamesische Regierung selber noch unabhängig? Der wirtschaftliche Zusammenbruch des Regimes, das niederdrückende politische System, die vielleicht noch Jahre währende Gegen-Guerilla in Kambodscha, der permanente Alarmzustand an der chinesischen Grenze machen Vietnam immer abhängiger von der Hilfe Moskaus, zwingen es zu immer stärkerer Integration in den Sowjetblock. Und vor allem war das neue Regime im internationalen

Bereich noch nie so isoliert wie jetzt. In vier Jahren haben die vietnamesischen Kommunisten fast vollständig das ungeheure Kapital an Prestige vergeudet, das vom vietnamesischen Volk in einem dreißigjährigen Kampf errungen wurde.

In Frankreich verlangen heute die meisten Linksintellektuellen von den Hanoi-Führern Rechenschaft im Namen der gleichen Prinzipien, mit denen sie den Kampf der Vietnamesen gegen den Imperialismus und die Diktatur unterstützt hatten. Man sah, wie zwei alte ideologische Gegner, Jean-Paul Sartre und Raymond Aron, den Präsidenten der Republik gemeinsam aufsuchten, um ihn zu einer energischen Aktion zugunsten der Flüchtlinge aufzufordern.

In den Vereinigten Staaten vollzog sich die Gewissensprüfung der Intelligentsia langsamer, aber sie ist um so eindrucksvoller. Im Juni 1979 veröffentlichte das von Joan Baez präsidierte Komitee *Humanitas* in den größten amerikanischen Zeitungen einen »Offenen Brief an die Sozialistische Republik Vietnams«, worin man lesen kann: »Grausamkeit, Gewalttätigkeit und Unterdrückung, seit mehr als einem Jahrhundert in Ihrem Land durch ausländische Mächte ausgeübt, bestehen unter dem heutigen Regime weiter ...« Der Brief wurde von zahlreichen Persönlichkeiten unterzeichnet, die zumeist für den Frieden in Vietnam gekämpft haben, wie Norman Cousins, Allen Ginsberg, Irving Horowitz oder I. F. Stone, Herbert Gold, James Michener, William Styron, Morris West.

Den Gegenangriff unternahm der letzte Haufen treuer Gefolgsleute, angeführt von Jane Fonda. In einem Offenen Brief an Joan Baez, kurz darauf in den gleichen Zeitungen publiziert, schrieb die Gruppe:

»Der einzige Beweis, den Sie anführen, ist das Zeugnis eines gewissen Doan Van Toai, ein zweifelhafter Informant angesichts seiner Beziehungen zum Thieu-Regime und zu unserer CIA.«

Da haben wir es also: Indem ich seit einem Jahr in Frankreich, in den Vereinigten Staaten, in Kanada, in Großbritannien, in Deutschland, in der Schweiz das Vorhandensein und die Wirklichkeit des vietnamesischen GULAG enthülle, indem ich dieses Buch veröffentliche, weiß ich, was ich zu erwarten habe. Seit August 1978 steuert die Hanoi-Regierung eine Kampagne, um mich zu diskreditieren. Zu diesem Zweck hat sie vornehmlich Huynh Tan Mam eingesetzt, Vorsitzender des Saigoner Studentenverbandes zu jener Zeit, als ich sein Stellvertreter war und wir gemeinsam gegen die Marionettenregierung kämpften.

So beschuldigt man mich, »Millionen Piaster« aus der Kasse des damaligen Studentenverbandes entwendet zu haben – eine keineswegs alltägliche Leistung, wenn man bedenkt, daß der Verband nie einen Heller besaß. Nebenbei heißt es auch, ich sei »ein Wüstling.«

Überdies hätte ich die Aktion des Studentenverbandes sabotiert, den Versuch unternommen, die Sektion einer antikommunistischen, natürlich von der CIA finanzierten Studentenliga Asiens zu schaffen. Schließlich und hauptsächlich wäre ich im Dienst der Geheimpolizei des alten Regimes gewesen und als solcher für das »mysteriöse Verschwinden« zahlreicher oppositioneller Studenten verantwortlich. Betrüger, Wüstling, Verräter, Spitzel, Denunziant, Agent des Auslands – das ist eine ganze Menge. Viel zuviel für jemanden, der mehrere Monate in den Kerkern des alten Regimes verbracht hat, bevor er achtundzwanzig Monate die Kerker des neuen Regimes kennenlernte. Achtundzwanzig Monate, während derer mir nie eine dieser Anklagen vorgehalten wurde.

Erstaunlich genug, daß man alle diese »Verbrechen« erst entdeckte, nachdem ich begonnen hatte, die Wirklichkeit des vietnamesischen KZ-Regimes zu enthüllen, und obwohl ich, nach den von den vietnamesischen diplomatischen Vertretungen verbreiteten Dokumenten, »schon seit 1970 in der Studentenbewegung vollständig diskreditiert« war. Hätten die Behörden mir mißtraut – ich weiß genau, im folgenden wird es ersichtlich, daß sie über mich bestens informiert waren –, warum haben sie mir dann nach der »Befreiung« offiziell die Teilnahme am Finanzausschuß der Provisorischen Regierung vorgeschlagen? Hätten sie in ihren Akten so schwere Vorwürfe gegen mich gehabt, warum hätten sie mich dann entlassen? Wenn man ein solches Exemplar der Laster des alten Regimes in Händen hält, dann läßt man es doch nicht in aller Welt herumlaufen, dann stellt man es doch in einem öffentlichen Prozeß, zur Erbauung der Massen, zur Schau.

Ich will nicht jenen beschuldigen, der mich heute anklagt, Huynh Tan Mam, und der mir fast ein Bruder gewesen war. Jetzt ist er Abgeordneter, Vorsitzender der Jugend von Ho Chi Minh-Stadt, Parteimitglied. Er ist nicht frei. Weil ich für die Partei ein hinwegzuräumender Feind geworden bin, muß er mich angreifen, und jedes Mittel dazu ist recht. Täte er es nicht, würde er selbst verdächtig werden. Gegen mich wird man alle notwendigen »Beweisstücke« fabrizieren und man wird die erforderlichen »Zeugen« finden.

Seit einem Jahr wissen die vietnamesischen Behörden, daß dieses Buch erscheinen wird. Wahrscheinlich kennen sie sogar die ersten Kapitel. Im September 1978 verschwanden aus der Wohnung meines Freundes Michel Voirol, der diesem Bericht die letzte Form gab, die ersten hundertzehn Manuskriptseiten. Beim Erscheinen des Buches werden gewiß die noch verbliebenen Anhänger – sie nehmen von Tag zu Tag ab – mobilisiert werden mit dem Ziel, Gegenpositionen zu errichten.

Die die stalinistischen Methoden kennen (und die vietnamesische KP hat keine anderen erfunden), werden davon nicht überrascht sein. Tatsachen leugnen, jene beschmutzen, die sie enthüllen, »Beweise« fabrizieren mit Hilfe von Zeugen, die in der Hand der Polizei sind – diese Verfahren sind heute bekannt genug, unnötig, sie im einzelnen zu erklären. In dieser Dunkelkammer des heutigen Vietnam, wo keiner seiner Freiheit gewiß ist, wo niemand zu sprechen das Recht hat, wo kein unabhängiger Beobachter nachforschen darf, kann man alles tun, sagen und sagen lassen.

Wer als erster die verborgene, beschämende Seite eines Regimes enthüllt, das die Hoffnungen des ganzen Volkes und der fortschrittlichen Kräfte der ganzen Welt verkörperte, ist allseits verwundbar. Besonders dann, wenn er, wie ich selbst, ein Anhänger der Revolution gewesen ist. Die Rechte, die Elend und Versklavung für den Fall einer kommunistischen Machtübernahme ankündigte, ist verzückt: »Wir hatten es euch vorhergesagt. Und doch habt ihr ihnen geholfen! Jetzt ist es zu spät, sich darüber zu beklagen.« Das stimmt. Sollte man dennoch schweigen? So wenig heute wie gestern bin ich ein Freund des Unterdrückungsregimes, das die Vietnamesen im April 1975 gestürzt haben. Die Linke, zumindest ein gewisser Teil davon, will auf ihre klassischen Reflexe nicht verzichten: »Wenn ihr die Schwächen eines sozialistischen Regimes anprangert, verstärkt ihr das Lager der Reaktion. Also verratet ihr euer Ideal.« Schon ein halbes Jahrhundert lang hörte man dieses furchtbare Argument, in dessen Namen, ohne ein Wort des Protestes, Millionen Opfer, vor allem in der UdSSR, umgebracht worden sind.

Es gibt auch kalte Skeptiker – darunter viele Journalisten, deren Rolle es natürlich auch ist, skeptisch zu sein –, die folgendes sagen: »800 000 Gefangene in Südvietnam! Auf eine Bevölkerung von zwanzig Millionen Einwohnern! Stellen Sie sich diese ungeheure Zahl überhaupt vor, die allein von Ihnen genannt wird!« Es ist richtig, daß ich vor einem Jahr noch allein dastand. Der Grund dafür ist sehr einfach. Unter den zahllosen Vietnamesen, die seit 1975 aus ihrer Heimat flohen, haben nur wenige eine persönliche, sich auf eine lange Zeit erstreckende Erfahrung mit den Lagern und Gefängnissen des neuen Regimes. Die Gefangenen, die Insassen der angeblichen »Umerziehungslager« werden nur tropfenweise entlassen. Wer aus dem GULAG herauskommt, hat praktisch keine Möglichkeit, das Land zu verlassen. Die anderen, die legal, illegal oder durch die mit einer hohen Goldsumme erkaufte Komplizität eines Funktionärs die Grenze überschreiten, ziehen es vor zu schweigen. Denn ausnahmlos alle haben Verwandte, Freunde, Gefangene zurückgelassen, die Repressalien ausgesetzt sind. Unter den Strafmethoden findet man Verhaftung, Entzug der Lebensmittelkarte oder Deportation in Gebiete, die schamhaft »neue Wirtschaftszonen« genannt werden: unfruchtbares Brachland, wo hunderttausende Städter zu langsamem Sterben verurteilt sind.

Langsames Sterben. Diese Methode benutzt die Regierung zur Gleichschaltung Südvietnams. Alle politischen, militärischen und administrativen Kader des alten Regimes sind seit vier Jahren in »Umerziehungslagern«; dort sollten sie nur einen Monat verbringen, als im April 1975 die Aufforderung an sie erging, sich zu melden. Alle politischen, geistigen, religiösen Führer, die sich dem neuen Regime nicht vorbehaltlos unterwarfen, sind eingekerkert oder eingeschüchtert. Die gesamte Bevölkerung ist ständig in jedem Stadtteil, in jedem Dorf überwacht. Außerhalb der Schule sind die Kinder und Jugendlichen in Organisationen, die jungen Männer in der Armee erfaßt. Nach der Arbeit müssen die Erwachsenen unaufhörlich an Versammlungen teilnehmen. Privatleben gibt es nicht mehr. Sogar im Kreis der Familie achtet man auf Worte aus Furcht vor den Kindern, die ihrem Lehrer ahnungslos eine gefährliche Bemerkung mitteilen könnten.

Das neue Vietnam ist ein ungeheures Gefängnis, in seinem Innern befindet sich ein GULAG, der keineswegs dem von Alexander Solschenyzin beschriebenen nachsteht. Genauso wie die westlichen Linksintellektuellen brauchte auch ich Zeit, bis ich die Augen öffnete. Auch ich glaubte an das Programm der Nationalen Befreiungsfront: ein unabhängiges, neutrales und demokratisches Südvietnam, das zwar freundschaftliche Beziehungen mit dem Norden unterhalten, aber dennoch seinen eigenen Weg gehen würde. Auch ich glaubte den feierlichen, hundertfach von Hanoi wiederholten Versprechen: das neue Regime würde eine Politik der »Wiederversöhnung und Eintracht« durchführen, der Pluralismus der Meinungen würde geachtet, das Wirtschaftssystem nicht umgestürzt werden.

Die überwiegende Mehrheit der Südvietnamesen, des Kriegs überdrüssig und vom alten Regime angeekelt, aber dennoch einen kommunistischen Staat ablehnend, war mit diesem Programm einverstanden. In intellektuellen Kreisen träumten viele von einem »vietnamesischen Modell« des Sozialismus. Im Laufe der Jahre, dachten sie, würde Südvietnam sich sozialisieren und Nordvietnam sich liberalisieren. Durch den wechselseitigen Einfluß erreichte man jene ideale Synthese, die die Leute des »Prager Frühlings« vorzeitig und in allzu großer Nähe zur UdSSR erstrebten. Dann würde die Wiedervereinigung der beiden Vietnam beginnen und der »Sozialismus mit menschlichem Antlitz« Wirklichkeit werden. Nach den sowjetischen, chinesischen, kubanischen, tschechoslowakischen Illusionen erstand hier von neuem die Utopie in Vietnam.

Schon bei der ersten öffentlichen Kundgebung nach dem Sturz Thieus, am 15. Mai 1975, konstatierten die damals noch in Saigon anwesenden westlichen Journalisten, daß die Persönlichkeiten der Befreiungsfront und der Provisorischen Revolutionsregierung den zweiten Platz einnahmen. In den folgenden Wochen wurden die Kader der Befreiungsfront und der Provisorischen Regierung von aus Hanoi gekommenen Parteileuten »abgesichert«. Ein halbes Jahr nach der »Befreiung« repräsentierte die Befreiungsfront gar nichts mehr. Im Frühjahr 1976 beschloß ein von der nordvietnamesischen KP ferngesteuerter Kongreß, natürlich einmütig, die Wiedervereinigung des Nordens und des Südens. Und kurz vor dem ersten Jahrestag des Falles von Saigon, jetzt Ho Chi Minh-Stadt, wurde das Volk aufgefordert, diesen Beschluß zu ratifizieren durch die Wahl von Abgeordneten für eine einheitliche vietnamesische Nationalversammlung. In der aus diesem Anlaß umgebildeten Hanoi-Regierung erhielt die Befreiungsfront zwei oder drei nebensächliche Ämter. In der eigentlichen Regierung des Landes, dem Politbüro der Kommunistischen Partei, hatte Südvietnam weiter insgesamt nur einen Vertreter unter siebzehn Mitgliedern. Natürlich war schon lange nicht mehr die Rede von politischen Parteien und unabhängigen Zeitungen. Das »neutrale, unabhängige und demokratische« Südvietnam des Programms der Befreiungsfront bestand nicht mehr.

In der Zwischenzeit waren alle Beamten und Militärs des alten Regimes (mehr als eine Million Menschen) »eingeladen« worden, sich bei den neuen Behörden zu melden, um an »Umerziehungskursen« teilzunehmen. Der Lehrgang sollte, je nach Rang, drei Tage bis zu einem Monat dauern. Ein Jahr nach der »Befreiung« sind die in jener massiven und verlogenen Razzia ergriffenen Leute noch immer nicht heimgekehrt, mit Ausnahme untergeordneter Handlanger oder einfacher Soldaten, die keiner Kampfeinheit angehörten. Gleichzeitig wurden die Gefängnisse, Woche um Woche, mit Tausenden »Verdächtiger« vollgestopft. Darunter befanden sich natürlich einige Nutznießer des alten Regimes, obwohl die wichtigsten seit langem im Ausland waren. Aber die Mehrzahl bestand aus Leuten, deren »Schuld« es war, das Land »ungesetzlich« verlassen zu wollen und die man bei frischer Tat gefaßt hatte*, aus Opfern von Denunziationen seitens des »Volkes«. Wer ist denn nun eigentlich das »Volk«? Undurchschaubar! Außerdem füllten sich die Gefängnisse immer mehr mit ehemaligen Opponenten des Thieu-Regimes, mit ehemaligen Aktivisten oder Kämpfern der Befreiungsfront, ja sogar mit ehemaligen Mitgliedern der Kommunistischen Partei: wer nicht vorbehaltlos die Ansichten der Partei billigt, ist verdächtig und folglich für die Einkerkerung ausersehen.

Was die »freien« vietnamesischen Bürger angeht, so haben sie rasch begriffen, was sie erwartet: das Los eines Volkes, das von den aus dem Norden gekommenen Parteileuten insgesamt als verdächtig angesehen wird. Engmaschige Überwachung der Städte und Dörfer, wo Parteimitglieder jedes Haus, das Privatleben jedes einzelnen peinlich genau kontrollieren. Erzwungene Teilnahme an Versammlungen, Abfassen schriftlicher und zehnmal wiederholter »Biographien«, »freiwillige« Mobilisierung in Sonderorganisationen (für Kinder, Jugendliche, Frauen, Erwachsene usw.) füllen die gesamte Freizeit aus. Die Pflicht, über jede Entfernung vom Wohnsitz zu berichten, die Aufnahme jeder anderen Person anzumelden, verhindert praktisch, nach eigenen Vorstellungen zu leben. Die Rationierung ist von Monat zu Monat strenger geworden. Im Mai 1975 betrug die monatliche Reisration pro Kopf 9 kg, zwei Jahre später fällt sie auf 3 kg. Die Fleischzuteilung von einem Pfund pro Kopf und Monat ist ganz theoretisch, denn man findet weder Fleisch noch Fisch, es sei denn auf dem Schwarzmarkt, was die Leute nötigt, den neuen Herren die in der Ära der »amerikanischen Marionetten« erworbenen Güter zu verkaufen. Weshalb dieser Mangel in einem Land, das gewöhnlich Reis exportierte und im Frieden seine Bevölkerung ausreichend zu ernähren vermag?

* Bis heute hat die vietnamesische Regierung – genauso wie die anderer kommunistischer Staaten – noch immer nicht erklärt, warum es »ungesetzlich« sei, sein Land zu verlassen. Dieser Begriff steht in flagrantem Widerspruch zum Artikel 13 der *Allgemeinen Erklärung der Menschenrechte:* »Jeder Mensch hat das Recht, jedes Land, einschließlich seines eigenen, zu verlassen sowie in sein Land zurückzukehren.«

Weil die Bauern, der Zwangsablieferung zu unrentablen, von der Regierung festgesetzten Preisen unterworfen, nur noch für sich selber arbeiten. Die Lehren Osteuropas haben nichts genützt.

Zur Krönung des Ganzen werden »verdächtigen Familien« (dazu genügt es, einen Verwandten im Gefängnis oder im Umerziehungslager zu haben: dies trifft für Millionen Menschen zu) die Lebensmittelkarten entzogen. Nachdem sie ihren gesamten Besitz verkauft haben, bleibt dann als einzige Möglichkeit nur noch der Aufbruch in die »neuen Wirtschaftszonen«. Das offizielle Ziel dieser Zonen ist es, aus den Städten eine besitz- und erwerbslose Bevölkerung zu entfernen. Sofern es sich darum handelt, vor dem Kriegsgeschehen geflohene Bauern, die in Kanisterstädten vagabundieren, in ihre Dörfer zurückzuschicken, kann man damit nur einverstanden sein. Aber diese »neuen Wirtschaftszonen« sind etwas ganz anderes. Man schickt hunderttausende Städter, die von der Landwirtschaft nichts verstehen, in unfruchtbare oder ungesunde Gebiete, wo diese Entwurzelten langsam verenden. Das wirkliche Ziel dieser Maßnahme, die als Fruchtbarmachung des Landes hingestellt wird, besteht darin, die vom neuen Regime als widerspenstig verdächtigte Bevölkerung allmählich zu beseitigen.

Will man die in Vietnam sich vollziehende schweigende Revolution erklären, dann muß man auch von der erzwungenen »Sozialisierung« der Wirtschaft sprechen. Die Politik des neuen Regimes hat, unter anderem, die wenigen Industrieunternehmen, die die französische Herrschaft überlebten (Plantagen, Banken, Brauereien usw.), erdrosselt und die Entfaltung jener Betriebe behindert, die unter der amerikanischen Ägide entstanden waren. Die vietnamesischen Fabriken, die eine industrielle Entwicklung in Gang setzen können, werden heute von Unfähigen geleitet. Zunächst wird die Parteimitgliedskarte geprüft, bevor man sich für ihre Eignung zur Leitung eines Unternehmens interessiert. Die fähigen Kader sind entweder im Gefängnis oder im Exil. Zahllose Vietnamesen, die in der Präzisionsindustrie, für die sie besonders geeignet sind, beschäftigt werden könnten, stecken entweder in Lagern oder werden in untergeordneter Tätigkeit eingesetzt. Die

Ausweisung der *Hoa,* Vietnamesen chinesischen Ursprungs, die Handel und Export-Import-Geschäfte betrieben, hat die Krise noch verschärft.

Welch ein Geständnis, wenn der vietnamesische Botschafter in Frankreich, Vo Van Sung, in einem Interview am 13. Juli 1979 erklärt, daß Vietnam »eines der zwanzig ärmsten Länder der Welt« ist! Denn am Ende des Kriegs 1975 besaß das Land einige Trümpfe. Natürlich hatten die von den Vereinigten Staaten während Jahren ausgeschütteten Dollarmilliarden eine völlig künstliche und sogar ungesunde Prosperität hervorgerufen mit Konsumgewohnheiten, die dem realen Reichtum des Landes keineswegs entsprachen. Es war unumgänglich, zu einem einfacheren Lebensstil zurückzukehren: die Vietnamesen verstanden und billigten es. Aber sie verstehen nicht, warum das jetzt im Frieden befindliche Vietnam seine Bevölkerung nicht zu ernähren vermag, warum seine Reisproduktion sogar geringer ist als während des Kriegs! Sie verstehen auch nicht, warum das sozialistische Vietnam unfähig ist, ein gewisses positives Erbe der amerikanischen Periode intelligent zu verwenden: Maschinen, Straßen, Häfen, Flugplätze und vor allem Zehntausende von Facharbeitern, die moderne Techniken erlernt haben. In den Händen der Kommunistischen Partei ist dieses Kapital unfruchtbar geblieben, um nicht zu sagen, vollständig zerronnen. Nach einer vierjährigen uneingeschränkten Herrschaft, ohne Opposition, kann die vietnamesische KP auf allen Gebieten nur eine bankrotte Bilanz präsentieren. Und für diesen Bankrott trägt sie die ausschließliche Verantwortung.

Jahrzehnte hindurch ist die KP vom Unabhängigkeitswillen des Volkes emporgetragen worden, von der nationalistischen Grundwelle, deren Kraft sie bewunderungswürdig auszunutzen verstand. Diese Kraft war es, die es ihr erlaubte, die Franzosen zu schlagen, die Amerikaner zum Verzicht zu zwingen und letztlich die in Saigon noch überlebende verrufene Macht hinwegzufegen. Die Entschlossenheit Ho Chi Minhs und seiner Gefährten, der Mut der Kämpfer verschleierten lange Zeit das elementare Denken der vietnamesischen Kommunisten, die arrogante Unwissenheit der

Parteikader, die diktatorische, stalinistische Natur der Regierungsmethoden. Solange der Krieg andauerte, blieb der Mythos erhalten. Seit dem Sieg offenbaren sich die Parteilaster in hellem Licht. Die Kommunisten haben es verstanden, den Krieg zu gewinnen; es ist das einzige, was sie überhaupt verstehen. Aber sie sind unfähig, den Frieden zu gewinnen, dem vietnamesischen Volk ein erträgliches Regime zu geben.

Die Massenauswanderung der Vietnamesen ist die ungeheuerlichste Ohrfeige, die je ein Volk seinen Führern erteilt hat. Sogar die Flucht von Millionen Ostdeutscher in die Bundesrepublik vor dem Mauerbau war weniger enthüllend, denn jene flohen ja aus einem Teil Deutschlands in den anderen. Dagegen verlassen die Vietnamesen ihr Land, um ins Exil und oftmals in den Tod zu gehen. Wenn sie mit alten Kähnen, fast ohne Brennstoff und ohne Lebensmittel, Kurs aufs Meer nehmen, wissen sie, daß ihre Chance, irgendwo lebend anzukommen, höchstens zwei zu drei beträgt. Und wenn sie irgendwo ankommen und an Land gehen dürfen, werden sie Monate, vielleicht Jahre in Elendslagern, in totaler Armut zusammengepfercht. Dort warten sie auf ein fragliches Visum für die Einreise nach Frankreich, den Vereinigten Staaten oder Australien, wo sie, wie es auch kommen mag, Entwurzelte sein werden, die zum Überleben schwerste Arbeiten verrichten müssen.

Dies alles wissen sie, und dennoch nehmen sie es auf sich. Weil sie es nicht mehr ertragen können, in ihrem eigenen Land zu leben, unter der ersten ausschließlich vietnamesischen Regierung, die es seit einem Jahrhundert gibt ... Wenn man weiß, bis zu welchem Grad die Vietnamesen instinktmäßig mit ihrem Boden, ihrem Geburtshaus, den Ahnengräbern, ihrer Familie verbunden sind, ermißt man die ganze Verzweiflung, die dem zugrunde liegt. Verzweiflung und zugleich auch Lebenswille.

Einmal mehr erstaunen die Vietnamesen die Welt. Die Flucht ist ein politischer Akt, eine Bewegung des Volkswiderstands, die erste Episode eines neuen Kriegs. Es ist die unwiderrufliche Verurteilung eines unannehmbaren Regimes, die Revolte eines getäuschten, in eine Falle geratenen Volkes, das sich der Resignation verweigert. Indem es sich ins Meer stürzt, läßt dieses Volk den Skandal öffentlich werden, es nimmt die ganze Welt zum Zeugen, genauso wie jene Mönche, die sich selbst verbrannten.

Wird Vietnam das erste kommunistische Regime sein, das durch die Gegnerschaft des Volkes beseitigt wird? Schon jetzt ist diese Frage gestellt. »Ich glaube allein jenen Geschichten, deren Zeugen sich umbringen ließen«, sagte Pascal. In dieser Stunde, da dies Buch erscheint, hat schon eine Million von Zeugen ihr Leben aufs Spiel gesetzt, um dem vietnamesischen GULAG zu entfliehen. Ich bin nur einer von ihnen.

Juli 1979 Doan Van Toai

»Ist dein Name Toai?«

Am Abend des 22. Juni 1975, knapp zwei Monate nach dem Zusammenbruch des proamerikanischen Regimes, findet in Ho Chi Minh-Stadt, vormals Saigon, eine künstlerische Darbietung statt. Um acht Uhr gibt das aus Hanoi gekommene Nationalorchester ein Konzert im Großen Theater, das wieder der Kunst zur Verfügung steht, nachdem es jahrelang das Parlament des alten Regimes beherbergt hatte. Seit einer Woche ist es unmöglich, einen Platz zu bekommen. Schon seit einer Ewigkeit gab es kein Sinfoniekonzert mehr in der südlichen Hauptstadt. Mit meinen dreißig Jahren kenne ich nur schäbige Musik, die mit dröhnenden elektrischen Gitarren amerikanische *Pop music* imitiert, oder süßliche Chansons, deren Texte von bestürzender Fadheit sind. Die traditionelle Musik Vietnams hat der Krieg getötet.

Dank meiner kommunistischen Freunde sitze ich an jenem Abend im Großen Theater. Nun ist das vietnamesische Nationalorchester gewiß nicht vergleichbar mit den Berliner Philharmonikern. Aber zum erstenmal in meinem Leben sehe und höre ich ein großes Orchester von etwa hundert Berufsmusikern, und ich bin beglückt. Das ist einer jener Genüsse, der mir der Frieden, den ich noch nie kannte, zu schenken vermag. ... Das Orchester beendet gerade ein Konzert Beethovens. Ich schwimme im Glück. Ein Ansager kündigt das Ballett an, das in einigen Minuten folgen wird. Da bemerke ich plötzlich am Ende der Reihe, in der ich sitze, das Getue von vier grünuniformierten Soldaten.

Seit Beginn der Pause holen sie die Männer, die vor mir in meiner Reihe sitzen, nacheinander heraus. Aha, sie suchen jemanden! Jetzt werde ich auch aufgefordert, mich ins Theaterfoyer zu begeben. Ich bin neugierig, aber ganz ruhig. Im Foyer wartet ein Dutzend Soldaten *(Bo Doi)*, ihrer Aussprache nach alle Nordvietnamesen. Ein sehr junger, kaum Achtzehnjähriger fragt mich barsch: »Ist dein Name Toai?«

Ich bejahte und möchte hinzufügen: »Warum?« Doch habe ich gar keine Zeit dazu. Der kleine *Bo Doi* hat sich auf mich gestürzt und schlägt mich wütend. Einer seiner Kameraden hält ihn zurück, die anderen umstellen mich und stoßen mich ins Direktionsbüro auf den ersten Stock.

Ich sehe noch, wie ich vor fünf Jahren die gleiche Treppe hinaufeilte, als einige Hundert Mitglieder des Studentenverbandes die Nationalversammlung besetzt hatten, um die Freilassung verhafteter Kameraden zu erreichen. Das brachte mir einen ersten Aufenthalt in den Kerkern des damaligen Präsidenten Thieu ein. Den Kommunisten und der Befreiungsfront ist meine Rolle an der Spitze der Studentenopposition unter dem alten Regime gut bekannt. Auch wenn ich nicht formell ihren Organisationen beigetreten bin, war ich für sie doch stets ein Verbündeter. Was wollen sie also von mir?

Man führt mich in ein Büro, wo ein Leutnant der nordvietnamesischen Armee wartet. Während seine Leute mich in Schach halten, sieht er mich scharf an, mustert mich und fragt dann: »Sind Sie Ngo Vuong Toai?«

Ich denke rasch nach. Ngo Vuong Toai war vor einem Jahrzehnt Vorsitzender einer kleinen antikommunistischen Studentenorganisation, gesteuert von der Marionettenregierung, der Saigoner Großbougeoisie und gewiß auch von den Amerikanern. Durch Flugblätter war bekanntgeworden, daß die Nationale Befreiungsfront ihn zum Tode verurteilt hätte. Tatsächlich wurde das Urteil 1966 vollstreckt: ein Attentat brachte Ngo Vuong Toai eine schwere Bauchverletzung bei. Aber er überstand es. Darauf hatte er seine Aktivität in den Studentenkreisen, wo er diskreditiert war, eingestellt. Dennoch fuhr er dort, für die Regierung im Informationsministerium, in gut abgesicherten Büros, zu arbeiten. Ganz offenkundig handelte es sich hier um ein Mißverständnis, man hatte mich mit ihm verwechselt*.

1. Im Januar 1979 begegnete ich Ngo Vuong Toai in den Vereinigten Staaten, wohin er nach dem Sturz des südvietnamesischen Regimes geflohen war. Heute leitet er eine Kampforganisation für die Achtung der Menschenrechte in Vietnam. In dieser Eigenschaft hat er meine Gespräche mit der vietnamesischen Gemeinschaft in Amerika organisiert. 1966 fand ich normal, daß die Befreiungsfront diesen Diener des ausländischen Imperialismus zu »liquidieren« trachtete. Durch die Ironie des Schicksals war ich dazu bestimmt, in den Kerkern des neuen Regimes zu büßen. Und heute führen wir den gleichen Kampf ...

»Ich heiße Doan Van Toai. Mit jenem anderen Toai habe ich nichts gemein. Ich war stellvertretender Vorsitzender des Studentenverbandes in Saigon. Ich habe gegen die Marionettenregierung gekämpft. Ich habe für die Befreiungsfront gearbeitet. Mehrfach war ich deswegen im Gefängnis. Heute bin ich im Finanzausschuß der Provisorischen Revolutionsregierung tätig. Das alles können Sie nachprüfen bei Oberst Nguyen Ngoc Hien vom Patriotischen Intellektuellenbund ...«

Mit einem gewissen Stolz zähle ich meine Funktionen und Leistungen auf. Ich erwarte, daß man sich daraufhin entschuldigt. Obwohl von den ersten Wochen des neuen Regimes enttäuscht, ahne ich doch noch nicht, bis zu welchem Grad es verblendet, sektiererisch und bürokratisch ist.

Der Leutnant ist verwirrt. Er hatte den Auftrag, einen ihm unbekannten Toai zu verhaften, der sich an diesem Abend im Konzert befinden sollte. Wenn man annimmt, daß jener andere verfemte Taoi sich noch in Vietnam aufhält – was wenig wahrscheinlich ist –, so ist es dennoch kaum vorstellbar, daß er sich so öffentlich zeigt ... Aber andererseits ist zu bedenken, daß man ihm gerade jene Reihe zur Kontrolle bezeichnete, wo ich saß.

Irrtum? Mißverständnis? Die Umstände lassen eher eine anonyme Denunziation vermuten von einem, der glaubte, Ngo Vuong Toai befände sich an besagtem Abend im Großen Theater. Denkbar ist auch, daß jemand perfid auf die Ähnlichkeit der Namen der beiden Studentenführer anspielte, um mir Ärger zu bereiten. »Irrtum oder gewolltes Mißverständnis?« Diese Frage habe ich mir tausendmal gestellt seit jenem 22. Juni 1975, ohne eine befriedigende Antwort zu finden. Aber daß es ein reiner Zufall war, eine unglückliche Schicksalswendung – dies wäre denn doch zu erstaunlich gewesen.

Für den Leutnant entsprach ich nur zu gut oder doch nicht schlecht genug den erhaltenen Befehlen, um nicht ein Verdächtiger zu sein. Er wandte sich an seinen Vorgesetzten. Und der antwortete wie alle Polizisten dieser Welt in solchen Fällen: »Sie haben hier einen Toai, der sagt, daß er nicht der Richtige sei? Bringen Sie ihn her, wir werden das nachprüfen.«

Die Polizisten lieben es nicht, »Verdächtige« in aller Öffentlichkeit zu behandeln. Ob sie nun einem Rechts- oder einem Linksregime angehören, sie bringen ihre Beute in unsichtbare Schlupfwinkel. Und wenn man dort einige Stunden verbracht hat, das Gesicht durch Müdigkeit und Unruhe schon entstellt, mit zerknittertem Hemd und Stoppelbart; wenn man die Erlaubnis verlangen muß, zur Toilette zu gehen, wenn man hungrig und sorgenvoll ist (»Meine Mutter, meine Frau, meine Kinder fragen sich, was mit mir geschehen ist.«), wenn man begreift, daß man von aller Welt abgeschnitten ist – dann ähnelt man schon einem Verdächtigen, dann sieht man bald wie ein Schuldiger aus.

Auf dem Hintersitz der *Honda* eines Polizisten, begleitet von zwei anderen Motorrädern, kam ich ins Polizeihauptquartier am Boulevard Tran Hung Dao. Ich war ganz zuversichtlich, überzeugt, das Mißverständnis werde ich rasch aufklären. Ich hatte den ersten Band von Alexander Solschenyzins GULAG gelesen; aber ich konnte mir nicht vorstellen, daß dieses System schon bei uns funktionierte.

Während ich am Tor der Polizeidirektion, unter der ständigen Überwachung von drei oder vier *Bo Doi* warte, höre ich aus der Ferne den Leutnant, der mich verhaftete, mit einem Wachoffizier sprechen, wobei er ihm gewiß das Eigenartige des Falles darlegt. Jener versucht, diesem einen etwas lästigen Gefangenen aufzuhalsen. Vielleicht ist es nicht der richtige Toai, den er verhaften sollte, doch weiß man ja nie ... Er möchte sich absichern. Natürlich begehrt der andere auf: »Ich möchte keinen Ärger haben ...« Darauf der Leutnant: »Aber wenn sich aus der Untersuchung ergibt, daß ... Dann hättest du noch mehr Ärger, weil du dich geweigert hast, ihn festzusetzen ...« Die Diskussion währt lange. Es ist schon später als elf Uhr. Man kann einen Vorgesetzten nicht mehr stören, um die Debatte zu beenden. Am besten ist es also, mich dazubehalten, bis höheren Ortes eine Entscheidung fällt. So führt man mich vor den Wachoffizier. »Sind Sie Doan Van Toai?« fragt er, einen Bleistift in der Hand. »Ja, Doan Van Toai und nicht Ngo Vuong Toai, den der hier anwesende Leutnant zu verhaften beauftragt war. Und ich protestiere ...« Mit einer Geste unterbricht der Wachoffizier meinen Protest:

»Das alles wird aufgeklärt werden. Bis dahin sind Sie verhaftet.«

»Verhaftung? Aber das hat doch gar keinen Sinn! Ich bin nicht Ngo Vuong Toai, ein Komplize der alten Regierung. Ich bin ein Führer der Studentenopposition und war einige Monate im Gefängnis! Was bedeutet denn das? Das ist doch unannehmbar!«

Ich beginne zu schreien. Der Offizier trommelt nervös auf den Holztisch, an dem er sitzt. Ich spreche noch lauter:

»Mich verhaften! Und weshalb? Was habe ich denn getan?«

Der Offizier, der mich bis jetzt nur verstohlen angesehen hatte, blickt mich jetzt eindringlich an:

»Sie sind verdächtiger Handlungen angeklagt.«

»Ich? Verdächtiger Handlungen? Welcher verdächtiger Handlungen? Wer hat mich denn denunziert? Ich verlange, diesem Lügner gegenübergestellt zu werden!«

Ich schreie, wüte, aber mein Los ist schon entschieden, das fühle ich. Mit diesem Subalternen, der eher die Entlassung eines möglichen Schuldigen fürchtet als die Verhaftung eines wahrscheinlich Unschuldigen, ist es zwecklos zu diskutieren. Ich werde mich mit den wirklichen Verantwortlichen auseinandersetzen. Er sucht mich mit Hilfe seines Katechismus zu beruhigen:

»Wenn die Revolution jemanden zu verhaften beschließt, hat sie ihre Gründe. Ist ein Irrtum begangen worden, dann wird er erkannt werden. Warte auf das Urteil der Revolution. Bis dahin bleibe ruhig.«

Ich protestiere noch der Form halber, aber ich weiß, daß es keinen Sinn mehr hat. Da der Vertreter der »Revolution« mich in Gewahrsam zu nehmen beschlossen hat, bleibt mir nichts anderes übrig als zu schweigen. Meine Schreie würden nur Schläge einbringen, die Haltung der Wachtposten weist deutlich genug darauf hin. Man nimmt meinen Gürtel fort, mein Portemonnaie, man durchsucht meine Taschen. Es ist zehn Minuten vor Mitternacht. Ich erinnere mich dieser Einzelheit, weil ich noch rasch einen Blick auf meine Uhr warf, bevor sie mir weggenommen wurde. Siebenundzwanzig Monate lang werde ich die Zeit nach anderen Maßstäben messen müssen.

An jenem Abend konnte ich es mir noch nicht vorstellen, daß es so lange dauern würde. Man stößt mich einen Korridor entlang mit zahlreichen Zellentüren. Stickige Luft und Schnarchen deuten darauf hin, daß alle Zellen besetzt sind. Das ist meine erste Überraschung. Ich glaubte, die Revolution hätte alle Gefängnisse entleert. Während des Krieges erklärte die Befreiungsfront oft, eines ihrer Ziele sei die Beseitigung aller Gefängnisse. Nach dem Sieg äußerte der Erste Sekretär der vietnamesischen KP, Le Duan, beim Besuch der Kerker auf der Insel Con Son (wo sich die berüchtigten »Tigerkäfige« befanden): »Wir werden die Gefängnisse in Schulen verwandeln!« Diese Menschen hier sind wahrscheinlich Plünderer, die ich während der letzten Tage des alten Regimes am Werke sah, Diebe und Schieber, auf die in den letzten Wochen Jagd gemacht wurde. Ich fühle mich erniedrigt, mit diesem Abschaum der vom Krieg Verdorbenen, deren sich die meisten Vietnamesen schämen, zusammensein zu müssen. Zum Glück wird mir eine Einzelzelle zugewiesen, mit einer Zementbank zum Schlafen, einem Stehklosett, einem Wasserhahn. Ich wasche mich, lege mich nieder und versuche, der in mir brodelnden Erregung Herr zu werden. Außerhalb meiner Reichweite erhellt eine schwache Birne die Zelle. Ich vernehme die nächtlichen Geräusche jener abgeschiedenen Welt eines Gefängnisses, die mir vertraut sind. Seufzer von naheliegenden und unbekannten Schlafenden, Vorbeihuschen von Wärtern, die einen sehen, ohne daß man sie sehen kann. Ständig wiederhole ich: »Morgen kann ich das alles aufklären und werde frei sein.« Und ich schlafe ein.

Früh weckt mich eine scharfe Stimme, die von einer geöffneten Klappe, in Manneshöhe meiner Zellentür, kommt. »Du schläfst noch? Dein Name? Bist du in der Nacht angekommen? Du mußt wissen, daß du um 6 Uhr aufstehen und dein Bett machen mußt.«

Ich versuche noch, die Logik eines freien Menschen dem Kerkersystem entgegenzustellen, das sich meiner schon bemächtigt hat, genauso wie eine Spinne sich der in ihr Netz geratenen Fliege bemächtigt.

»Aber ich weiß noch nicht mal, warum ich hier bin!«

»Du weißt nicht, warum? Ha, ha!« gellt die Stimme im schwarzen Loch der Klappe.

»Es liegt kein Grund vor, man hat mich verwechselt mit ...«

»Kein Grund, ha, ha! Wenn es keinen Grund gäbe, warum hat man dich dann hergebracht? Ha, ha! Zunächst wirst du wissen, daß diejenigen, die nicht aufgestanden sind, nichts zu essen bekommen.«

Und die Klappe schnappt zu. Kein Frühstück. Ich bleibe auf meinem Betonlager liegen, bis ein neuer Befehl von der Türklappe kommt:

»Sag mal, Neuer! Glaubst du etwa, so den ganzen Tag schlafen zu können? Liegenbleiben ist verboten. Du mußt entweder stehen oder sitzen.«

Ich setze mich. Was tun? Ich blicke auf meine Hände und achte auf die Geräusche um mich her. Ich stehe auf und gehe. Drei Schritte auf einer Seite, drei Schritte auf der anderen. Der Gefangenenbereich ist schnell abgemessen. Gefangener! Unter dem vorigen Regime war ich zweimal eingekerkert. Aber draußen waren Verwandte, Freunde, die sich für mich einsetzten, Anwälte, die meine Verteidigung vorbereiteten, Politiker, die die Regierung interpellierten, Zeitungen mit Anklagen gegen die Unterdrückung. Dutzende ausländischer Korrespondenten enthüllten der ganzen Welt, was in Südvietnam vorging. Welche vietnamesische Zeitung wird heute über meine Verhaftung berichten? Vorher konnte die vietnamesische Opposition sich Gehör verschaffen in den Vereinigten Staaten, in Frankreich – und natürlich in Peking und Moskau. Wie soll man jetzt Washington erreichen? Und wer wird in Moskau einen Protest entgegennehmen?

Plötzlich begreife ich, daß es keine Anwälte, keine Parteien, keine Zeitungen, keine ausländische Korrespondenten mehr gibt. Vietnam ist von der übrigen Welt abgeschnitten. Die Partei herrscht uneingeschränkt und unkontrolliert. Sie schafft die Gesetzlichkeit und verändert sie nach Gutdünken. Wenn es ihr gefällt, mich in diesem Gefängnis zu vergessen, kann mich nichts und niemand von hier herausholen. Die Verwandten sind ohnmächtig, den Freunden liegt wenig daran, durch eine Intervention zugunsten eines »Verdächtigen« aufzufallen. In diesem Lande gab es einmal eine Zeit, da die Verhaftung einer Ehre gleichkam. Heute ist man dadurch allein schon rückhaltlos verdammt.

Ich fühle, wie die mich umgebenden Mauern dicker und schwerer werden. Ich bin allein. Nein, trotz allem nein. Um mich her sind die anderen. Von der Nachbarzelle kommen mir geltende

Signale: »Pst! Neuer!« An jenem Morgen weigere ich mich, einen Dialog mit Menschen zu eröffnen, die ich für Plünderer halte. Ich klammere mich an die Hoffnung, daß mein Fall einem hohen Funktionär unterbreitet worden ist und das Mißverständnis aufgeklärt wird. Kein Mittel, die Zeit zu messen. Das Tageslicht dringt hier praktisch nicht ein. Über meinem Kopf ist in einer Deckenöffnung von zwanzig Zentimetern Durchmesser, die auch zur Lüftung dient, eine die Zelle schwach erhellende Lampe. Darüber dreht sich ein alter Ventilator, der die französische Kolonialzeit überlebt hat. Schließlich wird die Türklappe wieder geöffnet. Ich stürze dorthin. Eine Frau reicht mir einen großen Napf mit Reis, den wir »roten Reis« nennen. Minderwertiger Qualität, wird er an Schweine verfüttert. Ich rufe:

»Ich will einen Verantwortlichen sehen!«

Das Mädchen – vielleicht ist sie achtzehn – blickt mich bedauernd an und sagt rasch ganz leise: »Weißt du, ich kann gar nichts machen.« Dann sogleich ganz scharf: »Sprechen verboten!«

Tatsächlich konnte die Arme für mich nichts tun. Ich glaubte, sie wäre eine *»Bo Doi*-Genossin«; in Wirklichkeit war sie eine Gefangene, die als Gehilfin arbeitete. Später erfuhr ich, daß sie einen Freund hatte, der, mit einem Gewehr bewaffnet, verhaftet worden war. Die Polizei hatte in seiner Wohnung eine Falle gestellt; das Mädchen wurde verhaftet, als sie dort erschien.

Beim ersten Bissen spüre ich Sand zwischen meinen Zähnen knirschen. Dies ist nicht allein Reis für Schweine, man scheint ihn auch noch auf dem Boden zusammengekehrt zu haben. Einige Stunden später das gleiche Essen: roter Reis voller Sand mit einigen Salzkörnern. Um das hinunterzubekommen, finde ich den Trick, den alle Gefangenen benutzen: Wasser in den Napf gießen und umrühren. Der Sand setzt sich. Das ist noch immer scheußlich, aber es erlaubt, den Reis herunterzuschlucken. Später hat mir ein Wärter verraten, daß der Reis absichtlich mit Sand gemischt werde, »damit die Gefangenen sich beim Essen ihrer Fehler erinnern«.

Beim Anbruch der Nacht, den man annähernd mittels der Deckenöffnung errät, beginne ich mich zu beunruhigen. Den ganzen Tag hat sich anscheinend niemand für meine Existenz interessiert.

Mit Ausnahme der Gefangenen der Nachbarzellen, die mehrfach versuchten, sich mit mir zu unterhalten. Ich fuhr fort zu schweigen. Aber ich hörte Flüstern. Manche hatten gesehen, wie ich in der letzten Nacht den Korridor entlang ging, und sie beschrieben mich den anderen: »Er ist jung, vielleicht ein Offizier, er scheint gebildet zu sein ...«

Nach und nach überzeuge ich mich, daß sie keineswegs Strolche sind, wie ich es mir vorgestellt hatte. Bald erfahre ich, daß die Mehrzahl aus ehemaligen Angehörigen der Südarmee besteht, daß sie alle »Politische« sind.

Dennoch schweige ich am zweiten Abend weiter. Ich will noch glauben, daß meine Freilassung unmittelbar bevorsteht, nichts unternehmen, was sie stören könnte. Aber eine Frage setzt mir zu: Bevor ich herkam, glaubte ich, es gäbe nur sehr wenige Verhaftungen. Nun entdecke ich hier ein volles Gefängnis, keineswegs mit Gaunern angefüllt. Eine Nacht, dann noch ein Tag gehen vorüber. Ich verfolge weiter die Gespräche, ohne daran teilzunehmen. Noch zweimal roter Reis. In der Zwischenzeit entziffere ich die Inschriften an den Kerkerwänden, die meisten stammen noch aus der Zeit des vorigen Regimes.

»Nieder mit Thieu!« Oder: »Raus mit den Amerikanern!« Aber manche sind auch ganz neu: »Ich bin Nguyen Tu, Journalist bei *Chinh Luan**. Ich wurde am 12. Mai verhaftet (1975, d. h. zwölf Tage nach dem Einzug der kommunistischen Truppen in Saigon). Ich bin siebzig Jahre alt. Bereit zu sterben, damit mein Land lebe. Eher sterben, als meine Feder zerbrechen.« Was ist aus Nguyen Tu geworden? Ich weiß es nicht. Vielleicht habe ich sein Testament gelesen an der Mauer der Zelle 5 des Gefängnisses Tran Huong Dao, wo er kurz vor mir war. Andere Botschaften kann man nicht datieren, so das von der Hanoi-Propaganda tausendmal wiederholte Zitat Ho Chi Minhs: »Nichts ist kostbarer als Unabhängigkeit und Freiheit.« Handelt es sich um die letzte Herausforderung eines Gefangenen des alten Regimes oder die bittere Ironie eines

* *Chinh, Luan* ein Rechtsblatt, war die seriöseste der acht oder neun Tageszeitungen, welche die Regierung Thieu bestehen ließ. Bis 1975 gab es in Saigon bis zu vierzig Tageszeitungen. Seit dem Regimewechsel bestehen nur noch drei.

Häftlings der neuen Ära? Wie dem auch sein mag: In den zweiundfünfzig Tagen der Volksregierung waren schon mehrere Insassen in dieser Zelle. Einer schrieb in großen Buchstaben an die Mauer: »Nieder mit dem Kommunismus!« Zwei Monate vorher hätte dies keinen Sinn ergeben ... Auch ich kritzele meine Botschaft an die Wand, mit einem Steinstückchen gelingt es mir, folgendes zu schreiben: »Doan Van Toai, dreißigjährig, ehemaliger stellvertretender Vorsitzender des Studentenverbandes in Saigon. Schon von Thieus Polizei wegen kommunistischer Tätigkeit verhaftet. Von neuem am 22. Juni um 21 Uhr festgenommen. Ohne den Grund zu kennen. Ich habe nichts gegen die Theorie des Kommunismus, aber ich bin gegen jene, die sie verkehrt anwenden.« An diesem Abend erfüllt ein Gefühl blinden Unrechts mein Herz, ich denke an die Ungewißheit meiner Mutter, meines Vaters, meiner Frau, meiner drei kleinen Jungen, deren Ältester vier Jahre zählt.

Glücklicherweise bin ich bei guter Gesundheit und praktiziere Yoga. Einige Übungen nervlicher Entspannung erlauben mir, Schlaf zu finden. Am dritten Tag gelingt es mir, weil ich ständig darauf lauere, einen im Korridor vorübergehenden *Bo Doi* auf mich aufmerksam zu machen. Er öffnet die Türklappe. »Ich bin schon drei Tage hier und weiß nicht, warum. Ich möchte einen Verantwortlichen sprechen!«

Der Wärter – etwa zwanzigjährig wie die Mehrzahl seiner Kollegen – betrachtet mich, bevor er ruhig antwortet:

»Du bist hier nicht allein. Die Kader sind sehr beschäftigt. Du bist doch Gefangener, nicht wahr? Also mußt du warten.«

In diesem Augenblick begriff ich, daß ich für lange Zeit hier bleiben würde. Ich hatte eine heilsame Reaktion: ich entwarf einen Zeitplan. Statt mein Unglück im Laufe endloser Stunden, von einem Essen zum anderen, immer wieder durchzukauen, habe ich meinen Tagesablauf organisiert. In Tran Hung Dao verläßt man nie die Zelle, es sei denn für Verhöre. Den famosen täglichen »Spaziergang« in frischer Luft, den alle Bücher ehemaliger Gefangener beschreiben, gibt es hier nicht. Ich führte lange und genaue Yogasitzungen durch, gab mich geduldigen Gedächtnisübungen hin. Gedanklich bereitete ich Texte vor, die ich schreiben würde, wenn ich einmal freikäme. Die einzigen Zerstreuungen sind heimliche Gespräche mit anderen Gefangenen. Am dritten Tag hielt ich es nicht mehr aus; weil ich die Hoffnung verloren hatte, rasch herauszukommen, entschloß ich mich letztlich, den Aufforderungen meiner Zellennachbarn Folge zu leisten.

»Hallo! Der Herr von Nummer fünf, wirst du endlich mal sagen, wer du bist?«

Ich sagte es, indem ich die Methode meiner Gefängnisgefährten anwandte: in den Spalt zwischen Tür und Boden flüstern, wobei man den Laut an den nächsten Gegenüberliegenden richtet. Von Tür zu Tür zirkulieren die Nachrichten mit Schnelligkeit, den beiden Reihen der zehn Kerker entlang, die, Häusern einer Straße ähnlich, numeriert sind. Gerade Zahlen auf einer Seite, ungerade Zahlen auf der anderen.

Auf die unvermeidliche Frage »Warum bist du da?« kann ich nichts anderes antworten: »Ich weiß es nicht.« Das bewirkt in den benachbarten Zellen skeptisches Geraune. Die Mitgefangenen glaubten, daß ich den *Cho San,* den »Spürhunden«, d.h. den Spitzeln, mißtraue. Später habe ich in einer Gemeinschaftszelle erfahren, daß mich manche für einen oppositionellen Anführer gegen das neue Regime hielten. Wie auch immer, die Mitgefangenen respektierten das, was sie meine Vorsicht zu sein glaubten und hörten auf, mich nach Einzelheiten zu befragen. Dagegen bekundeten sie mir ihre Zuneigung, indem sie mir Zigaretten zukommen ließen nach einer Methode, die ich allmählich entdeckte. Die an einen Rafiabast befestigte Zigarette wird, stets im Spalt zwischen Tür und Boden, von einer Zelle zur anderen geschoben. Das geschieht so lange, bis das kostbare Objekt den betreffenden Kameraden erreicht hat. Diese Kontakte dauern nie lange und können nicht sehr vertraulich werden. Aber in der Wüste, die wir beim morgendlichen Erwachen vorfinden, sind sie so etwas wie ein Schluck frisches Wasser. Im übrigen muß man allein durchhalten, und dazu bedarf es der Konstruktion eines Innenlebens.

Manche Gefangene halten das nicht aus. Hauptsächlich in der Nacht beginnen sie, von Wahnsinnskrisen erfaßt, zu schreien: »Nieder mit dem Kommunismus!« Wutentbrannt schreien sie so lange, bis die *Bo Doi* kommen und sie wegbringen. Man sieht sie nie mehr wieder. Die Verbleibenden sagen, man »beseitige« sie. Ich weiß es nicht, ich habe keine Beweise. Aber man sieht sie nie mehr wieder.

Es kommen auch neue Gefangene an, bisweilen Frauen mit ihren Kindern. Ja, tatsächlich habe ich in diesem Gefängnis Kinder gesehen. Auch Bauern aus entlegenen Provinzen, aus Pleiku, Rach Gia. Manchen waren die Hände gefesselt, blutige Füße, verbundene Augen. Und sie fragten uns: »Wo bin ich?« Ich sah durch meine Gefängnisgasse zwei Mönche und einen Priester kommen, an Händen und Füßen gefesselt. Ich sah Thailänder, Chinesen, Kambodschaner. Ich habe auch vier Weiße gesehen, sie trugen die schwarze vietnamesische Kleidung. Später sagte man mir, einer davon sei der französische Besitzer des berühmten Cafés Brodard gewesen, ein Treffpunkt der Bourgeoisie und Intelligentsia Saigons. Die drei anderen, scheint es, waren Amerikaner, die zwei Wochen später in den Norden gebracht wurden.

Etwa einen Monat nach meiner Ankunft werde ich nachts plötzlich durch das Öffnen der Tür aufgeschreckt, die sofort wieder laut geschlossen wird. Ein Wärter hat in meinen Kerker einen Gefangenen gestoßen, der sich bei meiner Bank, auf der ich schlafe, hinhockt. Der Mann spricht leise: »Wo bin ich hier? Welches Gefängnis? Wer sind Sie? Gibt es Wasser?«

Ich zeige auf den Wasserhahn: »Du mußt aus deiner Hand trinken, ich habe keinen Becher.«

»Könnten Sie mir vielleicht helfen? Ich kann meine Hände nicht bewegen.«

Erst jetzt sehe ich, daß sein linkes Handgelenk durch Eisenfesseln mit dem rechten Fuß verbunden ist und auf die gleiche Weise die rechte Hand mit dem linken Fuß. Der Unglückliche kann nicht aufstehen. Ich helfe ihm, sich an meiner Statt auf die Bank zu hocken, und bringe ihm in meinen Händen Wasser. Hastig trinkt er, bedankt sich. Ich möchte ihm gern einige Fragen stellen, doch ist Vorsicht geboten: Warum hat man ihn in meinen Kerker gesteckt? Ich beobachte ihn. Der Mann ist etwa fünfzig. Er hat den Akzent des Nordens. Eine sehr gepflegte Sprache – ein scharfer Kontrast zu seinem jammervollen körperlichen Zustand. Sehr mager, unrasiert, übel riechend. Ganz offenkundig war es ihm schon lange nicht mehr möglich, sich zu waschen.

Er fragt mich, wann ich verhaftet worden bin. Man hat ihn vor zwei Monaten festgenommen. Er kommt vom Gefängnis des 3. Bezirks in Saigon.

»Was haben Sie vorher gemacht?«

»Dekan der Rechtsfakultät.«

Verdutzt betrachte ich ihn mit größerer Aufmerksamkeit:

»Sind Sie Herr Vu Quoc Thong?«

»Ja. Kennen Sie mich?«

»Ich war einer Ihrer Schüler.«

Jetzt erkenne ich genau seine Stimme wieder. Aber wie hätte ich an dieser abgehärmten und schmutzigen, in grotesker Weise gefesselten Gestalt den brillanten Professor Thong wiedererkennen können? Unzweifelhaft ist dies mein ehemaliger Professor, einer der bekanntesten Juristen Vietnams, der an der Pariser Sorbonne studiert hat. Ich stelle mich meinerseits vor.

»Ich glaubte, Sie hätten das Land vor dem Fall Saigons verlassen.«

»Ich wollte meine schon sehr betagte Mutter nicht zurücklassen. Und ich sagte mir, die Kommunisten würden einem Rechtsprofessor nichts antun. Da habe ich mich getäuscht. Sie beschuldigten mich, ein CIA-Agent zu sein. Sie folterten mich, damit ich spreche. Aber ich hatte nichts zu gestehen.« Professer Thong berichtet, daß fast alle seine Kollegen verhaftet worden sind und die Rechtsfakultät geschlossen wurde. »Jenem französischen Revolutionär von 89 ähnlich, der meinte, die Republik brauche keine Wissenschaftler, sagen unsere Revolutionäre heute, das sozialistische Vietnam brauche keine Juristen. Nach ihrer Meinung sind Anwälte nichts als Diener der Bourgeoisie. Was die Richter angeht, so werden sie von der Partei ernannt, und die Partei beschließt, was gesetzlich und was ungesetzlich ist.«

Wir sprechen bis zur Morgendämmerung. Schon sehr früh wird Professor Thong weggebracht; ich weiß nicht, wohin. Am Abend kommt ein *Bo Doi* in meine Zelle, um mich genauso zu fesseln wie den Professor. Ohne jegliche Erklärung brummt er vor sich hin:

»Starrkopf, dir kann man nicht vertrauen.«

Ich weiß genau, was sie erreichen wollen. Man will mich glauben machen, Professor Thong habe über meine Bemerkungen berichtet, so daß ich nun die Folgen seiner Spitzelei erdulden muß. Ich soll gegen ihn aufgebracht werden, damit ich selber das erzähle, was er mir gesagt hat. Ein alter Polizeitrick. Zwei Tage später findet sich mein Verdacht bestätigt. Man führt mich zu einem Vorgesetzten, der durchblicken läßt, daß Thong Anschuldigungen gegen mich erhoben habe. Ich stelle mich ahnungslos:

»Ich verstehe nichts. Ich habe ihm nur Wasser gegeben, weil er nicht trinken konnte. Wir haben nur wenig gesprochen, und ich bin bald eingeschlafen. Was hat er denn nur erfunden?«

Der *Can Bo* ist enttäuscht. Aber sicher hofft er, daß ich letztlich doch etwas über meinen zeitweiligen Zellengefährten berichte, denn noch zwei Wochen lang bleibe ich gefesselt. Zweimal am Tage werden die Fesseln während fünf Minuten geöffnet, je nach der Laune des Wärters manchmal auch etwas länger. Meine sandige Reisration ist um die Hälfte gekürzt worden. Den Wasserhahn kann ich nicht mehr erreichen. Meine Wasserration ist auf den Inhalt zweier Konservenbüchsen reduziert worden – insgesamt eineinhalb Liter, um zu trinken, den Reis zu spülen und, wenn man das so nennen kann, mich zu waschen. Ich verspüre Jucken auf dem ganzen Körper. Vorher hatte ich mein Glück nicht gekannt ...

Sechs Wochen blieb ich so in Zelle 5, aß zweimal am Tag den Schweinereis, den ich im Wasser wusch, damit der Sand sich setzte. Ich machte Yoga, trainierte mein Gedächtnis. Ohne jegliches Verhör, ohne einen Brief zu empfangen, ohne den geringsten Kontakt mit draußen. Ohne ein anderes Lebenszeichen als das Ankommen und Weggehen der Gefangenen, ohne andere Nachricht als die von Zelle zu Zelle geflüsterten Botschaften. Die Stadt, das Land, die Welt verschwanden. Das Universum schrumpfte auf die drei Quadratmeter meiner Zelle, auf die Handvoll der mit mir Eingekerkerten, auf den Korridor, den manchmal Wärter, unbekannte Gefangene entlanggingen. Tag und Nacht unterschieden sich nicht voneinander. Ich hatte den Eindruck, unter der Erde zu leben, inmitten von Gespenstern. Trotz der Disziplin, die ich mir auferlegt hatte, fühlte ich, wie ein Schleier allmählich meinen Geist verdunkelte.

Meine Kindheit im Delta

August 1975 – Gefängnis Tran Hung Dao

Eines Morgens höre ich, wie ein Wärter den Gefangenen der Zelle 8, der meinen fast gegenüber, fragt:

»Du bist doch Nguyen Van Hien, genannt Hai Huong? Da ist ein Brief von deiner Frau aus Hanoi.«

Ich falle aus den Wolken. Was mag das wohl für ein Gefangener sein, der Post erhalten darf? Und wer ist diese Frau, die sie ihm zukommen lassen kann? Auch der *Bo Doi* muß überrascht sein, wie der plötzliche Wechsel von »Du« zu »Sie« beweist. Neugierig fragt er:

»Was haben Sie denn gemacht, um hier zu sein?«

Die Antwort kommt wie ein Ball, von allen Gefangenen aufgeschnappt, die, genauso wie ich, angestrengt lauschen:

»Ich habe die Partei verraten.«

Der kleine nordvietnamesische Polizist, ganz jung und unfähig, die Ironie der Antwort zu verstehen, glaubt, schlecht gehört zu haben:

»Was?« Verdutzt über dieses monströse Geständnis stottert der Wärter: »Aber – was haben Sie denn gemacht?«

»Das geht dich nichts an.«

Dieser Hien, genannt Hai Huong (viele Parteimitglieder sind unter ihrem Pseudonym bekannter als unter ihrem wirklichen Namen, wie zum Beispiel Ho Chi Minh, der eigentlich Nguyen Ai Quoc hieß), läßt sich tatsächlich nicht beeindrucken. Der kleine *Bo Doi,* sichtlich eingeschüchtert, verändert den Ton und sucht sich Geltung zu verschaffen:

»Sie haben in Hanoi gelebt? In welchem Viertel? Ich wohnte in Kham Thieu.«

»Ich habe an vielen Orten Hanois gelebt«, entgegnet Hien ruhig, »aber keiner dieser Orte reicht an die Zelle Nr. 8.«

Lachen schüttelt mich, vor allem beim Gedanken an die Freude der anderen hinter den benachbarten Türen. Der *Bo Doi,* letztlich die ätzende Ironie des Gefangenen spürend, will Haltung bewahren, indem er noch eine weitere Frage stellt:

»Und was macht Ihre Frau in Hanoi?«

Bedächtig antwortet Nguyen Van Hien:

»Sie ist Professorin in der Schule *Nguyen Ai Quoc.*«

Das ist zuviel für den unglücklichen Wärter. Wie kann denn die Frau eines Gefangenen an der berühmten Partei-Hochschule unterrichten? Oder vielmehr: Wie kann ein Gefangener der Ehemann ...

Sein ganzes Wertsystem wankt. Letztlich schreit er:

»Unmöglich! Aber wie können Sie dann hier sein?«

Immer noch ruhig antwortet Hien:

»Ich habe dir schon gesagt, das geht dich nichts an.«

Diesmal begreift der kleine *Bo Doi,* daß man ihn verachtet. »Für einen Gefangenen bist du sehr hochmütig«, meint er, schließt die Türklappe der Zelle 8 und geht eilig davon. Tatsächlich flüchtet er. Natürlich hat er das letzte Wort gehabt. Aber Hien hat einen moralischen Sieg davongetragen, der allen wohltut, die dieser seltsamen Unterhaltung hatten folgen können – der einzigen solcher Art, die ich während meiner ersten Haftwochen in Tran Hung Dao mitanhören konnte. Diese kleine Debatte, durch die Türklappe einer Zelle geführt, bestätigt meine Vermutung, daß um mich her politische Häftlinge sind, darunter echte Kommunisten wie Van Hien. Die Art und Weise, wie er den Kerkermeister des neuen Regimes behandelt hat, mit einer Mischung von Hochmut und ironischer Freundlichkeit, ermutigt mich. Jetzt weiß ich, daß ich mich nicht allein in der Gesellschaft einstiger Anhänger oder Nutznießer der Marionettenregierung des US-Bediensteten Thieu befinde. Ich entdecke hinter diesen Mauern Männer wie Hien, die ich seit meiner Kindheit bewundert habe, sogar ohne sie zu kennen. Männer, die sich für Vietnams Unabhängigkeit schlugen, als ich kaum die Augen geöffnet hatte.

1945 – Cai Von

»Wo ist dein Mann?«

Der Bursche, der brutal die Frage stellt, hält ein langes Messer in der Hand. Sein Gesicht ist hart und drohend. Die von ihm befragte

Frau trägt im Arm ihr Neugeborenes, ein kleines siebenjähriges Mädchen drückt sich an sie.

»Mein Mann arbeitet in Saigon.«

»Du lügst!«, antwortet der Kerl. »Er ist im Vietminh-Untergrund. Ich weiß es.«

»Ich schwöre Ihnen, daß mein Mann nicht im Untergrund ist. Er arbeitet in einer französischen Gesellschaft in Saigon.«

Der Bursche – vor einigen Monaten noch ein harmloser Jugendlicher, der zwei Schritte von hier wohnte – verläßt das Haus mit finsteren Drohungen. Die bedrängte Frau ist meine Mutter, das Neugeborene bin ich. Das kleine erschrockene Mädchen ist meine Schwester. Der erwähnte Mann ist mein Vater. Die Szene ereignete sich 1945 im Dorf Cai Von, im Delta des Mekong-Flusses. Meine Mutter hat sie mir viel später erzählt. Am nächsten Morgen verließ sie noch vor der Dämmerung das wahnsinnig gewordene Dorf. Um keinen Verdacht zu erwecken, nahm sie nichts mit, außer mir und meiner Schwester, die sich an ihre Beine klammerte. In jener Zeit, als Europa den Frieden wiederfand, blieb Vietnam weiter im Krieg, oder besser: in einem unentwirrbaren Knäuel von Konflikten. Seit September 1940 hatte die französische Verwaltung unter der japanischen Besetzung fortexistiert. Im März 1945 beseitigten die Japaner die französische Macht, ermordeten ihre Soldaten oder setzten sie gefangen. Dann kapitulierte Japan, und die Franzosen kehrten mit starken Kräften zurück. Aber in der Zwischenzeit hat Ho Chi Minh am 2. September 1945 in Hanoi die Unabhängigkeit Vietnams proklamiert. Ein neuer Krieg beginnt.

Für die Einwohner meines Geburtsortes Cai Von im Süden waren diese Geschehnisse sehr weit weg. Japaner wie Franzosen hielten sich in den Städten auf, man kannte sie nur vom Hörensagen – und durch das Elend, das die Besetzung im ganzen Land bewirkte. Für Cai Von kam die unmittelbare Drohung von Tra On, einer etwa zehn Kilometer entfernt liegenden, von den im Delta zahlreichen Khmer besiedelten Ortschaft. Die beiden Dörfer führten seit langer Zeit eine besondere Art Krieg gegeneinander. Periodisch fanden mörderische Überfälle statt, auf die gewöhnlich Repressalien folgten. Jedes Dorf lebte im Haß des anderen Dorfes und war beständig auf der Hut. Späher meldeten die Ankunft des Feindes, indem sie auf Bambuswurzeln schlugen. Manchmal kam es zum Kampf, manchmal zur Flucht. In den Augen der Vietnamesen sind die Khmer grausame Barbaren, und umgekehrt gilt das gleiche.

Dann brach der Krieg zwischen dem Vietminh und den Hoa Hao aus. Das Dorf Cai Von war die Wiege der Hoa Hao-Sekte. Dort wurde ihr Gründer Huynh Phu So geboren. Anfänglich handelte es sich um eine Art volkstümlichen Buddhismus, dessen Gebete und Riten zugleich poetisch und einfach sind, den Bauern leichter zugänglich als die traditionelle, sehr intellektuelle Doktrin. Aber Huynh Phu So hatte auch eine politische, nationalistische Ambition. Seine zunächst gegen den französischen Kolonialismus gerichtete Bewegung verband sich schließlich mit ihm gegen den Vietminh, auf dem Lande sein gefährlichster Gegner. Zwischen diesen beiden Volksbewegungen fanden blutige Abrechnungen statt, Huynh Phu So wurde von einem Vietminh-Kommando getötet. Dennoch überlebte die Sekte, und noch heute gelingt es den Kommunisten nicht, jene Delta-Gebiete zu kontrollieren, wo die Hoa Hao ihren Einfluß ausüben.

Mein Vater, ein Lehrer, hatte sich 1943 dem im Gebiet organisierten Vietminh-Widerstand angeschlossen. Mein Bruder, sechzehn Jahre älter als ich, war ihm gefolgt. Mutter blieb in Cai Von und baute Reis an. Manchmal kam Vater heimlich zu ihr. Den Nachbarn hatte Mutter erklärt, ihr Mann arbeite in Saigon, und mein Bruder sei jetzt bei ihm. Aber die Hoa Hao-Milizionäre vermuteten, daß das nicht stimmt, daher wurden die zunächst verschleierten Drohungen immer präziser. Dies war durchaus ernstzunehmen. Blutige Abrechnungen hatten bereits stattgefunden, Angehörige von Vietminh-Widerständlern waren ermordet worden. So hatte sich Mutter nach dem Besuch des Fanatikers mit dem gezückten langen Messer zur Flucht entschlossen.

Bei meiner Geburt im März 1945 war ich so schmächtig, daß niemand im Dorf an mein Überleben glaubte. Als Mutter morgens, mit ihrem Baby im Arm, den unterwegs begegneten Dörflern sagte, sie gehe auf den Markt, um für mich Medikamente zu kaufen, erschien die Erklärung glaubhaft. Mutter mischt sich unter die

Menge auf dem Markt, geht am anderen Ende wieder hinaus und gibt sich den Anschein, als wolle sie auf dem Felde arbeiten. Sie folgt den kleinen Dämmen der Reisfelder, geht den Mangobaumgärten entlang. Den ganzen Tag über ist sie unterwegs, meine Schwester trippelt neben ihr her. »Ich dachte an das verlassene Haus mit all dem, was man zum Leben braucht«, hat sie mir später erzählt. »Aber ich dachte auch daran, daß du und deine Schwester getötet werden könntet, wenn wir blieben. So war nichts anderes zu tun.«

Zwischen Cai Von und Rach Ranh liegen ungefähr zwanzig Kilometer. Mutter kennt den Weg. Schon mehrere Male hat sie ihn zurückgelegt, um Vater zu sehen. Beim Sonnenuntergang tritt sie erschöpft in eine kleine Pagode am Ufer eines Baches. Einige Widerständler sind da, erkennen sie und geben ihr etwas zum Essen. Auch sie tragen lange Messer im Gürtel, genauso wie die Hoa Hao, aber von ihnen ist nichts zu befürchten. Jemand eilt, um meinen Vater und meinen Bruder zu holen, und bald umarmt sich, unter Tränen, die ganze Familie.

Einige Tage danach veranstalteten die Hoa Hao eine wahre St. Bartholomäus-Nacht, sie töteten etwa fünfzig Vietminh-Anhänger und ihre Familien. Zahlreiche Häuser, darunter das unsere, wurden abgebrannt. Als Mutter die Nachricht erfuhr, brach sie in Tränen aus. Doch Vater meinte: »Jene, die dort starben, haben sogar nicht mehr ihr Leben. Wir werden wieder ein Haus erbauen. Bis dahin bleiben wir hier in der Pagode.« So wurde ich im Alter von zwei oder drei Monaten, nichts ahnend von den um mich wütenden Dramen, ein Bürger von Rach Ranh, eines jener »aufständischen Dörfer«, über die Frankreich ein Jahrzehnt lang sprechen sollte, ohne sie überhaupt zu kennen.

Schon damals hatte der Vietminh hunderte Dörfer unter seine Kontrolle gebracht. Für die Franzosen bedeutete das Wort »Vietminh« rasch das gleiche wie »Kommunist«. Dennoch entsprach dies keineswegs der Wirklichkeit, vor allem nicht in Südvietnam. *Viet-nam Cach Menh Dong Minh Hoi,* abgekürzt »Vietminh«, heißt wörtlich »Vereinigter Verband der vietnamesischen revolutionären Kräfte«. Ursprünglich war die von Ho Chi Minh gegründete Kommunistische Partei in den dreißiger Jahren eines der Mitglieder dieses Verbandes, und noch nicht einmal das wichtigste. Der Vorsitzende der Bewegung war Nguyen Hai Than, während Ho Chi Minh nur dem Exekutivkomitee angehörte, übrigens genauso wie Ta Nguyen Minh, dem ich als über Achtzigjährigen im Le Van Duyet-Gefängnis von Ho Chi Minh-Stadt 1976 begegnete. Ho Chi Minhs Kraft bestand von Beginn an darin, im Besitz einer Doktrin zu sein – der von Marx –, welche die Welt erklärte, und über eine Methode zu verfügen – der von Stalin –, welche die Beseitigung von »Weggenossen« lehrte. Das Ganze war angereichert mit scharfem Verständnis der Psychologie wie mit vollendeter Kunst der List. Am Anfang sprach Ho Chi Minh seinen nationalistischen Verbündeten, doktrinlosen Romantikern, nie vom Kommunismus. Der »historische Materialismus« verträgt sich schlecht mit der buddhistischen Tradition und ist dem Volk unverständlich. Der Kampf gegen den französischen Kolonialismus war ein »mobilisierendes Thema«, und gerade das war der Motor des Vietminh.

Ende der fünfziger Jahre hatte das Wort »Vietminh« für die Untergrundkämpfer nichts mit »Kommunismus« zu tun – einen Begriff, den ich mich nicht erinnere, in meiner Kindheit gehört zu haben. Die einzige Aufgabe bestand darin die Souveränität der Vietnamesen in ihrem Land wiederherzustellen, mit anderen Worten: die Franzosen zu vertreiben. Tatsächlich verbanden sich die beiden Kämpfe, denn die Großgrundbesitzer waren Kreaturen der Kolonialisten. Sogar die Vereinigten Staaten waren damals überzeugt, daß Ho Chi Minh kein wirklicher Kommunist wäre, sondern ein Nationalist. Später veröffentlichte Dokumente haben den Beweis erbracht, daß sie ihn unterstützten, genauso wie sie anfänglich auch Fidel Castro ihre Hilfe gewährten. Bis zum Abzug der Franzosen waren die Kommunisten im südvietnamesischen Untergrund nur spärlich vertreten, und noch spärlicher waren die Bindungen mit dem Norden. Man wußte absolut nicht, was in Hanoi geschah. Ho Chi Minh war ein Name unter anderen, noch kein Mythos.

Rach Ranh ist kein Dorf im europäischen Sinn des Wortes:

einige Dutzend Häuser rund um die Kirche und das Bürgermeisteramt. Um es sich vorzustellen, muß man zunächst etwas über das Mekong-Delta wissen. Eine ungeheure Ebene, durch die sich zahllose Flußarme schlängeln, die Bäche miteinander verbinden. Ein flaches Land mit spiegelnden Reisfeldern, durchschnitten von Deichen, Gärten von Mango- und Kokusbäumen. Nichts von einem wilden Urwald, wie man ihn sich manchmal im Westen vorstellt, und den es nur in Zentralvietnam, nahe der Grenze von Kambodscha und Laos, gibt. Die Provinzhauptstadt Vinh Long ist ungefähr dreißig Kilometer weit entfernt, 135 km südwestlich von Saigon. Von dort nach Vinh Long schlängelt sich die Hauptstraße – es gibt keine andere – zwischen den Flußarmen, über die man von Zeit zu Zeit mit einer Fähre setzen muß. Die Ortschaften haben sich an den Schnittpunkten der Straße und Flüsse entwikkelt, die Bewohner verkehren mit Kähnen. Allein zu Wasser kann man ins Landesinnere gelangen, das hinter der »Fassade« der Hauptstraße verborgen liegt. Auf dieser von Wachtposten gesicherten Straße rollten seit einigen Jahrzehnten die Kolonnen der japanischen, französischen, amerikanischen Truppen, die Verbände Diems und Thieus, heute die kommunistischen Streitkräfte. Die Kolonnen aller Regime, die sich einbildeten, das Land zu beherrschen, wenn man die Straßen beherrscht ... Um 1950, wie auch später und wie auch heute, entgeht das Hinterland vollständig den vorhandenen Behörden.

Am Ufer eines der Flüsse, etwa fünfzehn Kilometer entfernt von der Straße Saigon – Vinh Long, befindet sich Rach Ranh. Längs der großen Straße erstrecken sich die bebauten Felder. Weiter weg nimmt das Brachland zu, Siedlungen werden seltener. Manchmal liegen die Häuser mehr als einen Kilometer voneinander entfernt. Rach Ranh ist ein typisches »Dorf« des Delta-Hinterlandes. Ohne Mittelpunkt, es sei denn jene ehemalige, von einigen Häusern umgebene Pagode, die mein Vater in eine Schule verwandelt hat und die unser Wohnhaus ist, seit Mutter angekommen ist. Ungefähr zwanzig Kinder aus der Umgebung besuchten die Schule. Meistens waren die Entfernungen so groß, daß sie dort Tag und Nacht zubrachten, in der Pagode lernend, essend und neben ihrem Lehrer schlafend. Gingen sie nachhause, kamen sie mit Vorräten zurück, die der gemeinsamen Verpflegung dienten. Die üblichen Speisen wurden durch Fischfang ergänzt.

Im Mekong-Delta ist das Leben bequem, wenn man sich mit landwirtschaftlichen Produkten begnügt. Reis gedeiht gut, das Obst ist herrlich, die Gewässer sind fischreich. Ich erinnere mich der vielen Fische, die um meine Beine schwammen, wenn ich ins Wasser ging. Es ist eine von den Göttern gesegnete Gegend, mit Sehnsucht erinnere ich mich ihrer. Später in Saigon, nach dem Regimewechsel, dachte ich, mit meiner Familie dorthin zurückzukehren, um ein einfaches Leben zu führen, ähnlich wie europäische und amerikanische Ökologen davon träumen. Noch immer ist dort der Strom, die Erde, die Bäume. Aber die Regierenden wollen nicht mehr, daß die Menschen in Eintracht mit dem Wasser, der Erde, den Bäumen leben. Sie wollen aus ihnen Priester-Soldaten machen, die Gegenwart einer utopischen Zukunft opfernd, deren erster Entwurf schon erschauern läßt.

Mit fünf Jahren wurde ich auf ganz natürliche Weise Schüler. Da ich stets in der Schule lebte, hatte mir das Hersagen des Alphabets der älteren Schüler, unter der ruhigen Autorität meines Vaters, etwas beigebracht. Wir schrieben auf harten Holzbrettchen mit bunten Stäben gebrannten Tons, die im Dorf hergestellt wurden. Mit Sand wurde ausgelöscht. Bleistifte waren selten, Papier war kostbar, Federn fast unbekannt. Nur Vater besaß – welch ein Wunder! – einen Füllfederhalter. Wir bildeten einen Kreis, wenn er ihn abschraubte, um Tinte in ein Fläschchen zu pumpen, das er dann sorgfältig wieder verschloß. Auch besaß er eine Uhr mit Leuchtziffern. Diese beiden Instrumente – die einzigen im ganzen Gebiet – trugen nicht wenig zu seinem Ansehen bei, genauso wie die wenigen Bücher, die er in einer Ecke der Pagode verstaute.

Die vietnamesischen Bauern bezeugen kultivierten Menschen eine tiefe Achtung. In ihrer Wertskala stehen die Intellektuellen *(nhat si)* obenan, es folgen die Bauern *(nhi nong)*, die Handwerker *(tam cong)* und die Kaufleute *(tu thuong)*. Werden die Militärs erwähnt, nehmen sie den letzten Rang ein. Dieselbe Hierarchie findet man in der chinesischen Tradition, die während Jahrhunderten, ungeachtet des alten Antagonismus zwischen den beiden Ländern, Vietnam beeinflußt hat. Vietnamesische Gebildete mußten Chinesisch kennen, und eine so typisch chinesische Institution wie das Mandarinentum blieb lebendig bis zur Zeit Diems, selbst Sohn eines Mandarins. Doch allmählich wurden die Intellektuellen alten Stils durch Studenten der französischen Schulen ersetzt, später folgten ihnen Absolventen amerikanischer Universitäten. Diese von westlicher Kultur erfüllten Entwurzelten spielten eine insgesamt unheilvolle Rolle. Mit Verachtung gegenüber ihren Landsleuten stellten sie sich in den Dienst der fremden Imperialisten und überließen allmählich den Kommunisten das Monopol nationalistischer Bestrebungen. Unter dem Thieu-Regime hatte der sarkastische Geist der Vietnamesen die überlieferte Wertskala entsprechend der neuen Ordnung revidiert: *nhat tuong, nhi cha, tam ma, tu di.* Mit anderen Worten: zuerst die Generäle, dann die Priester, drittens die Gespenster oder Marionetten (d.h. die *Masters of Arts* der amerikanischen Universitäten) und schließlich die Prostituierten. Natürlich hat der bittere Volkswitz die Wertordnung seit der Errichtung des kommunistischen Regimes schon wieder verändert. Die jetzige Formel lautet: *lam doi, noi no, bo song, chong chet.* Das könnte man durch folgende Maximen übersetzen:

Wer arbeitet, hungert;
Wer spricht, ist dickbäuchig;
Wer kriecht, überlebt;
Wer aufbegehrt, geht unter.

Mein Vater hatte nichts gemein mit jener kleinen, der Aristokratie oder der Großbourgeoisie entstammenden »Elite«, die zum Studium nach Frankreich ging. Er war der Sohn eines Delta-Bauern, der fünfzehn Kinder hatte, davon dreizehn Mädchen. Einer der beiden Knaben sollte Bildung erwerben. So gelang es meinem Vater, das Lehrerdiplom auf der Schule in Can Tho zu bekommen. Diese auf dem Lande erworbene Ausbildung hatte ihn nicht von seinen Wurzeln abgeschnitten. Aber aus den Prinzipien der Französischen Revolution zog er eine persönliche Lehre: er wurde Republikaner und Nationalist. Wie die Mehrzahl seiner Kameraden. So berühmte Männer wie der Chef der Hanoi-Regierung, Pham Van Dong, und der General Vo Nguyen Giap, der in Dien

Bien Phu das Schicksal der französischen Herrschaft besiegelte, haben ebenfalls in der Revolution von 1789 die Prinzipien gefunden, die ihren Geist beflügeln sollten. Vor dem Zweiten Weltkrieg gehörten sie zur geringen Zahl junger Vietnamesen, die das Privileg des allerheiligen Abiturs erwarben, was ihnen ein beachtliches Ansehen bei ihren Landsleuten verschaffte.

Rach Ranh, das Vietminh-Dorf am Ufer des Flusses, ganz isoliert von der Welt, produzierte praktisch alles, was es benötigte. In der Kunst, die Naturschätze nach dem Gesetz der geringsten Anstrengung zu benutzen, erreichen die Delta-Bauern einen unglaublichen Erfindungsgeist. Die einzigen Dinge, die man in Rach Ranh kaufte, waren Stoffe, Tee und Salz; davon brauchte man nicht viel. Der Einkauf geschah auf dem Markt von Song Phu, dem Geburtsort meiner Mutter, an der Hauptstraße zwischen Vinh Long und Can Tho. Nur die Frauen begaben sich zum Markt, denn an der Flußmündung befand sich ein Militärposten; und jeder Mann aus unserem Dorf wurde verdächtigt, übrigens zu Recht, ein Vietminh-Partisan zu sein. Die Frauen verkauften Früchte, einige Enten. Mutter besuchte ihre Familie und brachte manchmal französische Leckereien mit: Bonbons, Schokolade.

Bam-bam-bam ... BAM ... Bam-bam-bam ... BAM ... Der Klang der Bambustrommeln erschreckt das Dorf. Drei kurze, rasch aufeinanderfolgende Schläge, ein längerer Schlag bedeuteten »Fliegeralarm«. Ein längerer Schlag, gefolgt von zwei kürzeren, meldeten das Anrücken einer Kolonne französischer Soldaten mit ihren vietnamesischen Söldnern. Die französischen Bombardements hatten nichts gemein mit dem späteren US-Luftkrieg. Man hörte und sah schon von weitem zwei oder drei alte *Dakotas,* langsam und schwerfällig ankommen; eher zufällig warfen sie ihre Bomben auf die »Vietminh-Zonen«. Da und dort zerstörten sie einige Häuser, aber sie trafen nur selten die Bevölkerung. Bis sie über uns waren, steckten wir schon in Gräben, im Schutz von Obstgärten, weit weg von Gebäuden.

Doch manchmal ging der Tod ganz nahe an uns vorbei. Ich fühle noch die Kraft meines Vaters, wie er mich, in einem Graben versteckt, an sich drückt. Ich war vielleicht sechs oder sieben Jahre alt, noch höre ich ihn leise sagen: *»Nam mo a di da phat«* – eine buddhistische Anrufung indischen Ursprungs, etwa folgenden Inhalts: »Gott möge uns beschützen!« Einige Dutzend Meter von uns entfernt fielen Bomben. An jenem Tag wurde der Alarm zu spät gegeben, viele konnten sich nicht rasch genug verbergen. Eines der Flugzeuge hatte uns entdeckt und kam zurück, knapp über den Bäumen fliegend. Maschinengewehrkugeln ließen um uns her kleine Erdgeyser entstehen. Der Donner über unseren Köpfen erschreckte mich. Werden wir sterben? Ich schloß die Augen, fest an meinen Vater gedrückt. Während sich der Lärm entfernte, hallten plötzlich Freudenschreie wider. Vater richtete sich auf und rief: »Er ist getroffen!« Alles sprang aus den Gräben, lief, schrie: »Er fällt! Er fällt!« Die zum Himmel gestreckten Finger wiesen auf den Bomber, der mit brennendem Motor, in einer scharfen Diagonale, dem Boden zustürzte.

Von überall her eilten die Dörfler zum Brandherd, wahnsinnig vor Freude, die jungen Männer ganz vorn, dann die Kinder, etwas danach die Frauen. Ich fühlte mich beschwingt. Als ich auf meinen Vater stieß, schüttelte er die Hand eines strahlenden jungen Mannes, legte die andere Hand auf dessen Schulter:

»Hai, hast du ihn runtergeholt? Das ist prächtig!«

Hais Arm mit dem Gewehr ergreifend, hob er ihn hoch, wie man es bei siegreichen Boxern tut. Den Dörflern zugewandt, rief er: »Unser Bruder Hai hat eine revolutionäre Tat begangen, die Rach Ranh ehrt. Wir alle beglückwünschen ihn! *Viet-nam muon nam!* (Es lebe Vietnam!) Hai, ein ehemaliger Schüler meines Vaters, hat mich auf seine Schultern genommen, um zur Pagode zurückzukehren, und ich bin ebenso stolz wie der Held des Tages. In der Abenddämmerung zieht das ganze Dorf auf den Deichen singend entlang: *»Quyet tien, tala dan lac hong ...«* (Vorwärts, wir sind vietnamesische Helden ...) Damals weiß ich noch nicht, daß der Autor dieses revolutionären Vietminh-Gesangs, Vo Duc Thu, der Onkel meiner künftigen Frau ist, die in Saigon gerade das Licht der Welt erblickte. Ich singe aus voller Kehle. In wenigen

Augenblicken ist eine Tribüne, nahe der Pagode, errichtet. Das ist nichts Ungewöhnliches. Oft findet dort am Abend eine Theateraufführung statt. Im Dorf besteht sogar ein kleines Orchester, in dem mein älterer Bruder Mandoline spielt. Meine Aufgabe ist es, den Vorhang von der Bühne wegzuziehen. An diesem Abend kein Vorhang. Es ist ein spontanes, improvisiertes, ein wenig ausgelassenes Fest. Alles ruft: »Es lebe Hai! Es lebe Vietnam! Es lebe der Vietminh! Nieder mit den französischen Kolonialisten!« Vater hält eine Ansprache.

Hai trug mich auf seinen Schultern, mein Vater hielt eine Ansprache, mein Bruder spielte Mandoline. Für mich ist das die Höhe der Begeisterung, stolz, der Freund eines Helden zu sein, der Sohn eines revolutionären Intellektuellen, der Bruder eines Künstlers. Ich bin nahe den Menschen, die alle Einwohner von Rach Ranh bewundern. Da das Dorf mein ganzes Universum ist, kann ich mir eine höhere Ehre gar nicht vorstellen. Und tatsächlich gibt es keine. Dieser Sieg eines elenden Delta-Dorfes über die erdrükkende Kraft einer westlichen Macht ist ein Triumph, dessen Bedeutung weder die Franzosen noch die Amerikaner einzuschätzen wissen. Für mich barfüßiges Dorfkind war es ein Schatz, aus dem ich noch heute schöpfe. Seit jenem Tag bin ich stolz, Vietnamese zu sein; damals gewann ich die Überzeugung, daß die Vietnamesen nicht dazu verurteilt sind, das Gesetz der Großmächte zu erdulden, möge es sich um Frankreich, die Vereinigten Staaten, China oder die Sowjetunion handeln. Für uns Kinder von Rach Ranh war der Krieg eine Art periodischer Naturkatastrophe, ein wenig wie ein Gewitter. Es gab lange Zeiten normalen Lebens, und dann plötzlich Krieg. Dann normalisierte das Leben sich wieder, aber das Gewitter konnte jeden Augenblick wieder ausbrechen. So war das Leben. Ich erinnere mich nicht, in jener Epoche wirklich Angst gehabt zu haben, mit Ausnahme des Tages, als der französische Bomber abgeschossen wurde. Das entsetzte Fliehen beim Nahen der Flugzeuge oder einer Militärstreife erlebte ich als eine Art gefahrvollen und leidenschaftlichen Versteckspiels. Mein älterer Bruder war vom Kriegsspiel äußerst erregt.

Im Dorf halfen sich die Leute untereinander in herzlicher Brüderlichkeit. Man aß mal bei diesem, mal bei jenem, man teilte das

Vorhandene. Wenn alle arm sind, ist die Solidarität real. Der Egoismus beginnt mit dem Reichtum. Der Arme sagt sich: »Morgen wird der andere mich vielleicht ernähren.« Sobald jemand mehr Vorrat als für den nächsten Tag besitzt, hört er auf, ihn zu teilen. In Rach Ranh war jeder arm. Alle Dörfler, waren sie nun miteinander verwandt oder nicht, unterhielten familiäre Beziehungen. Nichts wurde mit Geld bezahlt. Der eine gab mehr, der andere gab weniger, aber das alles fand sich in der Gemeinschaft wieder. Das besondere Talent des einen wog den Fleiß des anderen auf. In einem vietnamesischen Dorf werden gegenseitige Dienstleistungen nach ihrem gerechten Wert, ohne Uhren oder Tarife, gemessen; sie bewirken ein Gleichgewicht, das dem gesellschaftlichen Wert jedes einzelnen entspricht, ohne daß dem blinden Staat oder dem unbarmherzigen Kapitalismus – beides bürokratische Gebilde – die Sache etwas anginge.

In Rach Ranh kannte jeder genau den Wert des anderen. Es war unnötig, seine Worte aufzuschreiben oder mit einer Feinwaage genau zu bestimmen, was er getan oder nicht getan hatte: man gehörte der Gemeinschaft an oder nicht, jeder wußte in jedem Moment, ob er Schuldner oder Gläubiger den anderen gegenüber war. Und doch gab es nie Statistiken. Diese ursprüngliche und intuitive »Waage« – der Kapitalismus ersetzt sie durch Geld und der Sozialismus durch Polizeiberichte – wurde in Vietnam beseitigt. Unter dem alten Regime der Diem und Thieu hat der Zaster das Urteil der Gemeinschaft abgelöst. Unter dem neuen Regime herrschen die Urteile dorffremder Beamter. Letztlich ist das eine Katastrophe, heute kann jeder die Resultate des »Fortschritts« ermessen.

Für die Buddhisten im allgemeinen und die Vietnamesen im besonderen ist das Leben eine Kette: *Hi, nô, ái, ô* – Freude, Haß, Liebe, Sorge. Man wundert sich nicht, daß die Katastrophe dem Sieg folgt. Einige Zeit nach dem Triumph über den abgeschossenen Bomber sah ich meine Mutter wankend sich der Pagode nähern, in ihren Armen den Körper eines ihrer jungen Brüder. Sie weinte. Bewaffnete Partisanen stützten sie. Um sie her beteten oder schrien Männer und Frauen. Mein Onkel war in einem jener Hinterhalte getötet worden, aus denen die Unseren, wie man erzählte, stets siegreich hervorgingen. Dennoch starben auch sie. An jenem Tage fassungslos auf den toten Körper meines Onkels, noch ein Jüngling, starrend, fühlte ich in mir etwas entstehen, das wohl dem Haß eines Kindes entsprechen mußte. Warum hatten die *Phap,* die Franzosen, jene weißen Männer, die ich nur von weitem gesehen hatte, meinen Onkel getötet? Warum verfolgten sie die Vietnamesen mit Hilfe anderer Vietnamesen? Und weshalb waren sie überhaupt da, besaßen sie doch dort drüben in Europa ihr eigenes Land? Bis dahin hatte ich die Worte »Unabhängigkeit«, »Kolonialismus«, die ich auf Dorfversammlungen hörte, nicht gut verstanden. Aber der Tod meines Onkels war eine Enthüllung.

Gefängnis Tran Hung Dao

Für den seit Wochen Eingekerkerten, isoliert, ohne einen Brief, ohne Ausgang, ohne lesen und schreiben zu können, werden Tage und Nächte ein endloser Alptraum. Wie alle Gefangenen dieser Erde zähle ich die Tage, indem ich jeden Morgen in einer Zellenecke eine Kerbe ritze. Ich unterziehe mich langen Gedächtnisübungen und versuche, mich durch Gymnastik in Form zu halten. Aber die Ermüdung kommt rasch. Mit zwei Reisnäpfen am Tag, ohne Gemüse und ohne Fleisch, gleitet man allmählich in den Kräfteverfall. Allein der Geist bleibt noch wachsam, wälzt Fragen hin und her: »Warum haben sie mich verhaftet? Wann werden sie mich endlich verhören?« Ich habe das quälende Bedürfnis, mich auszusprechen. Jede Möglichkeit nutze ich aus, um den Wärtern zu sagen, daß ich mit einem Verantwortlichen sprechen will. Aber sie antworten stets das gleiche: »Gedulde dich. Du bist nicht allein hier. Die Kader sind sehr beschäftigt.« Noch vermag ich durch Yoga Schlaf zu finden, doch immer schwieriger. Am Morgen des 46. Tages klopft plötzlich ein Wärter an meine Tür, schiebt die Klappe weg:

»Nummer fünf! Wie heißt du?«

»Doan Van Toai.«

»Mach dich fertig zur Arbeit.«

Im schamhaften Gefängnisjargon von Tran Hung Dao heißt »Arbeit«: »zum Verhör gehen«. Plötzlich brüllt der *Bo Doi:*

»Aber du bist ja ganz nackt! Was bedeutet das? Bist du ein Hund? *My nghuy* (Marionette der Amerikaner), wie bist du denn erzogen worden?«

»Ich habe nur ein Kleidungsstück, das ich trug, als ich vor sechsundvierzig Tagen hierherkam. Um es sauber zu halten, schlafe ich nackt. Und wer kann mich in diesem Kerker sehen?«

»Zieh dich schnell an!«, schreit wütend der Wärter.

Ich tue es. Die Zellentür wird geöffnet, der kleine *Bo Doi* stößt mich auf den Flur mit den Zellen an beiden Seiten. Eine Art Schwindelgefühl ergreift mich, wie ich so geradeaus vor mich hingehen kann. Eine Eisentür wird geöffnet, man wendet sich nach links, noch einmal nach links. Der Wärter bleibt stehen, tritt vor mich hin und meldet:

»Der Gefangene Toai.«

»Bring ihn her.«

»Stillgestanden!«, brüllt der *Bo Doi* mich an. Dann macht er mir mit bedeutsamer Miene ein Zeichen, einzutreten. Mit Erleichterung überschreite ich die Schwelle des Büros. Endlich bin ich vor einem Verantwortlichen, der mir sagen wird, weshalb ich hier bin; dem ich sagen kann, daß ich hier nichts zu suchen habe. Der *Can Bo* (Kader) sitzt an einem Tisch im hinteren Teil des Zimmers und blättert in Papieren. Ich begrüße ihn auf respektvolle Weise: »Kinh thua Bac.« In wörtlicher Übersetzung: »Ich begrüße Sie, Onkel.« Es ist eine Form hoher vietnamesischer Höflichkeit, die keinen Verwandtschaftsgrad ausdrückt, sondern Ehrerbietung. Ohne zu antworten, die Nase noch immer in seinen Papieren – meine Akte, nehme ich an, sie ist schon sehr üppig –, weist der Kader auf einen Stuhl zum Hinsetzen, etwa sechs Schritte von ihm entfernt, am anderen Ende des Büros. Mehrere Minuten verstreichen im Schweigen. Man hört nur das Herumblättern der Seiten. Endlich hebt der *Can Bo,* ein etwa Fünfzigjähriger, den Kopf, lächelt und fragt mit Herzlichkeit:

»Wie geht es? Schläfst du gut? Hast du guten Appetit?«

Ich könnte mich fast bei einem Arzt glauben.

»Es ist nicht gerade der Appetit, der fehlt, es ist die Nahrung. Und vor allem möchte ich wissen, was ich hier tue! Ich habe nicht ...« Mit einer Handbewegung unterbricht der Kader den in mir brodelnden Protest.

»Die Gefangenen essen dasselbe wie wir. Man muß verstehen, daß unser Land arm ist ... Gut. Bist du jetzt bereit, meine Fragen zu beantworten?«

»Ob ich bereit bin? Aber seit mehr als sechs Wochen warte ich doch nur darauf. Jedesmal, wann ich es tun konnte, habe ich verlangt, verhört zu werden, um zu beweisen ...«

Von neuem unterbricht der *Can Bo* meinen Elan: »Vorzüglich! Du mußt freimütig auf alles antworten, was ich dich fragen werde. Eines Tages wirst du entlassen, dessen bin ich gewiß. Aber das hängt von deiner Aufrichtigkeit ab. Die revolutionäre Regierung ist milde jenen gegenüber, die ihre vergangenen Fehler anerkennen, aber sie verurteilt streng die Starrköpfigen und Lügner.«

Ich möchte von meinem Sitz hochschnellen, aber ich halte mich zurück und versuche, meine Entrüstung maßvoll auszudrücken: »Welche ›vergangenen Fehler‹? Ich bin der Sohn eines Lehrers aus dem Untergrund. Ich habe im Gymnasium Demonstrationen gegen Diem organisiert. Ich war einer der Führer der Studentenopposition gegen das Marionettenregime Thieus. Aus diesem Grund wurde ich sogar mehrfach eingekerkert. Auf keine Weise habe ich gegen die Verordnungen seit dem 30. April 1975 verstoßen. Welches sind also meine ›vergangenen Fehler‹?« Wieder gebietet mir die erhobene Hand des Kaders Schweigen. Ich hänge von ihm ab. Ich schweige. Ganz Lächeln, ganz Geduld, erklärt er mir, daß er manche meiner Aktivitäten unter dem alten Regime kenne, aber daß noch einige Punkte aufgeklärt werden müßten. Welche Punkte? Er bewahrt ein zweideutiges Lächeln. Wichtig sei, alles zu sagen, mit Aufrichtigkeit, angefangen beim Anfang.

»Also Sie sind in Cai Von geboren ...« So beginnt das Verhör. Ich berichte über die Hoa Hao, die Flucht von Vai Von, die Ankunft im Vietminh-Dorf Rach Ranh, die Rolle meines Vaters, den Abschuß des französischen Flugzeugs. Der *Can Bo* notiert alles, von Zeit zu Zeit stellt er Fragen über meinen Vater, meine Mutter, meine Großeltern, meinen Bruder, meine Schwester. Manchmal schwenkt er zu näher liegenden Perioden ab, befragt mich über Freundinnen, meine Frau, meine Schwiegereltern. Aber dann kehrt er peinlich genau zu meinen ersten Lebensjahren zurück.

»Sie sagen, daß Sie als Gymnasiast Demonstrationen gegen Ngo Dinh Diem organisiert haben. Erklären Sie mir das ...«

Seit einiger Zeit hat der *Can Bo* begonnen, mich mit Sie anzusprechen. Ich sehe darin ein Anzeichen von Wertschätzung. Der Mann besitzt Charme, Höflichkeit. Er stammt aus dem Süden, hat nicht die Arroganz der kommunistischen Kader aus dem Norden. Immer mehr habe ich den Eindruck, Zeuge zu sein, statt Angeklagter. Gewiß noch immer eingekerkert, aber ganz offenkundig nicht mehr für lange. Meine ganze Vergangenheit spricht für mich. Ich berichte ihm über das Leben des Jünglings Doan Van Toai, die Machtergreifung Diems 1954 bis zu seinem Sturz 1963 – eine Zeitspanne, die meinen Eintritt ins Gymnasium der Provinzhauptstadt Vinh Long bis zum Abitur in Can Tho umfaßt.

1954 – Vinh Long

1954 ist das Jahr der Niederlage der Franzosen in Dien Bien Phu. Darauf folgt die Unterzeichnung des Genfer Vertrags, der Vietnam »provisorisch« am 17. Breitengrad teilt. Die Teilung wird mehr als zwei Jahrzehnte dauern. In Saigon etabliert sich, theoretisch unter dem Kaiser Bao Dai, aber praktisch mit der Unterstützung der Vereinigten Staaten, die Diem-Regierung, die nach einem Jahr den Genfer Vertrag nicht mehr anerkennt und den Kaiser absetzt. Offiziell herrscht Frieden, und bald wird die Unabhängigkeit vollendet sein. Aber schon fühlt das Volk, daß dem Konflikt mit den Franzosen ein Kampf unter Vietnamesen folgen wird. Aus Rach Ranh sind mehrere Familien in den Norden übergesiedelt. Andere, die gekommen waren, um Schutz vor den Franzosen zu suchen, kehrten in ihre Heimatdörfer zurück. Täglich schmilzt die Zahl der Schüler meines Vaters. Aber er will seine Familie nicht nach Cai Von zurückbringen, wo die Hoa Hao jetzt mächtiger denn je sind und wo unser Haus zerstört ist. Er beschließt, in die Provinzhauptstadt Vinh Long zu gehen, um dort einen Lehrerposten zu suchen. Das ging nicht ohne Schwierigkeiten. Die neue Regierung hatte schon Maßnahmen ergriffen, um kommunistischer Sympathien verdächtigte Personen zu isolieren, ja sogar zu beseitigen. Bei unserer Ankunft in Song Phu, wo der Fluß die Straße Saigon – Vinh Long erreicht, wurden wir ohne vorherige Warnung beschossen. Wir kamen aus einer »Vietminh-Zone«, das genügte. Mein Onkel wurde gefangengenommen, meine Mutter am Bein verletzt. Aber dank der Kaltblütigkeit meines Vaters, gelang es, mit unserer Barke umzukehren. Wir wurden nicht verfolgt. Es bedurfte großer List, um die Familie, unter Vermeidung der behördlichen Kontrollen, nach Vinh Long zu bringen. Doch meinen Eltern gelang es. Ein oder zwei Monate später wohnten wir in der Provinzhauptstadt bei einer Tante meiner Mutter. Vater fand eine Lehrerstelle in einer Privatschule, deren Direktor mit dem Vietminh sympathisierte. Mutter ergänzte unser Einkommen, indem sie auf dem Markt Obst und Gemüse, das sie bei den Bauern der Umgebung holte, verkaufte.

Eines Tages fand ich auf einer Schulbank ein handgeschriebenes Flugblatt, ich las nur die Überschrift »An das vietnamesische Volk!« Was veranlaßte mich zur rebellischen Haltung? Das müssen wohl unsere Erbanlagen sein. Ich vergrub das Papier in meiner Kleidung. Später, zuhause las ich es immer wieder. Wörtlich erinnere ich mich dieses Textes:

»An das vietnamesische Volk!

Unser Volk hat die Vertreibung der französischen Kolonialisten und die Wiederherstellung des Friedens im Lande teuer erkauft. Aber das ist nur ein halber Sieg! In der nördlichen Hälfte unseres Landes herrschen jetzt Demokratie und Freiheit. Aber die andere Hälfte bleibt unter der Herrschaft der Hampelmänner des Kolonialismus. Die Marionettenregierung Ngo Dinh Diem unterdrückt das Volk im Süden, verhaftet Patrioten und verletzt den Genfer Vertrag. Nieder mit Ngo Dinh Diem! Nieder mit der Saigoner Marionettenregierung! Die Revolution wird siegen!« Dieser Text wühlte mich auf, ich mußte mit einem Kameraden darüber sprechen. Minh war drei Jahre älter als ich und hatte sich schon mehrfach politisch geäußert. Einige Tage danach nahm er mich beiseite:

»Willst du mit mir Flugblätter verteilen?«

»Flugblätter? Welche Flugblätter?«

»Das, was du mir neulich vorgelesen hast. Ich habe einen ganzen Haufen.«

Ich riß die Augen auf.

»Einen ganzen Haufen? Aber wie denn das? Und an wen soll man sie verteilen?«

»Mach dir darüber keine Sorgen. Willst du mitkommen, ja oder nein?«

Die Lust, an einer geheimen Aktion teilzunehmen, juckte mich. Aber noch hielt mich Furcht zurück.

»Keine Gefahr, ich habe es schon oft getan. Du wirst mir doch nicht sagen, daß du Angst hast? Also abgemacht. Heute Abend komme ich zu dir, um dich abzuholen.«

Meine Eltern widersetzten sich nicht der »kleinen Fahrradtour«, zu der Minh mich nach dem Essen einlud. Minh radelte vor mir und paßte auf, ich saß hinten auf dem Gepäckträger. Die Runde begann in den verstaubten Straßen von Vinh Long. An meiner Brust, unter meinem Hemd, spürte ich das kleine Paket mit Flugzetteln und mein pochendes Herz. Minh lachte, machte Späße, wie es sich für übermütige Jugendliche gehört. Ich antwortete darauf so gut es ging, die Kehle freilich ein wenig zugeschnürt. Von Zeit zu Zeit, wenn niemand in Sicht war, raunte er: »Geh ran!« oder »Jetzt!« Und ich ließ zwei oder drei Zettel an meinem Schenkel hinabgleiten. Allmählich wurde ich kühner, eine wahnsinnige Fröhlichkeit überkam mich, die Freude einer mit Gefahr gewürzten Geheimaktion. In den folgenden Wochen machte ich mit Minh mehrere solcher Verteilungen. Eines Tages entdeckte mein Vater zufällig die zuhause versteckten Zettel. Er machte keinen Vorwurf, aber riet mir, noch einige Jahre mit der politischen Aktion zu warten.

1960 versucht Oberst Nguyen Chanh Thi zum erstenmal einen Militärputsch. Er umzingelt das Präsidentenpalais, zwingt Diem, im Rundfunk eine Erklärung zu verlesen, in der er seine Unterwerfung mitteilt. Mit der Naivität meiner fünfzehn Jahre überrede ich meine Klassenkameraden, den Sturz der Diktatur zu begrüßen. Ich riß das an der Wand angeheftete Bild Diems herunter und warf es auf den Boden. Aber Chanh Thi hatte seinen Plan schlecht vorbereitet, und die Brüder Ngo Diem waren alte Füchse. Zwei Tage später hatten sie wieder die Oberhand, übrigens mit Hilfe zweier junger unbekannter Obersten, Van Thieu und Thien Khiem*.

Die Sicherheitspolizei machte eine Untersuchung über die Zwischenfälle im Gymnasium. Als einer der Anführer wurde ich einen ganzen Tag im Büro des Direktors verhört. Der Untersuchungsbe-

* Etwas später, 1963, wird man die gleichen Personen in einer Szenerie wiederfinden, die Sturz und Tod der Brüder Diem bewirkt. Bald wird Van Thieu Präsident der Republik und Thien Kiem Premierminister. Der etwas ungeschicktere Chanh Thi geht im Juli 1966 ins amerikanische Exil.

amte war ein alter, etwa fünfzigjähriger Leutnant. Ziemlich gutmütig, wollte er vor allem wissen, ob ich allein und spontan gehandelt oder ob mich jemand angestiftet hätte. Natürlich sagte ich kein Wort von Minh und den Zettelverteilungen; ich behauptete, daß ich nur ein wenig Klamauk machen wollte. Da sich der Polizist letztlich davon überzeugte, daß ich nicht »ferngesteuert« gewesen sei, führte er die Affäre auf die Ausgelassenheit meines Alters zurück. Er begnügte sich damit, mir den Kopf zu waschen, den Rat zu geben, mich dem Studium und nicht der politischen Agitation zu widmen. Dabei blieb es. Aber jetzt wurde ich vorsichtiger.

Als die Diems wirklich im November 1963 stürzten, war ich in der Abschlußklasse. Diesmal war der Putsch gut organisiert, mehrere Generäle hatten zusammengewirkt und sich bei der US-Botschaft abgesichert. Aber hauptsächlich war das Terrain durch das Opfer einiger Mönche vorbereitet worden, die sich auf den Plätzen Saigons verbrannt hatten. In der ganzen Welt hatte dieser Opfertod eine ungeheure Erregung ausgelöst, die dem Diem-Regime einen fatalen Schlag versetzte. Wenn friedliche Mönche ihr Leben opfern, um die Regierung zu verurteilen, dann muß die Existenz unerträglich geworden sein. In ihren Rundfunksendungen lobte die Befreiungsfront (FNL) die Vorsteher der Pagode An Quang in höchsten Tönen. Thich Tri Quang und Thich Thien Minh wurden Helden des revolutionären Kampfes. Mit den Diem mußte Schluß gemacht werden. So geschah es. Die Brüder Diem wurden in einer Kirche der Saigoner Vorstadt, wo sie Schutz zu finden glaubten, summarisch »liquidiert«.

Im Gymnasium von Vinh Long gab es einen Freudenausbruch, und ich verzichtete auf jegliche Zurückhaltung. Ein Schulstreik wurde beschlossen, vor den im Hof versammelten Schülern hielt ich eine Ansprache: »Die morsche Diktatur ist tot! Das Volk war unterdrückt, lebte im Elend. Hier in der Schule war der Lehrplan vom kolonialistischen Einfluß geprägt. Das alles wird jetzt anders ...« Ich besaß damals einen gewissen politischen Jargon. Ich hörte Radio Hanoi. Das tat fast jeder, entweder aus Neugier oder aus Sympathie. Der kommunistische Rundfunk pries Patriotismus, Unabhängigkeit, Revolution, Freiheit, den Kampf gegen den Kolonialismus, die Heldentaten des Volkes. Das hatte immerhin einen ganz anderen Stil als die süßlichen Chansons von Radio Saigon, sogar für Jugendliche, die die von Amerika importierte Musik mochten. Andererseits gab der nordvietnamesische Rundfunk über die Methoden des Diem-Regimes und über die Vorgänge im Süden Nachrichten, deren Wahrheitsgehalt wir nachprüfen konnten. So waren wir auch geneigt, die Meldungen über das Wirtschaftswunder nördlich des 17. Breitengrads für bare Münze zu nehmen. Auf jeden Fall wurden sie dort von Vietnamesen regiert, während hier bei uns, nach den Franzosen, die Amerikaner das große Wort führten. Ich las auch die Nachrichten in dem Oppositionsblatt *Than Chung* bei einer alten, fast blinden Nachbarin, der ich das Feuilleton vorlesen mußte. Ich nahm die Gelegenheit wahr, um das übrige zu lesen. Damals wußte ich noch nicht, daß ein Oppositionsblatt in einem kommunistischen Regime ein unvorstellbarer Luxus war. Oder vielmehr ließ mich die im Norden herrschende Einmütigkeit denken, daß dort Volk und Gerechtigkeit triumphierten, während die Kritiken von *Than Chung* gegenüber der Saigoner Regierung die schändlichen Übel enthüllten, unter denen der elende Süden litt. Mit achtzehn Jahren fürchtet man nicht den Totalitarismus, wenn er hochherzige Ideen verkündet, ganz im Gegenteil.

1975 – Gefängnis Tran Hung Dao

Es ist 11 Uhr. Das Verhör dauert schon zweieinhalb Stunden. Der Untersuchende hat unaufhörlich den ausführlichen Bericht meiner Jugendjahre aufgeschrieben, von Zeit zu Zeit eine Frage gestellt, um eine Einzelheit zu verdeutlichen. Er richtet sich auf, streckt den rechten Arm aus, der vielleicht ein wenig steif geworden ist, geht die angehäuften Blätter durch. Er reicht sie mir.

»Sie können nachlesen.«

Ich verzichte darauf. Einerseits will ich zeigen, daß ich der Echtheit seiner Wiedergabe vertraue. Andererseits: bei wem und wie sollte ich mich beklagen, wenn ich nicht einverstanden wäre? Mit der Feder, die mir der *Can Bo* reichte, signiere ich rasch die Blätter und unterschreibe meine Aussage. Diese Haltung, die er nicht erwartete, scheint ihm Freude zu bereiten. Ich benutze das, um die Frage wieder vorzubringen, die mich hauptsächlich interessiert:

»Aber warum bin ich hier? Welches ist mein Fehler? Warum hat man mich verhaftet?«

Der Kader richtet sich auf, die Arme auf dem Tisch; mit einer Hand klopft er auf den Haufen der vor ihm liegenden Blätter: »Deshalb arbeiten wir in diesem Augenblick. Du bist nicht grundlos verhaftet worden. Die Revolution verhaftet keinen ohne Grund. Diese Gründe müssen wir aufklären, und das bedarf der Zeit. Die Revolution fängt erst an. Sie hat viele Probleme zu lösen – Probleme, die wichtiger sind als das deine.«

»Aber sagen Sie mir doch wenigstens, für welchen präzisen Fehler ich verhaftet wurde, damit ich darüber nachdenke, damit ich weiß, ob ich unvorsichtig, unüberlegt, unverantwortlich gewesen bin ... Ich will nicht, mit einem Feind der Revolution verwechselt werden."

Scheinbar durch eine Sprache überrascht, die er bereits gut kennt, klopft der *Can Bo* plötzlich nicht mehr auf meine Akte. Er sieht mich an, überlegt und antwortet dann:

»Also, zum Beispiel, warum bist du der Nationalen Befreiungsfront nicht beigetreten? Warum bist du nicht in den Untergrund gegangen wie Millionen anderer Landsleute?«

»Also wären alle, die nicht in den Untergrund gegangen sind, Verräter? Fast die Gesamtheit der Südländer wären Reaktionäre? Und jene, die mit den Amerikanern und mit Opium Geschäfte machten, bekommen einen Monat Umerziehung, während Leute wie ich, die gegen das alte Regime gekämpft haben, lange Gefängnisstrafen erhalten, weil sie nicht in den Untergrund gegangen sind? Sechsundvierzig Tage bin ich nun hier und kenne den Grund nicht. Ohne zu wissen, wann das endet, und Sie finden, dies sei gerecht?«

»Geh in deine Zelle zurück. Wenn du keine Fehler begangen hast, hast du nichts zu befürchten. Aber wenn dein Fall nicht klar ist, müssen wir ihn aufklären. Und dazu wird die Revolution alle notwendige Zeit aufbringen ... Ein Jahr, zwei Jahre, drei Jahre, wenn es nötig ist.«

Er gibt dem *Bo Doi* ein Zeichen, um mich abzuführen. Ich unterbreite ein letztes Anliegen:

»Bitte lassen Sie mich in eine Gemeinschaftszelle bringen! Sechsundvierzig Tage bin ich allein im Kerker, das ist zu schwer!«

»Ich werde mit dem Direktor darüber sprechen«, entgegnet der *Can Bo.*

Langsamen Schrittes kehre ich in meine Zelle Nr. 5 zurück und wiederhole immer wieder das soeben Gehörte. Ein wenig Optimismus: »Wenn du keinen Fehler begangen hast, hast du nichts zu befürchten.« Viel Pessimismus: »Ein Jahr, zwei Jahre, drei Jahre, wenn es nötig ist.« Letztlich werde ich freikommen, hat er gesagt. Ja, letztlich ... In drei Jahren? Oder noch später?

Erst vor drei Monaten stellte ich mir Fragen, die fast lächerlich geworden sind. Ich fragte mich: »Soll ich mich uneingeschränkt der Revolution anschließen? Soll ich abseits bleiben, *wait and see?* Auf keinen Fall das Land verlassen.« Ich hatte mich geweigert, jenen zu folgen, die Vietnam aufgaben. Aber ich war noch nicht bereit, mich mit dem neuen Regime ganz zu verbinden. Ich neigte eher einer gewissen abwartenden Haltung zu und dachte an eine Rückkehr aufs Land. Ich hatte sogar einen Motorpflug gekauft, meiner Frau gesagt: »Meine Vorfahren sind Bauern, wir werden mit unseren Kindern nach Vinh Long zurückkehren und dort den Boden bebauen.« Schon sah ich meine Eltern mit uns ins Delta zurückkommen, wo unser Haus abbrannte, ihre Wurzeln, ihre Freunde, unsere Verwandten wiederfindend. Wir würden unser Haus wieder aufbauen. Ich stellte mir meine Kinder vor, wie ich im Bach herumpantschend und Fische fangend. Ich träumte. Und jetzt, drei Monate nach der Revolution, ging ich vor einem zwanzigjährigen *Bo Doi* in grünem Drillich, der rasch zum Essen wollte und mich mahnte:

»Los, los, Nummer fünf! Schneller!«

Aber, wie auch immer, ich war nicht in meiner Zelle, als der sandige Reis ausgeteilt wurde. Und ich hatte kein Anrecht mehr darauf. Statt des Essens würde mir ein wenig zusätzliche Meditation guttun.

Erstes politisches Engagement

1975 – Gefängnis Tran Hung Dao

Hien, mein Nachbar von gegenüber, der neulich den jungen aufdringlichen Wärter so gut zurechtgewiesen hatte, wurde an einen unbekannten Ort gebracht. In ein anderes Gefängnis? In eine Gemeinschaftszelle? Ich bedauere seinen Fortgang. Er beteiligte sich sehr wenig am »Flüstern unter den Türen«, vielleicht aus Würde, aber ich konnte die Kraft seines Charakters ermessen. Allein seine Gegenwart war eine Ermutigung. Inmitten der Nacht großes Durcheinander: Ankunft neuer Gefangener. Ich höre Stimmen flehender Frauen, Babygeschrei. Alle Gefangenen sind wachgeworden.

»Pst! Nummer 8! Pst! Wer bist du?«

Der neue Insasse des Kerkers 8 hat endlich verstanden, und dieser Insasse ist eine Frau. Ich ahne, daß meine Nachbarn, wie ich selber, ihren Atem anhalten, während sie ihr trauriges Abenteuer erzählt. Von Zeit zu Zeit unterbricht Schluchzen ihre Stimme. Dann mahnen wir:

»Vorsicht! Nicht zuviel Lärm, sonst kommen sie und bestrafen alle.«

Einen Moment schwieg sie, schluckte an ihren Tränen, hin- und hergerissen zwischen der Angst und dem Verlangen, mit jemandem in dieser feindlichen Welt zu sprechen.

»Hören Sie mich?«, flüsterte sie.

»Ja, sprechen Sie so weiter.«

»Wir wollten mit dem Schiff fliehen. Wir waren achtzig. Aber jemand hat uns verraten, und wir wurden gefaßt ... Mein Baby ... Sie haben es eben jetzt gehört ... Es ist mein achtzehnmonatiger Sohn! Sie wollten ihn mir nicht dalassen. Sie haben ihn zur Großmutter gebracht, die dort hinten mit den anderen Frauen der Gruppe eingeschlossen ist.«

»Weshalb haben sie dich allein festgesetzt?«

»Weil ich eine der Organisatoren der Flucht bin.«

Die junge Frau drückt sich mit einer gewissen Vornehmheit aus.

Später erfahre ich, daß sie die Frau des Direktors einer Saigoner Großbank ist. Eine Freundin hatte ihr gesagt, sie kenne in Rach Gia einen Fischer, der sein Schiff verkaufen wolle. Natürlich für eine hohe Goldsumme, man einigte sich auf zweihundert Gold-Tael*. Die Summe wurde von mehreren Familien aufgebracht, die an einem bestimmten Tag Rach Gia auf verschiedenen Wegen erreichten. Bei Anbruch der Nacht waren sie an Bord des an einem isolierten Ort vor Anker liegenden Schiffes. Eine Stunde vor der Abfahrt entdeckten zwei Polizeiboote das Fluchtschiff. Entweder arbeitete der Besitzer mit der Polizei zusammen oder die Flüchtenden waren in Rach Gia mit ihrer städtischen Kleidung und ihrem Gepäck aufgefallen. So etwas geschieht jeden Tag. Noch lange höre ich in der Nacht die neue Gefangene der Zelle 8 in kleinen Stößen schluchzen. Vielleicht wird sie wegen ihres Babys entlassen. Aber ihr Besitz, ihr Haus sind bereits beschlagnahmt, und ihr Mann wird lange in einem Umschulungslager bleiben müssen. Das Unglück der jungen Frau berührt mich, hauptsächlich wegen des kleinen Kindes, das ich weinen höre. Im übrigen habe ich nichts gemein mit diesen Privilegierten des alten Regimes, die dank des Kriegs ungeheure Reichtümer angehäuft haben.

Im Kerker Nr. 3, neben dem meinen, habe ich Nam Theo entdeckt, noch vor einigen Monaten der König der Vergnügungsstätten von Cholon. Er besaß zahlreiche Kinos, aber auch weniger unschuldige Unternehmen: Nachtlokale, Luxusbordelle, Spielsäle. Alle seine Aktivitäten übte er in vollem Einvernehmen mit der Polizei Thieus aus, deren Komplizenschaft er bezahlte. Der mächtige Nam Theo ist sanft wie ein Schaf geworden. Respektvoll zittert er vor dem kleinsten *Bo Doi* von Tran Hung Dao. Mit ihm spreche ich nicht. Es wundert mich nicht, ihn in diesem Gefängnis zu sehen. Aber was mache ich hier?

Ist man wie ich in eine Falle geraten, dann geht man zunächst durch eine Phase aktiver Entrüstung. Man verweist lauthals auf seine Unschuld und fordert nichts weniger als seine Freilassung

* Ein Goldtael = 37,5 g, d. h. im Juli 1979 etwa 900 DM.

mit Entschuldigungen seitens der Behörden. Aber da die Zeit verstreicht, wäre man sogar dankbar für die Freilassung mit einem Tritt in den Hintern. Wenn man sechs Wochen in der totalen Isolierung einer Einzelzelle verbracht hat, mit »rotem Reis« und Salz als einziger Nahrung, betrachtet man endlich als höchstes Glück den Verzehr eines Stückes Fleisch oder Zucker und das Zusammensein mit anderen Gefangenen, wer immer sie auch sein mögen. Je mehr Freiheit einem entzogen wird, um so bescheidener werden die Wünsche. Angekettet und einsam, wage ich nicht mehr von Freilassung zu träumen. Ich wäre schon zufrieden, die Hände frei zu haben und mit jemandem sprechen zu können. Dieses Glück widerfährt mir am 10. August 1975. Der Wärter Tha kommt in meine Zelle, öffnet die Handschellen:

»Steh auf und mach dich fertig. Du kommst in eine Gemeinschaftszelle.«

Freudig strecke ich meine steifen Glieder aus, suche meine Habseligkeiten zusammen und gehe hinaus. Tha ist der netteste der vier Wärter, mit denen ich bisher zu tun hatte. Er lacht und spricht gern. Er hat etwa mein Alter, und ich meine, daß er ein wenig Zuneigung für mich hat. Ich wage, ihn zu fragen: »Mein Herr, kann man drei oder vier Jahre im Gefängnis bleiben, wenn man kein Verbrechen begangen hat?«

Der *Bo Doi* wendet ein wenig seinen Kopf zu mir hin, blickt mich überrascht an und sagt ohne Zögern:

»Wie? Drei Jahre? Niemals! Höchstens ein Jahr. Die Revolution ist großmütig jenen gegenüber, die nur Irrtümer begangen haben.« Drehung nach rechts, Drehung nach links, geradeaus, eine Tür zur Rechten: hier ist es. Das ist der Gemeinschaftssaal A. Als die Tür aufgeht, schlägt mir Gestank entgegen. Die Zelle ist groß, aber Dutzende von Gefangenen stehen in strammer Haltung, dicht gedrängt, nebeneinander. Einen Augenblick habe ich Lust, meine Zelle 5 wiederzufinden, wo ich wenigstens einige Quadratmeter für mich allein besaß. Plötzlich fühle ich mich sehr müde.

»Sieh da«, klingt es ironisch, »ein neuer Kunde in unserem Luxushotel!«

Und dann sagt barsch ein anderer:

»Aber den kenn ich! Das ist Doan Van Toai, ein ehemaliger Vietcong-Partisan!«

Diesen Mann kenne ich sogleich wieder: er heißt Rang und gehörte zur Geheimpolizei Thieus. Der Wärter Tha unterbricht alle Kommentare:

»Sie können sich setzen. Der neue Gefangene wird hier schlafen«, und er zeigt auf den der Tür am nächsten liegenden Platz, den besten, weil man dort am meisten frische Luft hat. »Es ist ein Sonderfall, er braucht keine Arbeiten zu verrichten.«

Alle – und zunächst ich selber – sind überrascht und blicken auf Tha, der, noch mit dem Finger auf den Platz an der Tür weisend, unterstreicht:

»Der Gefangene, der hier schlief, wird woanders hingehen. Das ist der Platz von Doan Van Toai.«

Ich weiß nicht, wie ich mich verhalten soll. Während ich mein Bündel ablege, höre ich die Bemerkungen meiner neuen Kameraden: »Ein Spitzel! Spitzel! Spitzel!«

Wie soll man das Gegenteil beweisen, wenn der Wärter einen mit solchem Segen in eine Zelle mit sechzig Gefangenen einführt? Eine vertraute Stimme zieht mich aus diesem Abgrund:

»Das ist gut! Nummer fünf, jetzt bist auch du hier!«

Dankbar sehe ich zu dem Mann, der mich freundschaftlich angesprochen hat, wie zu einem alten Weggefährten. Es ist Nguyen Van Hien, der Parteiveteran, der den kleinen *Bo Doi* zurechtgewiesen hat, als er ihm einen Brief seiner Frau brachte. Der Mann aus Zelle 8. Ich hatte ihn nie gesehen, aber ich erkenne seine Stimme, genauso wie er auch meine erkannt hat. Er ist ganz klein – 1,55 m vielleicht –, sein Lächeln ist unvergeßlich: er hat nur Goldzähne. Danach bemerkt man seine Augen, deren Blick man kaum aushalten kann: scharfe Augen, die erbarmungslos in einen dringen.

»Der Spitzel spricht zum Spitzel«, sagt jetzt ein Gefangener, der uns reden sieht.

Hien wendet sich ihm zu. Seine Vergangenheit, seine moralische Kraft bringen alle zum Schweigen.

»Toai ist ein Patriot«, sagt Hien ganz einfach.

Von nun an geht alles besser. Der Mann, welcher der Tür am nächsten schlief, räumt seine Sachen weg. Ich fordere ihn auf zu bleiben:

»Bleiben Sie hier, es ist Ihr Platz. Ich bin ein Neuer, ich werde auf dem Boden schlafen ...«

Der etwa Fünfzigjährige widerspricht: »Man muß dem Befehl des *Bo Doi* gehorchen.«

»Ich übernehme die Verantwortung für die Ungehorsamkeit«, entgegne ich. Meine Sachen lege ich in eine Ecke auf den Boden und setze mich fest entschlossen hin. »Hier werde ich schlafen, bis ein Platz auf der Bank frei wird.«

Diese Haltung sichert mir nicht allein die Dankbarkeit des Gefangenen, der sein »Bett« wiederbekommt, sondern auch die Zuneigung des Stubenältesten Nguyen The Thao. Der Stubenälteste ist ein Gefangener, der für die Ordnung in der Gemeinschaftszelle sorgen soll und die Verbindung mit den Wärtern herstellt. Thao ist zweiundsechzig, siebenundzwanzig Jahre seines Lebens verbrachte er in den Gefängnissen, unter allen Regimen. Mit einem leichten Lächeln liebt er zu sagen: »Mein Vater ist Chi Hoa, meine Mutter ist Con Son.« Chi Hoa ist das Saigoner Zentralgefängnis; Con Son ist die wegen ihrer »Tigerkäfige« berücksichtigte Insel, wo Sträflinge schmachten. Die Franzosen nannten sie Poulo Condore.

Die Zementbank, auf der die Gefangenen schlafen, nimmt ungefähr zwei Drittel der Zelle ein. Sie ist ungefähr zwanzig Meter lang und drei Meter breit. Sechzig Menschen müssen sich darauf einrichten, ihr Lebensraum ist folglich karg bemessen. Zwischen Bank und Wand befindet sich, auf der ganzen Länge der Zelle, ein zwei Meter breiter Gang. Es ist der einzige Raum, über den die Gefangenen verfügen, um – abwechselnd – einige Schritte zu gehen. An einer Seite der Zelle ist ein kleiner Waschraum mit Toilette und einem Wasserhahn. Der Saal ist ziemlich hoch, ungefähr fünf Meter, und die obere Hälfte einer der beiden Wände ist vergittert, was eine relativ erträgliche Lüftung erlaubt im Vergleich mit dem, was ich später sehen werde. Beim Betrachten meines neuen Wohnraums fällt mir plötzlich ein, daß ich hier schon einmal vor fünf Jahren von der Polizei Thieus eingekerkert worden war. Ich entsinne mich sogar, meinen Namen irgendwo eingekratzt zu haben. Ich finde die Stelle wieder. Durch die verschiedenen Inschriften verschwanden die beiden ersten Teile meines Namens, aber man kann noch lesen: »Toai«. Diese Entdeckung führt mich zu einer seltsamen Reflexion, die ich Hien, dem Mann mit den Goldzähnen, mitteile:

»Als ich hier 1970 zum erstenmal wegen meiner Aktivität in der Studentenopposition eingeschlossen war, fühlte ich mich eher stolz. Heute weiß ich nicht, ob ich stolz sein soll oder mich schämen muß ... Mir selbst gegenüber fühle ich mich unwohl, ohne den eigentlichen Grund zu kennen.«

Hien schüttelt mit dem Kopf, ohne zu antworten, aber sein scharfer Blick sagt, daß er mich versteht.

»Erzähle, das wird dir guttun«, meint er freundlich. So erzähle ich Hien leise, unsere Köpfe eng beieinander, mein bewegtes Studentenleben.

1964 – Saigon

Nach dem Abitur 1964 verlasse ich Vinh Long, um nach Saigon zu meinem älteren Bruder zu gehen, der dort seit mehreren Jahren arbeitet und mich während meiner Studienzeit aufnehmen will. Ich schreibe mich in der pharmazeutischen Fakultät ein. Natürlich empfinde ich keine wirkliche Berufung als Apotheker, aber das Studium ist kürzer als das der Medizin, die mich mehr interessiert hätte, und die Berufsaussichten sind besser als in der Literatur oder dem Recht. Sehr rasch begann ich aufzubegehren. Geist, Methoden, Inhalt des Unterrichts waren veraltet. Man ahmte die französischen Pläne der dreißiger Jahre nach. Überdies fanden die meisten Vorlesungen bis 1965 noch in Französisch statt. Das empörte mich, nicht nur weil ich eine weniger gute Kenntnis des Französischen hatte als die jungen Bourgeois der Hauptstadt; aber hauptsächlich weil dies die Mentalität von Kolonisierten ausdrückte, die unfähig waren, über ihr eigenes Schicksal zu verfügen. Weisen Papageien ähnlich, wiederholten die meisten unserer Professoren alte Modelle, die ihre Lehrer ihnen hinterlassen hatten. Die Professoren bildeten eine kleine und eifersüchtige Kaste, die vor den Studenten größtmögliche Hindernisse errichtete, um die Zahl künftiger Rivalen möglichst niedrig zu halten. Sie verkauften sehr teuer die hektographierten Texte ihrer Vorlesungen und behielten das Monopol für deren Vervielfältigung. Von Jahr zu Jahr veränderten sie etwas an den Texten, so daß die des Vorjahrs nicht mehr benutzt werden konnten. Solch ein System bestrafte die wenig bemittelten Studenten, zu denen ich gehörte. Ich begann, laut das ganze System anzuklagen, und zu meiner Überraschung fand ich mehr Unterstützung, als ich erwartet hatte. Bis dahin war in dieser schläfrigen Fakultät, die zumeist von der Bourgeoisie Saigons und der Provinzhauptstädte beliefert wurde, keine Kritik üblich. Die meisten Studenten bemühten sich, dem traditionellen »Modell« so sehr wie möglich zu ähneln, würdige Söhne ihrer Väter. Jeder wollte sein Diplom haben und verhielt sich so, um es zu bekommen, selbst wenn er insgeheim den Unterricht und seine Mandarinsitten in Grund und Boden verurteilte. Diese Mentalität entrüstete mich.

Unter den Studenten propagierte ich zunächst die Idee, die Vervielfältigung der Texte selber zu besorgen. Wir sammelten Geld, kauften eine Maschine und vertrieben die Vorlesungsresümees weit billiger als die offiziellen. Die Studenten triumphierten, und die Professoren waren verbiestert. Jetzt entstand sehr schnell der Plan einer Studentenzeitung der Fakultät, die den Namen *Hoa Sung* erhielt. Es handelt sich um ein unübersetzbares Wortspiel, das man ungefähr so wiedergeben kann: »Blume am Gewehr«. Das war eine Anspielung auf unser Steckenpferd als pflanzensammelnde Apotheker, und zugleich drückte es unsere Verachtung für ein immer mehr von Militärs beherrschtes Regime aus.

Seit Diems Sturz ist das politische Leben in Südvietnam immer mehr ein militärischer Karneval geworden. General Duong Van Minh, einer der hauptsächlichen Putschorganisatoren vom November 1963, wurde beiseitegeschoben, weil er als »neutralistisch« und »pro-französisch« galt – unverzeihliche Laster in den Augen der amerikanischen Botschaft. Sein Nachfolger, General Khan, hatte sich beeilt, Sterne an junge Offiziere zu verteilen, deren Dankbarkeit er zu gewinnen hoffte. Aber diese jungen Wölfe hatten ihrerseits nicht gezögert, auf eigene Rechnung Komplotte gegen ihn zu schmieden. Unter ihnen bemerkte man Nguyen Chanh Thi, einen Nervösen, Ton That Dinh, der überhaupt nichts begriff, Nguyen Cao Ky, einen Playboy mit bescheidenen Talenten. Nach Khan kam General Huu Co, dann ein vorübergehendes Militär-Triumvirat, dann wechselten unbekannte zivile Politiker mit Militärs ... Alle zwei Monate versuchte eine neue »Regierung«, an ihre Realität glauben zu machen. Es war ein permanenter Cliquenkampf. Jeder General hatte seine Kamarilla, jeder Politiker seine Lobby. Und es ging vor allem darum, bei den Amerikanern bestens angeschrieben zu sein, die die Republik Vietnam allein am Leben erhielten. Ohne den Dollarzustrom hätte dieses klägliche Schauspiel nicht mehr lange gedauert: das Regime wäre von selbst zusammengebrochen, obwohl die FNL damals noch keineswegs sehr kräftig war. Nachdem sie Diem hatten fallen lassen, suchten die Amerikaner nach einem neuen Mann. In diesem mäßigen Fischteich angelten sie letztlich Van Thieu, einen General, der anscheinend das Genie hatte, bei allen »Coups« mitzuwirken, ohne je ganz vorn auf die Bühne zu gelangen.

Von Monat zu Monat glitt das von mir geschaffene Studentenblatt *Hoa Sung* immer mehr von beruflichen Forderungen zur politischen Kritik. Das war unvermeidlich. Wir verlangten eine »Vietnamisierung« des Unterrichts. Das setzte einen Willen nach nationaler Unabhängigkeit voraus. Ich wußte noch nicht genau, was ich wollte, aber ich sah immer klarer, was ich nicht wollte. Immer weniger Unabhängigkeit, immer weniger Demokratie: das mißfiel notwendig einem zwanzigjährigen jungen Mann, der aus einem Delta-Dorf kam und dem Volk entstammte, worauf er stolz war. Hier in Saigon sah ich, daß das vietnamesische Volk betrogen wurde, daß eine kleine Schicht von Privilegierten sich um Führungspositionen stritt und sich über die einfachen Leute lustig machte. Ich bemerkte, daß die von ihnen gebrauchten Worte keine Aufrichtigkeit beinhalteten. Seit meiner Ankunft in Saigon habe ich mehr oder weniger geheime kommunistische Schriften gelesen, vor allem eine Biographie Ho Chi Mins. Dadurch gewann ich die Überzeugung, daß die vietnamesischen kommunistischen Führer etwas ganz anderes sind als die elenden Karrieristen, die uns in Saigon regieren. Hier sehen wir die Leute, die das Volk zu regieren vorgeben, sich vor dem amerikanischen Botschafter erniedrigen. Wer hat je gesehen, daß Ho Chi Minh oder Pham Van Dong sich vor irgend jemandem beugten? Hier sehen wir, daß sich die Frauen der Führer mit Juwelen bedecken. Bei den Kommunisten spricht niemand von der Frau Ho Chi Minhs oder Pham Van Dongs. Beweist es nicht, daß das Nordregime sauber und das südliche verfault ist?

Meine Artikel in *Hoa Sung* widerspiegelten unvermeidlich manche dieser politischen Ideen. Von der Unterrichtsreform zur Reform der Republik war es nur ein Schritt, den ich immer öfter tat. Die relative Anarchie, die Unordnung, die vor der Machtübernahme durch Thieu herrschten, schützten meine Kameraden und mich vor Sanktionen. Meine Vorschläge zur Reform der pharmazeutischen Fakultät ebenso wie meine politischen Stellungnahmen hatten auf mich die Aufmerksamkeit der »Beobachter« der Nationalen Befreiungsfront (FNL) in der Universität gelenkt. Kiet, einer von ihnen, nahm, durch Vermittlung eines Freundes, Verbindung mit mir auf. Solche Ersuchen kommen mir durchaus gelegen. Die Rekolonisation Südvietnams durch die USA springt in die Augen.

Die mehr oder weniger von der CIA gelenkten »Hilfsinstitutionen« bestehen seit Diems Machtantritt 1954, und seit 1962 gibt es in Saigon ein amerikanisches Militärkommando. Doch während einiger Jahre bemerkten die Vietnamesen nicht, daß die amerikanische Kolonisierung die französische abgelöst hatte. Die ersten amerikanischen »Militärberater« waren ziemlich diskret geblieben. Im Lande verstreut, waren sie überdies gut geschult: sie kannten die Sprache oder doch wenigstens die Sitten des Landes. Nach der Machtübernahme durch Thieu beginnt eine eigentliche Invasion. Zehntausende, dann Hunderttausende arroganter GI kommen nach Vietnam, auf das sie pfeifen wie auf ihre erste Surprise Party; sie pinkeln von der Höhe ihrer Panzer und werfen verächtlich ihre Coca Cola-Dosen weg. Keine Sekunde kümmern sie sich um die Gefühle dieses Volkes, das sie anscheinend gegen die »kommunistische Barbarei« verteidigen. Doch in den Augen des Volkes ist die Barbarei auch dies: das Verächtliche der weißen Krieger, ihre Gleichgültigkeit und Idiotie. Und dann die Fäulnis. Bars wachsen wie Pilze. Die Prostitution wird zur nationalen Industrie. Die Militärlager bersten vor Waren, die Gier erwecken. Der Diebstahl entfaltet sich im großen Maßstab, versorgt inmitten Saigons, was man bald den »Diebesmarkt« nennt. Dort findet man alles, von Sonnenbrillen über Uniformen und Kameras bis zu Kühlschränken. Jeder stiehlt.

Die meisten Vietnamesen betrachten den Zerfall ihrer Gesellschaft mit Bestürzung, aber ohne zu reagieren. Gegenüber den Amerikanern empfinden sie dumpfe Gereiztheit wegen ihres Reichtums, ihrer Anmaßung, ihres Machtprotzes. Trotz oder gerade wegen ihrer Fehler hatten die Franzosen nicht soviel Unwillen hervorgerufen. Ihre Herrschaft hatte auch die traditionellen Strukturen nicht von Grund aus umgestürzt. Und schließlich waren sie Träger einer tausendjährigen Kultur, die die Vietnamesen beeindruckte. Dagegen repräsentierten die Amerikaner den Einbruch einer erdrückenden materiellen Kraft. Ohne Kultur. Es sei denn ein angebliches demokratisches Ideal, als dessen groteske Karikatur das Saigoner Regime erschien. Neben der breiten verzweifelten, aber passiven Masse und der aktiven Minderheit großer und kleiner Kriegsprofiteure gab es noch eine dritte Kategorie. Es waren jene, die, angesichts dieser Dekadenz und Erniedrigung, etwas tun wollten, um ihr Land durch Taten zu retten. Die einen schließen sich direkt der FNL an, die mit Waffengewalt die neue Fremdherrschaft bekämpft. Die anderen versuchen, zwischen zwei Extremen einen dritten Weg zu finden, den der legalen Opposition. Ich brauche lange Zeit, bevor ich konstatiere, daß es eine Sackgasse ist. Die Saigoner Studenten politisieren sich immer mehr. Von 20000 gehört nur ein Viertel dem Studentenverband an, aber vier Fünftel der 5000 stehen mehr oder weniger der FNL nahe. Es gab auch einige Hundert antikommunistische Aktivisten, aber darunter war nicht ein einziger Anhänger Thieus ... 1967 sind alle Mitglieder des Vorstands des Studentenverbandes FNL-Anhänger. Der Vorsitzende Ho Huu Nhat wird zwei Jahre später sogar geheimer stellvertretender Minister für die Jugend der Provisorischen Revolutionsregierung. Zum erstenmal wagt der Verband, eine Demonstration zu organisieren mit der Forderung nach Verhandlungen mit der FNL. Die Kundgebung wurde scharf unterdrückt, Studentenführer wurden verhaftet, andere flohen in den Untergrund. Der Verband ist zeitweilig enthauptet. Aber die Repression hat den Widerstand der Entschlossensten gestählt und die Sympathien der weniger engagierten Studenten erhöht. Da ich damals noch nicht zur Führung der Studentenbewegung gehörte, wurde ich nicht belästigt. Aber etwas sagte mir, daß ich bald in vorderster Linie stehen würde.

1975 – Gefängnis Tran Hung Dao

Den Kopf mir zugeneigt, hatte Hien aufmerksam dem Bericht gelauscht: »Erinnerst du dich heute noch, was damals die FNL gesagt hat?«

»Ob ich mich dessen erinnere! Sie propagierte eine Politik der nationalen Wiederversöhnung, sogar mit jenen, die mit dem Marionettenregime hatten zusammenarbeiten müssen. So sprach sie auch noch mit großer Deutlichkeit drei Wochen vor dem Einmarsch nordvietnamesischer Truppen in Saigon, weil die Bevölkerung im Süden beruhigt werden sollte. Heute sehe ich, daß die »nationale Wiederversöhnung« mit der Internierung von Hunderttausenden Unglücklicher beginnt, die wider ihren Willen in der Armee waren, von kleinen Beamten, die keine Kriegsprofiteure waren. Und ich sehe, daß man auch Leute wie mich einkerkert, die in der Opposition gegen Thieu standen, aber den Fehler begingen, nicht vollständig die Parteithesen anzunehmen.«

Indem ich mit diesem Menschen spreche, dem ich irgendwie volles Vertrauen entgegenbringe, hatte ich den Eindruck, daß meine Ideen sich klärten. Die seit mehreren Monaten gemachten Beobachtungen, die ich mehr oder weniger bewußt verdrängte, eine wochenlange Meditation im Gefängnis führten plötzlich zu erhellenden Schlüssen. Ich fuhr fort:

»Und dann hatten die FNL und Nordvietnam immer wieder erklärt, daß die Wirtschaftsstruktur im Süden nicht umgestürzt würde. Sogar nach dem Sieg sagte Madame Nguyen Thi Binh, die Diva der Provisorischen Regierung bei den Pariser Verhandlungen, während eines Besuchs in Ungarn: ›Die Wiedervereinigung Vietnams ist notwendig, aber sie wird nur nach einer langen Anpassungsperiode erfolgen. Die soziale, ökonomische, politische Situation des Südens und des Nordens sind verschieden.‹ Nun ist es offenkundig, daß man mit Riesenschritten die vollständige Integration des Südens in das Nordregime vorbereitet.«

»Ah«, meinte Hien, »ich sehe, daß du einige Dinge zu verstehen beginnst. Aber du bist noch nicht bis ans Ende gegangen ...«

»Doch, jetzt kann ich bis ans Ende gehen. Aber was ich sehe, macht mir Angst. Ich sehe, daß Onkel Ho träumte, als er vor seinem Tode sagte, daß ›wir im Frieden das Land zehnmal schöner wieder aufbauen werden‹. Ich sehe, daß Pham Van Dong und Le Duan* uns täuschten, als sie in ihren Reden betonten, daß nach dem Sieg ›die Traditionen der Milde, des Humanismus, der Toleranz‹ respektiert würden. Ich sehe, daß die FNL-Führer im Süden, wie Huu Tho und Madame Binh, sich Illusionen hingaben über ihre Schlüsselstellung nach der Befreiung. Ohne von jenen zu sprechen, die naiv glaubten, daß im neuen Vietnam eine demokratische ›dritte Kraft‹ ein Wort mitzureden hätte.«

»Nun ja«, sagte Hien. Durch seine fast geschlossenen Augen kam kaum ein Blick. »Und was folgerst du aus all dem?«

Was ich folgerte? Bisher, so glaube ich, hatte ich nicht gewagt, es mir selber zu sagen. Doch die Ausstrahlung dieses Mannes, dieses klarsichtigen Kommunisten, war derart, daß ich mich diesmal getrieben sah, mit meinen Gedanken bis ans Ende zu gehen. »Also ich habe den Eindruck, daß wir von der nordvietnamesischen KP betrogen worden sind. Alle. Zuerst der Großteil der Bevölkerung des Südens mit dem Glauben, ein Regimewechsel würde letztlich positiv sein. Die Ersetzung korrumpierter Führer durch asketische, makellose Männer. Man würde sich an die Askese gewöhnen, sofern sie für alle Geltung hätte. Man fände darin zumindest die nationale Ehre wieder. Aber die Anhänger der ›dritten Kraft‹, die

* Ministerpräsident und Generalsekretär der nordvietnamesischen Kommunistischen Partei.

einen demokratischen Süden erhofften, mußten schnell ihre Enttäuschung bekennen: sie waren den neuen Herren nicht mehr nützlich. Doch am meisten enttäuscht waren die nichtkommunistischen Mitglieder der FNL und noch mehr die Kommunisten im Süden, die geglaubt hatten, eine erste Rolle spielen zu können. Sehr rasch wurden sie auf den zweiten, dann dritten Platz verwiesen, aus Hanoi gekommenen *Apparatschiks* untergeordnet. Für die nordvietnamesische KP ist jeder südliche Militant zweifelhaft, mehr oder weniger von schlechtem Geist verseucht. Man kann ihm nicht vollständig vertrauen. Sieh dieses Gefängnis hier: alle Kader kommen aus dem Norden, vier Fünftel der Wärter ebenfalls.«

Hiens karges Lächeln entblößt den Glanz der Goldzähne: »Ich sehe, daß du schon ziemlich nachgedacht hast. Aber es sind noch etliche Dinge zu entdecken. Sage nichts zu laut. Vielleicht kannst du es eines Tags furchtlos aussprechen, aber nicht jetzt.«

Als ob wir ein banales Gespräch beendet hätten, wandte Hien sich jetzt einem Nachbar mit einem Scherz zu. Nun lebe ich schon zwei Wochen in der Gemeinschaftszelle, schlafe weiter auf dem Boden, esse wie vorher zweimal am Tag einen Napf mit sandigem Reis, den die Gefangenen im Wasser spülen, um den Sand zu entfernen.

Jeden Freitagmorgen lebt die Zelle in einer beklemmenden Angst. An jenem Tag erscheint der *Bo Doi* mit einer Namensliste:

»Dieser ... jener, machen Sie sich fertig zum Verlassen der Zelle. Lassen Sie alles hier, was Ihnen nicht gehört.« Niemand weiß, was mit diesen Gefangenen geschieht, die weggehen. Optimisten denken, daß sie befreit werden. Andere meinen, sie würden ganz einfach in ein Lager überführt, und die Lager genießen einen noch schlechteren Ruf als die Gefängnisse. Die Mehrzahl glaubt, dabei zu gewinnen: »Schlechter als hier kann es nicht sein! Vielleicht kann man sich ein wenig bewegen. Wenn man weiter so eingeschlossen bleibt wie wir hier, wird man verrückt!«

Die Zurückbleibenden fragen sich, ob sie die Fortgehenden beneiden oder bedauern sollen. Aber Hien, der Mann mit den Goldzähnen, flüstert mir zu:

»Schickt man sie in ein Umerziehungslager, ist es der Tod. Ich weiß es: 1957 habe ich solch ein Lager in Nordvietnam geleitet.

Seitdem haben sich die Methoden sicher nicht sehr verändert. Unter solchen Umständen möchte ich lieber mein ganzes Leben hier verbringen. Hier haben wir elektrisches Licht, ein WC, wir haben nichts zu tun und essen einigermaßen. Die Lager sind im Dschungel verloren, weit weg von den Städten, ohne jede ärztliche Hilfe – dabei bekommt man bestimmt die schlimmsten Krankheiten: Ruhr, Malaria, Beriberi. Das ist der Tod, der sichere Tod!«

Nguyen Van Thang ist einer der Männer, die am Freitag aufgerufen werden, um die Zelle zu verlassen. Er ist ein ruhiger alter Mann, ein weißhaariger Kommunist, der wenig spricht. Warum ist er da? Niemand wagt es, ihn zu fragen, und er selber sagt es nicht. Er ist zweiundachtzig Jahre alt. Ende der zwanziger Jahre war Van Thang einer der »historischen Führer« des vietnamesischen Kommunismus. Er leitete eine der drei Gruppen, die auf der Konferenz in Hongkong 1930 sich mit Ho Chi Minh zur Indochinesischen Kommunistischen Partei vereinten. Sobald ich wußte, wer er war, habe ich versucht, mit ihm zu sprechen. Das war nicht leicht. Er konnte ganze Tage verbringen, ohne ein einziges Wort zu sprechen. Doch zwei- oder dreimal während der vierzehn Tage, die er mit mir verbrachte, war er bereit, etwas zu erzählen. So über Ho Chi Minh:

»Er war ein bemerkenswerter Führer, ein verdienstvoller Militant; aber man hat die Parteigeschichte ziemlich frisiert, um ihm alle Verdienste zuzusprechen. Zunächst und während vieler Jahre war er ein im Ausland lebender Komintern-Mann: in Frankreich, in der Sowjetunion, in China. Erst 1945 ist er nach Vietnam zurückgekehrt, um die Geburt der Demokratischen Republik zu verkünden und deren Führung zu übernehmen. Wir hier im Land kämpften seit zwei Jahrzehnten und noch länger mit allen damit verbundenen Gefahren. ›Onkel Ho‹ hat in seinem Leben nur einmal das Gefängnis kennengelernt, etwa zehn Monate in China. Und nicht wegen seiner politischen Aktivität, sondern infolge einer verleumderischen Denunziation. Und doch wurde er »Nummer 1«, als wir die Macht ergriffen, weil er der Vertrauensmann des internationalen Kommunismus war, das heißt Stalins.«

Der Veteran des langen Unabhängigkeitskampfes und sein Schicksal faszinieren mich. Dieser Mann, der sein ganzes Leben für den Sieg der Revolution geopfert hat, beschließt jetzt seine Tage in den Kerkern der siegreichen Revolution! Warum? Welches Geheimnis hat er? Welches Verbrechen beging er? Nur einmal zeigte er kurz die Antwort auf diese Fragen, indem er die Tür zu den Parteikulissen öffnete:

»Ich werde im Gefängnis sterben, weil die Leute von Hanoi die Geschichte der Partei neu schreiben wollen und weil ich einer der ersten Zeugen dieser Geschichte bin. Also muß man den Zeugen vernichten. Ich weiß zu viel. Hauptsächlich über die Umstände des Todes der Genossen Le Hong Phong und Tran Phu*.« Van Thang wollte darüber nicht mehr sagen. Trotz der schändlichen Behandlung, die ihm widerfuhr, blieb ihm von einem fünfzigjährigen Kampf eine instinktive Treue zur Partei. *Right or wrong, my country,* sagen die Engländer. Die Formel könnte auf alle alten kommunistischen Funktionäre übertragen werden, die überall in der Welt bereit sind, von ihren Genossen durch den Dreck geschleift zu werden im Namen der höheren Interessen der Revolution. »Recht oder Unrecht, es ist meine Partei«, das schienen die müden Augen Thangs auszudrücken. »Und du, junger Mann, bist keiner der Unseren.« War die Partei der Verläßlichkeit des alten Thang so sicher, daß sie ihn unter sechzig Gefangene der verschiedensten Herkunft warf? Oder handelte es sich um einen behördlichen Irrtum, durch den Eifer veranlaßt, mit dem die Gefängnisse gefüllt wurden? Wie auch immer, Van Thang blieb nicht lange mit uns in dieser Gemeinschaftszelle. Als man ihn rief, seine Sachen zu nehmen und die Zelle zu verlassen, blieb er einen Augenblick erstarrt stehen. Ich sah, wie seine Hände zitterten. Einige Tage vorher hatte er mir gesagt, seine einzige Furcht sei, in den Norden geschickt zu werden. Als ich den alten Kommunisten der ersten Stunde sah, wie er dem Bellen eines kleinen *Bo Doi,* dessen Groß-

* Le Hong Phong und Tran Phu waren die ersten Führer der vietnamesischen KP, von den Franzosen in den dreißiger Jahren ermordet. Van Thangs Andeutungen scheinen die Gerüchte zu bestätigen, nach denen Ho Chi Minh selbst die Gefangennahme seiner Rivalen veranlaßte, um alleiniger Parteichef zu bleiben. Was ihn nicht gehindert hat, das Andenken dieser Märtyrer zu preisen.

vater er hätte sein können, gehorchte und, ohne ein Wort zu sagen und sich umzusehen, die Zelle verließ, war ich erschüttert. Was wurde aus ihm? Hat man ihn in den Norden geschickt? Lebt er noch? Niemand hat seitdem etwas von ihm gehört.

»Dieses Tet-Fest nicht wie die anderen ist ...«

Gefängnis Tran Hung Dao

»Doan Van Toai, folgen Sie mir!«

Ich stehe auf und folge dem Wärter Tha in der Annahme, daß er mich zu einem weiteren Verhör führt. Zu meiner großen Überraschung fordert er mich auf, an einem Tisch Platz zu nehmen, um ihm bei der Eintragung von Gefangenenlisten in ein Heft zu helfen. Dieser Vertrauensbeweis verwirrt mich. Natürlich hatte der junge *Bo Doi* mir schon einige Male Sympathie bekundet – sofern ein Wärter es überhaupt tun kann –, aber die Erfahrung hat mich mißtrauisch gemacht. Wieder in der Zelle, frage ich Hien um Rat, den Mann mit den Goldzähnen, der jeden Tag mehr mein Vertrauter und Freund wird.

»Das bedeutet«, sagt Hien, »daß Tha es bequem findet, einen Gefangenen zu verwenden, um an seiner Stelle eine ihn langweilende Schreibarbeit zu erledigen. Denn er weiß sich bestimmt besser eines Gewehrs als einer Feder zu bedienen. Aber dies konnte er nicht allein beschließen, ein *Can Bo* hat es genehmigen müssen. So gibt es zwei Möglichkeiten. Entweder will man dich auf die Probe stellen, sehen, ob man dir vertrauen und dich vielleicht als Spitzel benutzen kann. Oder aber dein Fall gilt als wenig ernst, und so ist es vielleicht ein erstes Zeichen deiner baldigen Entlassung.«

Der Gedanke einer Freilassung läßt mein Herz höher schlagen. Am nächsten Morgen und an den folgenden Tagen holt Tha mich noch immer zur Schreibarbeit. Bis zur mittäglichen Essenszeit trage ich sorgfältig Namen, Geburts- und Verhaftungsdaten Hunderter von Gefangenen ein. Natürlich hat Tha mir absolutes Schweigen meinen Mitgefangenen gegenüber eingeschärft. Allmählich werden unsere Beziehungen herzlicher miteinander. Eine Idee geht mir durch den Kopf, die ich eines Tages indirekt aufgreife:

»Bruder Tha, sind Sie verheiratet?«

»Nein«, antwortet er lachend, »dazu hatte ich nie Zeit. Und Sie?« »Doch ich bin es. Und ich denke immer an meine drei Kinder, die sich fragen müssen, warum ihr Vater verschwunden ist. Weshalb ist es hier verboten, seiner Familie Nachricht zu geben?«

Diese Frage wird gewiß nicht zum erstenmal von einem Gefangenen gestellt, und die Antwort wird sich im Anfangskurs des Gefängniswärters, Ausgabe 1975 des befreiten Vietnam, finden: »Weil die Leute in Tran Hung Dao nur vorübergehend gefangen sind. Solange ihr Fall nicht geklärt ist, müssen sie isoliert bleiben. Nach dem Verhör und der Untersuchung können sie ihrer Familie schreiben.«

»Aber ich bin schon verhört worden«, rufe ich aus, »und schon länger als zwei Monate bin ich gefangen! Meine Familie weiß weder wo ich bin, noch was mit mir geschehen ist. Wenn ich ihr wenigstens mitteilen könnte, daß ich am Leben bin, nur das eine – welchen Nachteil hätte das für die Untersuchung? Und dies wäre doch besser für die Revolution. Sonst denkt draußen die Bevölkerung daß Leute geheim beseitigt werden. Und das ist schlecht für das Ansehen der Revolution, für das Vertrauen in das Volksregime.«

Absichtlich gebrauche ich eine den Ohren eines Aktivisten vertraute Sprache und konstatiere mit Befriedigung, daß mein Argument das Ziel erreicht hat. Tha denkt nach. Um ihm Verlegenheit zu ersparen, komme ich ihm entgegen:

»Ich möchte Ihnen noch etwas anderes sagen, aber ich wage es nicht ...«

Glücklich, sein Wohlwollen zu bekunden, lächelt Tha:

»Aber wie? Man muß wagen! Du bist doch ein Kämpfer der Revolution gewesen, scheint es mir, hättest du etwa deinen Mut verloren?«

»Es handelt sich um meinen persönlichen Fall.«

»Also, sprich ohne zu zögern. Was willst du mir sagen? Wenn ich dir helfen kann, werde ich es tun. Sonst verweigere ich es.«

»Ich möchte meiner Mutter einige Worte mitteilen.«

Diese Worte habe ich auf ein Stückchen Papier geschrieben, das ich während meiner »Büroarbeit« weggenommen hatte. Ich reiche Tha das Papier:

»Lesen Sie und überlegen Sie, ob Sie es aus humanitärem Geist annehmen können. Ich kann nur auf Ihre Hilfe zählen und ich vertraue Ihnen.«

Einen Moment bemerke ich das Zögern in Thas Augen. Das ist gewagtes Pokern. Meine Geste ist für mich genauso gefährlich wie für ihn. Er kann mich sofort beim *Can Bo* wegen Bestechungsversuchs denunzieren (obwohl ich ihm nichts anderes versprochen habe als meine Dankbarkeit), und das kann teuer zu stehen kommen. Seinerseits wurde er mein »Komplize«, allein weil er mein Papier annahm; ich kann ihm allerhand Ärger bereiten. In einigen Sekunden wägt Tha sichtbar die Gefahren. Niemand in der Nähe, ich habe die Zeit sorgfältig gewählt. Ich drücke in meinem Blick die ganze Kraft meiner Zuneigung und meines Vertrauens aus, deren ich fähig bin. Tha nimmt meinen Brief:

»Meine Mutter. Ich bin in Tran Hung Dao. In guter Gesundheit. Ich brauche Geld und Kleider. Ihr könnt sie mir durch den Überbringer dieses Briefes zukommen lassen. Beunruhigt euch nicht. Ich denke, bald frei zu sein. Toai.« Nachdem er das gelesen hat, faltet der *Bo Doi* das Blatt und steckt es in seine Tasche. Vorher sieht er sich um, ob ihn niemand beobachtet. Leise sagt er: »Ich verspreche dir nichts, aber ich tue, was ich kann.« Ich habe gewonnen, gebe ihm Namen und Adresse an, die er wiederholt, um sie sich einzuprägen.

In den folgenden Tagen holt Tha mich weiter jeden Morgen zur Arbeit. Einige Tage, nachdem er den Brief für meine Mutter erhalten hatte, steckt Tha eine kleine Rolle in meine Tasche, während ich die endlosen Gefangenenlisten abschreibe. Erst abends auf der Toilette, während das Schnarchen in der Zelle zunimmt, kann ich rasch von der kostbaren Botschaft Kenntnis nehmen. Ein Wort von meiner Mutter, ein Brief von meiner Frau, den Kindern geht es gut, und Geld: 30000 Piaster. Sogar nach dem neuen Kurs ist das doch für einen Gefangenen ein kleines Vermögen: zwei Monatsgehälter eines Angestellten. Am nächsten Morgen stecke ich 10000 Piaster in Thas Tasche und flüstere ihm zu:

»Verweigere es nicht, du hast mir viel geholfen. Ich helfe dir ein wenig, damit du eines Tages heiraten kannst. Was kann ich denn mit all dem Geld im Gefängnis anfangen?«

»Aber das ist doch nicht möglich, nicht möglich!«, stottert Tha. »Das ist Korruption, ein Verstoß gegen die Revolution!«

Ich beruhige ihn:

»Wieso ein Verstoß? Du hast von mir nichts verlangt. Du hast aus reiner Humanität meiner Mutter einen Brief übergeben und ihre Antwort gebracht. Ich beschließe, aus bloßer Sympathie, das empfangene Geld mit dir zu teilen. Wenn dies ein Fehler ist, so ist es der meine, nicht der deine.«

So beruhigten sich die Gewissensbisse Thas, einer der gewissenhaftesten Menschen, denen ich im neuen Regime begegnet bin. Die etwas Älteren waren ungleich leichter zu kaufen, manche waren sogar ganz einfach zu verkaufen. Aber man mußte über die notwendigen Mittel verfügen. In der neuen Behörde gewinnt man die Gunst eines Beamten nicht mit Piastern, sondern mit Goldmünzen.

Januar 1968 – Vinh Long

An jenem 28. Januar 1968, dem Tag vor dem Tet-Fest, dem neuen Mondjahr, hatte ich Saigon auf meinem *Suzuki*-Scooter gegen vier Uhr nachmittags verlassen. Ich wollte meine Eltern in Vinh Long, im Delta, 140 km von der Hauptstadt entfernt, wiedersehen. Hinter mich klammerte sich meine fünfjährige Nichte, die Tochter meines älteren Bruders. Bei der Ausfahrt in Saigon war das Durcheinander unbeschreiblich. Überfüllte Autobusse, *Lambretta*-Dreiräder mit acht oder zehn Personen, Militärwagen, in denen ebenso viele Frauen und Kinder wie Soldaten waren, Motorräder, Rikschas, Privatwagen: eine knatternde und hupende Armada strömt von allen Seiten in die nach Süden führende Hauptstraße. Wenn sich das Tet-Fest nähert, ist in Vietnam alles auf den Beinen. Nur zu dieser Zeit kommen die Familien zusammen, beten vor dem Ahnenaltar, machen sich gegenseitig Geschenke und Besuche, leihen sich sogar Geld, um Gäste empfangen und erlesene Speisen anbieten zu können. An jenen Tagen ist jeder reich.

Im Radio Hanoi hatte Präsident Ho Chi Minh, genauso wie Thieu, seine Tet-Wünsche vorgetragen. Auch er bediente sich der Poesie, aber in einem ganz anderen Stil: »Dieses Tet-Fest nicht wie die anderen ist./Gehet vorwärts! Der Sieg ist uns gewiß!« Im Süden hatte niemand die im üblichen Kampfstil verfaßten Gelegenheitsverse ernstgenommen. Im Tet-Taumel sah darin niemand, was sie in Wirklichkeit waren: ein Code-Signal, den »langen Geigenschluchzern« ähnlich, die den französischen Widerständlern 1944 die alliierte Landung in der Normandie ankündigten. In Vinh Long kam ich gegen acht Uhr abends in festlicher Stimmung an. Mutter spielte entzückt mit ihrer Enkelin, Vater fand mich reifer geworden und wollte wissen, was in Saigon vorging. Um Mitternacht aß die Familie fröhlich das »Abschiedsessen für die Ahnen«. Vater zeigte mir die Kleider, die er für den Besuch des Freundes, eines Professors, vorbereitet hatte, der schon sehr früh am nächsten Tag kommen sollte. Der erste Besuch im Haus am ersten Tet-Tag ist äußerst wichtig. Ist der Besucher ein ausgezeichneter Mensch, so wird das Leben im ganzen kommenden Jahr davon beeinflußt. Ist dagegen der erste Besucher schlecht, so wird alles schlecht verlaufen ...

Die Besucher, die in jener Nacht in Vinh Long auftauchten, wurden gewiß von meinem Vater nicht vorhergesehen. Die ersten Schüsse fielen um zwei Uhr früh und schreckten mich aus dem Schlaf. Dunkle Schatten Bewaffneter schlichen an den Häusern vorbei. Einen Augenblick glaubte ich, es seien Soldaten der regionalen Einheiten Südvietnams, die ebenfalls schwarz gekleidet waren wie der Vietcong. Ich dachte, es handele sich um einen neuen Putsch, diesmal gegen Thieu. Damals war es schwierig, sich eine Vietcong-Offensive gegen eine Provinzhauptstadt wie Vinh Long vorzustellen. Kugeln bohrten sich in die Mauern, zerschlugen bisweilen Fensterscheiben. Wir krochen auf dem Fußboden. Mit Vater schob ich Möbel gegen die Tür, und wir suchten die am besten geschützten Stellen des Hauses auf. Die Kämpfe schienen sich zu entfernen. Aber wir blieben hinter unseren Barrikaden. Als ich am Morgen die Umgebung durchforschte, sah ich mich plötzlich zwei Maschinenpistolen gegenüber. Die Waffen hielten zwei fünfzehn- oder sechzehnjährige Burschen. Sie waren unruhig, verängstigt, Nur ihre Waffen gaben ihnen ein wenig Sicherheit, aber ihre Nervosität war beunruhigend. Sie waren völlig durchnäßt, was bedeutete, daß sie die Nacht im Bach verborgen, hinter dem Haus, verbracht hatten.

»Ist jemand vor dem Haus?«, fragte der eine.

»Niemand«, antwortete ich. Ein Lächeln versuchend, fügte ich hinzu: »Habt ihr Hunger? Wollt ihr etwas essen?«

Sie blickten sich fragend an, prüften mich. Sie sahen wirklich sehr beunruhigt aus. Kann man denn diesem jungen Städter vertrauen, der sie zum Essen einlud? Aber sie waren hungrig, verschlangen den klebrigen Reis, das traditionelle Tet-Gericht, verschwanden dann auf der Suche nach ihren Kameraden, ohne ein Wort gesprochen zu haben. Ich war ein wenig verdutzt durch das erscheinen der beiden Vietcong-Kämpfer, aber in diesen verängstigten Jünglingen hatte ich Mühe, die gefürchteten Krieger der FNL zu sehen. Die Schlacht hatte fünf Tage gedauert. Allmählich gewannen die Regierungstruppen, besonders dank der Artillerie und Luftwaffe, die Oberhand. Die Vietcong-Truppen, in die Außenbezirke zurückgeworfen, kamen kampflos durch den Stadtteil, in den wir geflohen waren. Plötzlich standen drei FNL-Kämpfer, schwarz gekleidet, vor der Tür. Sie blickten auf die Menge, kamen aber nicht herein, sprachen kein Wort. Die drei Männer schienen genauso verstört zu sein wie die beiden kleinen Partisanen am Tet-Morgen, obwohl sie etwas älter waren. Nichts an ihnen erinnerte an die glühende Entschlossenheit, die Radio Hanoi pries. Ich hatte stets geglaubt, daß die Männer des Untergrunds entschlossener und überzeugter wären als die mit US-Dollars bezahlten Truppen der Saigoner Marionettenregierung. Jetzt entdeckte ich, daß die gegeneinander kämpfenden Vietnamesen – die einen mit amerikanischen Waffen ausgerüstet, die anderen mit russischen – in einem schrecklichen Räderwerk steckten, wo es nur sehr wenig um ihr persönliches Ideal ging. Als wir in der Hauptstadt ankamen, fanden noch in einigen Vierteln Kämpfe statt. Die Tet-Schlacht war hier noch härter als in Vinh Long: man zählte Tausende von Toten.

Ich stellte fest, daß eine Anzahl meiner Kommilitonen, vielleicht fünfzig, zur FNL gestoßen waren. Sie glaubten, es sei der Endkampf, der der Befreiungsfront den Sieg geben würde. Übrigens hatten die Führer den Vietcong-Kämpfern dasselbe gesagt:

»Zieht kühn in die Städte, die Bevölkerung erwartet euch ...«

Sie hatten es geglaubt, und das erklärt die Erbitterung der Kämpfe. Aber Tag um Tag ließ die angekündigte »Volkserhebung« auf sich warten. Die Bevölkerung blieb neutral, in ihren Häusern eingeschlossen, wartete sie ab, welchen Lauf die Dinge nehmen würden. Die Dinge wendeten sich zum Vorteil derjenigen, die über die größte Feuerkraft verfügten. In jener Offensive wurde die FNL verbraucht: sie verlor an die 35 000 Mann, das Beste ihrer Kräfte. Davon hat sie sich nie mehr erholt. Im Gefängnis erzählte mir Hien, »der Mann mit den Goldzähnen«, der 1968 eine Angriffsdivision gegen Saigon befehligte, daß er nach drei Kampfwochen mit ganzen sechzehn Leuten geflohen war. Es waren die einzigen Überlebenden dieser Eliteeinheit. Alle anderen – fast 5000 Mann – waren entweder tot, verwundet oder gefangen. Nach diesem verheerenden Abenteuer wurde die FNL von Kadern aus dem Norden reorganisiert. Die entscheidende Offensive wurde 1975 von der nordvietnamesischen Armee durchgeführt, die FNL lieferte nur noch Hilfstruppen. Und das politische Gewicht der Provisorischen Revolutionsregierung nahm im gleichen Ausmaß ab, wie man es nach dem kommunistischen Sieg entdekken sollte. 1968 erfaßte ich diese Evolution noch nicht. Ich bewunderte jene Vietnamesen, die ihr Leben geopfert hatten, um das von den USA beschützte neokolonialistische Regime zu stürzen. Ich glaubte nicht an die Realität der Massengräber, die Radio Saigon zufolge in Hué entdeckt worden seien. Die amtliche Propaganda behauptete, die FNL hätte tausende Menschen umgebracht, als sie kurze Zeit die alte Kaiserstadt in Händen hielt. Doch auf der anderen Seite mußte ich zugeben – ich hatte es mit eigenen Augen gesehen –, daß die Masse der Bevölkerung in Vinh Long, in Saigon die FNL-Offensive nicht unterstützt hatte. Ohne daß meine grundsätzliche Haltung sich änderte, fühlte ich doch von nun an einen leichten Zweifel.

1975 – Gefängnis Tran Hung Dao

Ungefähr alle drei Wochen werden Gefangene aus einer Gemeinschaftszelle in eine andere gebracht. Es geht darum, »Karten zu mischen«, zu verhindern, daß sich solidarische Gruppen bilden. Bei dieser Gelegenheit sieht man auch neue Gefangene ankommen, die uns etwas über die Geschehnisse draußen berichten. Ende August 1975 verlassen etwa vierzig Insassen unsere Zelle, sie werden sofort durch die gleiche Zahl anderer Gefangener ersetzt. Unter den Ankommenden sind ein Dutzend neuer Verhafteter, dabei reiche chinesische Kaufleute. Sie allein machen mehr Lärm als alle übrigen zusammen, beklagen den ganzen Tag ihr trauriges Los. Diese Neuen sind keine wirklichen »Politischen«, sie gehören zu den großbürgerlichen Kriegsprofiteuren, die das neue Regime beschlossen hat, unschädlich zu machen. Unter ihnen sind einige Dollarmillionäre, deren Los zu teilen für mich keineswegs eine Ehre ist. Da ist Tran Thanh, »Textilkönig« und einstiger Finanzberater Thieus, der sich an Uniformlieferungen bereicherte. Da ist der ehemalige Senator Hoang Kim Quy, »Stacheldrahtkönig«. Und Ly Sen, Besitzer von etwa fünfzig Unternehmen, die mehr oder weniger alle in Symbiose mit der Armee lebten, das heißt von der amerikanischen »Hilfe«. Einen Tag später kommt in unsere Zelle ein großer und dicker Vietnamese, den zwei Wärter führen und stützen. Die Augen sind ihm verbunden, und ein Bein ist in Gips. Er ist Besitzer einer Kunststoffabrik. Bei seiner Verhaftung versuchte er sich umzubringen, indem er sich vom vierten Stock hinunterstürzte. Dabei brach er sich nur ein Bein. Auch er jammert den ganzen Tag über den Verlust seines Besitzes:

»Sie haben mir 2000 Gold-Luongs weggenommen und 300000 Dollars, meine Fabrik, mein Haus, meine Wagen ... Ah! Weshalb bin ich nicht vorher weggegangen!«

Natürlich fällt mir, dem ehemaligen Apotheker-Studenten, die Aufgabe zu, über sein gebrochenes Bein zu wachen und ihm zu helfen, zur Toilette zu gehen. Recht mißmutig entledige ich mich dieser Pflicht. Bei den »Politischen«, die noch die Mehrheit in der Zelle bilden, aber auch bei den älteren Gefangenen, bewirkt das erzwungene Zusammenleben mit dieser neuen Kategorie zunächst

Unmut, dann Proteste. Insofern wir die Rechtmäßigkeit unserer Verhaftung bestreiten, können wir nicht tolerieren, mit diesen wirklichen »Volksfeinden«, die wir verachten, vermischt zu werden. Man erträgt noch das Zusammensein mit jenen, die das Land zu verlassen suchten, weil sie das kommunistische System ablehnen. Man erträgt auch noch ehemalige Offiziere und Beamte, die sich zu den »Umschulungskursen« nicht einfanden. Aber auf die gleiche Weise, im gleichen Haufen behandelt zu werden mit Leuten, die Jahre hindurch sich auf Kosten des unglücklichen Volkes bereicherten, das sie in den Krieg hetzten, während sie und ihre Kinder in Sicherheit lebten: das ist zuviel!

Die Situation ist um so unerträglicher, als es unter uns wirklich arme Teufel gibt. Auch wenn ich nicht weiß, warum man mich verhaftet hat, so besitze ich doch eine Bildung und politische Erziehung, die es mir erlauben, mich einigermaßen zu verteidigen. Aber einige meiner Zellengefährten wurden unter Umständen festgenommen, die sie völlig verstören. Da sind Bauern, keine zwanzig Jahre alt, offenkundige Opfer verleumderischer Denunziationen: heute ist es so leicht, sich eines Rivalen zu entledigen. Ich erinnere mich vor allem des exemplarischen Falles des sechzehnjährigen Du, der allen, die es hören wollten, sein Mißgeschick erzählte. Anfang 1975 in den »Volkskräften lokaler Verteidigung« Thieus mobilisiert, mußte der junge Du danach in den »Volksmilizen« des neuen Regimes dienen. Eines Nachts, nachdem er ein wenig getrunken hatte, feuerte er einige Schüsse in die Luft. Sofort verhaftet, beschuldigt man ihn »konterrevolutionärer Tätigkeit« und fordert ihn auf zu gestehen, daß er ein CIA-Agent sei. Doch er weiß nicht einmal, was die CIA ist.

»Man hat mir gesagt: Du kannst wählen zwischen den Tigerkäfigen von Con Son und der Todesstrafe.«

Der erschrockene Du hat noch nicht verstanden, was ihm zugestoßen ist. Er fragt sich noch immer, welches schreckliche Verbrechen er in der Trunkenheit hatte begehen können. Das blinde Schicksal, das ihn getroffen hat, erscheint ihm als eine unverständliche Katastrophe, aber nicht als eine Ungerechtigkeit. Noch immer wiederholt er: »Die Tigerkäfige oder die Todesstrafe, das ist für mich gleich. Dann eher sofort sterben.«

Seine verzweifelte Naivität ließ die alten Haudegen lächeln, doch zugleich litten sie schmerzlich. Wie konnte man den kleinen Du und den »Stacheldrahtkönig« in den gleichen Sack werfen? Im Lauf einer Versammlung, an der mehr als die Hälfte der Zelleninsassen teilnehmen, beschließen die Politischen, die Überstellung der »Volksfeinde und Kriegsprofiteure« in eine besondere Zelle zu verlangen. Die Entschließung wird vom Zellenältesten dem verantwortlichen Kader mitgeteilt, der barsch antwortet:

»Ihr alle seid Gefangene. Ihr habt eure Bürgerrechte verloren und habt auch nicht das geringste vorzuschlagen.«

Dennoch wurde der dicke Direktor der Kunststoffabrik mit dem gebrochenen Bein einige Tage später verlegt, vielleicht in die Krankenstation. Und nach dem Nationalfeiertag des 2. September kamen auch die Großbourgeois fort. Der Nationalfeiertag des 2. September, der in diesem Jahr zum erstenmal in Südvietnam, sogar in den Gefängnissen, begangen wird, hat bei mir eine bemerkenswerte Erinnerung hinterlassen. Zunächst sah man zum erstenmal Fleisch im Gefängnis Tran Hung Dao. Und dann genossen die Häftlinge eine äußerst komische Darbietung eines offiziellen Parteivertreters. Hauptmann Hai Phan, von der nordvietnamesischen Armee, spricht zu uns:

»Ihr Südländer wollt zivilisiert sein? Aber warum habt ihr denn bei euch Zementbrücken? Bei uns im Norden gibt es Eisenbrükken. Das beweist, daß der Norden zivilisierter als der Süden ist.«

Man beginnt zu lächeln und zu applaudieren. Entzückt über seine Wirkung, fährt der Hauptmann fort:

»Die Neokoloniaisten wollten Vietnam ins Steinzeitalter zurückbringen. Aber das mißlang ihnen. Unter der Führung unserer Partei ist unser Land jetzt ins Gummizeitalter eingetreten, denn wir fabrizieren jetzt selber Lkw-Reifen!«

Die ganze Zelle schüttelt sich vor Lachen und klatscht zugleich. Hai Phan, der keinen Spaß trieb, bleibt einen Moment verdutzt und schließt dann:

»Ihr seid zeitweilig verhaftet und habt daher nicht die gleichen Rechte wie die Bürger. Aber anläßlich des Nationalfeiertags gewährt die Revolution euch ausnahmsweise ein Essen mit Fleisch. Auch könnt ihr manche Waren kaufen, besonders Bonbons und Zucker.«

Diesmal sind die Freudenrufe und der Beifall aufrichtig.

Fleisch! Fleisch! Jeder bekam zwei kleine Stücke Schweinefleisch von der Größe eines Fingers. Nie habe ich in den besten Restaurants etwas Köstlicheres genossen als jene beiden Bissen, die wir dem besonderen Wohlwollen Onkel Hos verdankten.

Delegierter der pharmazeutischen Fakultät

September 1975 – Gefängnis Le Van Duyet

Unser Zellenchef, der alte Thao, wurde nach dem Nationalfeiertag, zur gleichen Zeit wie die Bourgeois, woanders hin verlegt. Sein Nachfolger Khanh ist ein junger, etwa dreißigjähriger Musiker. Für uns ist das nicht vorteilhaft. Als ehemaliger Kommunist hatte sich Khanh 1972 dem Thieu-Regime angeschlossen. In den Augen der Kommunisten ist er folglich ein Erzverräter, der viel gutzumachen hat. Er versucht es, indem er den Wärtern jedes disziplinarische Vergehen meldet und die Vorschriften genau anwendet. Bis dahin konnten wir uns mit dem chinesischen Schachspiel vergnügen, zusammen reden. Mit Khanh ist das unmöglich, in der Zelle kann man eine Fliege summen hören. Im besten Fall kann man manchmal einem Nachbar einige Worte zuflüstern. Den sandigen Reis ißt jeder schweigend an seinem Platz. Der Austausch von Erinnerungen und Vertraulichkeiten mit Hien, dem Mann mit den Goldzähnen, ist vorbei. Zum Glück müssen wir diese Diktatur nicht lange ertragen. Am Morgen des 6. September 1975 erscheint in der Zellentür ein Wärter mit einem Papier in der Hand. Jeder weiß, was das bedeutet: »die Karten werden gemischt«. Diesmal stehe ich auf der Liste der zwölf Häftlinge, die woanders hinverlegt werden. Zu meiner großen Freude gehört auch Hien dazu. Gefangene aus anderen Zellen kommen hinzu. Hien und ich bleiben beieinander, um auch am Reiseziel zusammensein zu können. Gute Berechnung: Vor dem Verlassen des Gefängnisses werden jeweils zwei Gefangene mit einem Paar Handschellen aneinander gefesselt. So teile ich wenigstens mit einem Freund die mich erniedrigende Kette. Seit elf Wochen sehe ich zum erstenmal wieder den Himmel. Die frische Luft betäubt mich, mehrere Häftlinge taumeln. Zu vierzig werden wir in einen kleinen, vom vorigen Regime geerbten Zellenwagen gestopft, wie Sardinen aneinander gepreßt. Diesmal bewirkt Luftmangel Übelkeit. Ungefähr eine Stunde fährt der Wagen, ohne daß es möglich ist, draußen irgend etwas zu erkennen: die Lüftungsöffnungen sind zu klein und zu hoch. Aber als der Wagen geöffnet wird, flüstert Hien in mein Ohr: »Le Van Duyet«.

Wir sind in einem Hof, der auf drei Seiten von Gebäuden umgeben ist, an der vierten Seite eine vier Meter hohe Mauer. Wir müssen uns auf den Boden hinsetzen. Ein Zivilgekleideter, der eine Aktentasche trägt, prüft uns im Vorbeigehen. Plötzlich bleibt er stehen und nähert sich mir:

»Toai! Erkennst du mich nicht?«

Nein, sein Gesicht sagt mir gar nichts. Ein unbestimmter Eindruck von schon einmal Gesehenem, aber wo?

»Ich habe doch das Gedicht *Das Blut* in der Zeitung *Tin Sang* geschrieben.«

Aber ja, natürlich! So ist also der »Dichter« offenbar Polizist geworden. Seltsamer Lebenslauf. Aber ich bin nicht in der Lage, mich über ihn lustig zu machen. So bin ich vorsichtig:

»Jetzt erinnere ich mich. Wie Sie sehen, sind Sie jetzt der offizielle Mann und ich der Gefangene.«

Der junge Mensch scheint guten Willens zu sein:

»Was ist denn nur geschehen? Ich hatte gehört, daß du für den Finanzausschuß der neuen Regierung arbeitest. Bist du vielleicht gefaßt worden, als du während des Ausgehverbotes noch unterwegs warst?«

Also ist das Ausgehverbot, vier Monate nach Kriegsende, noch immer in Kraft. »Ich weiß nicht, warum ich verhaftet worden bin«, sage ich ihm. »Es stimmt, daß man mich aufgefordert hatte, im Finanzausschuß mitzuarbeiten, aber ich habe es abgelehnt. Immerhin ist das doch kein Verbrechen. Ich verstehe es nicht.« Ich bemerke eine Veränderung in der Haltung meines Gesprächspartners. Wenn es sich nicht um eine einfache Strafsache handelt, wenn ich behaupte, nicht zu wissen, weshalb ich hier bin, dann ist es eine faule, vielleicht sehr ernste Sache. Toai hat sich geweigert, im Finanzausschuß zu arbeiten. Na, na, in dieser Geschichte ist doch bestimmt die Partei mit verwickelt. Am besten man kommt den Pestkranken nicht allzu nahe. Ich könnte schwören, daß der Mann bedauert, mich wiedererkannt zu haben. Er blickt verstohlen um sich, verspricht sehr unbestimmt, meine Familie über meine Ankunft in Le Van Duyet zu verständigen. Und verschwindet.

Bis spät am Nachmittag bleiben wir, unter der sengenden Sonne und ohne zu essen oder zu trinken, im Hof. Dann werden wir durchsucht, bevor wir unsere neuen Quartiere beziehen. Nackt, unsere Habseligkeiten unterm Arm, gehen wir an einem vierzigjährigen Leutnant und zwei zwanzigjährigen *Bo Doi* vorbei. Die Kleider werden sorgfältig untersucht. Mir bleiben noch 10000 Piaster, zusammengerollt, habe ich sie in den After gesteckt. Die Methode lehrte mich Henri Charrières *Papillon,* der, ins Vietnamesische übersetzt, in Saigon einen gewaltigen Erfolg hatte. Bis zur Durchsuchung hatten die Handschellen Hien und mich gefesselt, und zusammen zogen wir auch, einer hinter dem anderen, in unsere neue Wohnung ein: Gemeinschaftszelle Nr. 2, Zone A, Gefängnis Le Van Duyet, Gia Dinh-Ho Chi Minh-Stadt. Die Zelle ist ungefähr genau so groß wie die, welche wir am Morgen in Tran Hung Dao verlassen haben: etwa zwanzig Meter lang, fünf Meter breit und sechs Meter hoch. Die schmale Seite mit der Tür ist geschlossen, auf den oberen zwei Dritteln lassen gekreuzte Gitterstäbe Luft durch. Am anderen Ende ist die Toilette, ein Wasserhahn und ein Wasserbehälter. Den übrigen Raum nimmt eine Bank aus Ziegelsteinen ein, ungefähr fünfzehn auf drei Meter, an beiden Seiten ein zwei Meter breiter »Wandelgang«.

Nach unserer Ankunft korrigiert der Zellenälteste Dich Nha mit der Kreide auf einer kleinen Tafel die Zahl der Gefangenen: wir sind zweiundsechzig. Es bedeutet, daß auf der Schlafbank jeder Häftling über fünfundsiebzig Zentimeter verfügt. Mit anderen Worten: es ist unmöglich, auf dem Rücken zu schlafen. Da Hien und ich zuletzt angekommen sind, haben wir auch die schlechtesten Plätze neben der Toilette. Unsere Mitgefangenen haben es nicht eilig, mit uns bekannt zu werden. Offenkundig gibt es hier, genauso wie in Tran Hung Dao, sehr verschiedene Kategorien, die sich vorsichtig beobachten, bevor sie miteinander Verbindung aufnehmen. Die Kommunisten sind bereit, mit FNL-Sympathisanten, wie ich einer bin, zu verkehren, aber nicht mit ehemaligen KP- oder FNL-Mitgliedern, die sich dem alten Regime angeschlossen haben. Letztere betrachten sich als »Politische« und wollen nicht mit »Kriegsprofiteuren« verwechselt werden. Diese wiederum haben eine tiefe Abneigung gegen alle Politischen, die sie für ihr

Elend verantwortlich machen. Um die bunte Mischung noch zu würzen, findet man in jeder Gemeinschaftszelle zwei oder drei echte Gauner und natürlich auch Spitzel, die zu jeder Gruppe gehören können. Kurzum, die Neuankommenden werden beobachtet, bis man weiß, ob man mit ihnen verkehren kann oder nicht. Aus dem gleichen Grund sind auch Hien und ich am ersten Abend in Le Van Duyet vorsichtig. Wir bekommen einen neuen Napf und einen Löffel. Die Reisration ist weder üppiger noch qualitativ besser als in Tran Hung Dao. Mit seinem kargen Lächeln, das den Goldglanz sehen läßt, bemerkt Hien:

»Wir haben das Hotel gewechselt, aber es ist noch immer der gleiche Koch, und das Bett ist genauso hart ... Das letzte Mal, als wir in Tran Hung Dao sprechen konnten, hattest du mir erzählt, was für dich die Tet-Offensive 1968 bedeutete. Und deine ersten Zweifel an der Revolution.«

»Diese Zweifel waren aber nicht tief genug, um mich ins andere Lager zu bringen. Und überdies waren Fäulnis und Dummheit des Thieu-Regimes so ungeheuerlich, daß man selber verfault oder dumm sein mußte, um sich ihm anzuschließen.«

1968 – Saigon

Schon vor langer Zeit hatten mich FLN-Abgesandte »kontaktiert«. 1965 nahm mich ein Kommilitone eines Tages beiseite, um mir im wesentlichen folgendes zu sagen:

»Jetzt müssen die wirklich patriotischen Jugendlichen wirksamere Mittel finden, um die Dinge zu verändern.«

»An welche Mittel denkst du denn?«

Etwas ausweichend erwähnte der junge Mann »jene, die sich außerhalb der Städte organisieren.« Er suchte mich eher zum Sprechen zu bringen, als mich zu überzeugen. Er wollte meine Gefühle gegenüber der FNL kennenlernen, wissen, ob ihr Kampf mich interessierte, ob ich daran teilzunehmen wünschte und auf welche Weise. Interessiert war ich zweifellos. Aber ich wollte zuerst Näheres erfahren und daher einem Verantwortlichen begegnen. Damals schloß ich mich enger einem Studenten an, der zwei oder drei

Jahre älter als ich war: Tuan Kiet, sehr aktiv bei unseren Demonstrationen. Wir waren sehr vertraut miteinander, oft aß er bei mir. Einer seiner Brüder lebte in Nordvietnam. Mehrfach schlug er mir offen vor, der FLN beizutreten. Aber ich bestand darauf, vor jedem Entschluß einen Führer zu treffen. Schließlich teilte mir Kiet, April oder Mai 1967, sehr geheimnisvoll mit, daß ein illegaler Kader bereit sei, mit mir zu sprechen. Das sei ganz ungewöhnlich, Kiet hatte darauf dringen und sich für meine Vertrauenswürdigkeit verbürgen müssen. Ich setzte mich hinten auf Kiets *Lambretta.* Sehr konspirativ, machte er zahlreiche Umwege kreuz und quer durch die Stadt, um sich zu vergewissern, daß niemand uns folgte. Zuletzt blieb er stehen – in der gleichen Straße, wo ich wohnte. Kiet parkte vor einem *Pho,* ein typisch vietnamesisches und volkstümliches Restaurant. So wie das Café einen Ort bezeichnet, wo man Kaffee trinkt, so hat *Pho* seinen Namen von der Suppe erhalten, die man dort ißt. Es ist eine Bouillon mit Reisnudeln und feinen Fleischstreifen, mit dem unvermeidlichen *Nuoc Mam* gewürzt, einer Fischlauge, die für alle vietnamesischen Speisen verwendet wird. Ein *Pho* ist ein sehr belebter Ort, vorzüglich geeignet, um unbemerkt zu sein. Vor allem wenn man so x-beliebig aussieht wie der FLN-Führer, der einige Minuten nach uns ankam. Er war etwa dreißig Jahre alt, schlank, trug ein weißes Hemd mit offenem Kragen und kurzen Ärmeln, genauso wie neun von zehn Saigonern. Ein durchschnittliches, wenig ausdrucksvolles, aber aufmerksames Gesicht. Natürlich sagte er mir nicht seinen Namen. Später erfuhr ich, daß er Tran Khiem hieß. Heute ist er Vorsitzender der *Ho Chi Minh-Jugend* der Delta-Provinzen. Er sagte mir, die FNL habe meine Tätigkeit als Studentenaktivist bemerkt und verfolge sie mit Aufmerksamkeit:

»Aber fühlen Sie nicht, daß diese Aktionen sich in einen Gesamtplan einordnen müssen, dessen Endziel die wirkliche Unabhängigkeit Vietnams ist? Die FNL sichert die Koordination aller Anstrengungen zur Erreichung dieses Ziels, sie verleiht diesen Anstrengungen Wirksamkeit. Die Front sammelt Menschen aller Richtungen. Außerhalb der FNL führen Sie einen einsamen Kampf, der nichts Entscheidendes realisiert. Mit der Front können Sie Ihr Ideal verwirklichen, die Zukunft des Landes sowohl wie Ihre eigene sichern.«

Ich hatte gehofft, einem wortgewaltigen Anführer zu begegnen, stattdessen fand ich einen kleinen Funktionär der Illegalität, der die Flugzettel seiner Organisation rezitierte. Ich antwortete, daß ich mit den allgemeinen Zielen der Front einverstanden sei; doch wollte ich nachdenken, bevor ich mich zu weiterem verpflichtete. Gleichwohl, sagte ich ihm, hätte ich die Absicht, in der Studentenbewegung eine sehr aktive Rolle zu spielen, und ich wäre bereit, ohne Mitglied zu sein, in diesem Bereich mit der FNL eng zusammenzuarbeiten. Dabei blieb es. Ich hielt Wort. Als ich einer der Leiter des Saigoner Studentenverbandes wurde, blieb ich, durch Vermittlung meines Freundes Kiet, in ständiger Verbindung mit der FNL. Und die Leute der Front schienen mit dieser Zusammenarbeit zufrieden zu sein. Oft übergaben sie mir Dokumente, Veröffentlichungen ihrer Organisation. Unaufhörlich wurden dort die »fünf Punkte« des FNL-Programms wiederholt: Frieden, Freiheit, Unabhängigkeit, Neutralität, sozialer Wohlstand. Von Kommunismus war nie die Rede. Doch frage ich mich, ob meine Zurückhaltung bei jenem ersten »offiziellen« Kontakt mit einem FNL-Kader nicht mit roter Tinte in einer Akte vermerkt wurde, die später auftauchen sollte ...

Beim Beginn des Semesters 1969 nahm ich natürlich am Wiederaufbau des Studentenverbandes teil. Schon seit zwei Jahren hatten keine Wahlen mehr stattgefunden; die meisten der alten Führer waren verschwunden, entweder im Gefängnis oder im Untergrund. Jede der siebzehn Fakultäten wählte einen Delegierten, und diese Delegierten wählten ihrerseits des Exekutivkomitee des Verbandes. Ich wurde Delegierter der pharmazeutischen Fakultät, dann zweiter stellvertretender Vorsitzender des Büros mit der Aufgabe, die Beziehungen mit dem Ausland zu übernehmen. Den Vorsitz hatte der Delegierte der agronomischen Fakultät, Van Qui, ein ruhiger Bursche versöhnlichen Geistes, der gerade aus diesem Grunde gewählt wurde. Der erste stellvertretende Vorsitzende, Tan Mam, hatte einen markanteren Charakter. Von ihm wird noch die Rede sein. Ich unterstützte erfolgreich die Sache meines Freundes Kiet – mein Kontaktmann zur FNL –, um die

Zeitschrift *Sinh Vien* (Studenten) zu leiten. Der Generalsekretär des Verbandes war auch einer meiner Freunde, Mitglied der Bewegung für die Selbstbestimmung, deren Zeitschrift *Tu Quyet* wir beeinflußten. Er hieß Van Thang und gehörte zu einer Art, von der man im Westen sehr wenig gesprochen hat: er war ein unabhängiger Südländer. Sowohl gegen die Saigoner Militärregierung, Kreaturen der Amerikaner, wie gegen die Nordvietnamesen, seien sie nun Kommunisten oder Antikommunisten.

Das Mißtrauen, um nicht zu sagen die Feindseligkeit, gegenüber den Leuten aus dem Norden ist in der Bevölkerung Südvietnams sehr verbreitet. Die Bewohner Nordvietnams leben in einem kargen, armen Land, das ihre Mentalität geprägt hat: sie sind sehr arbeitsam, eher bedürfnislos, autoritär. Nicht heiter, auch nicht versöhnlich und tolerant, preisen sie Hierarchie und Ordnung. Die autoritätsbesessenen Führer verachten ihre Untergebenen. Die Bewohner des Südens sind eher träge, weniger ausdauernd. Sie ziehen das bequeme Leben vor, das *dolce far niente.* Das Leben im Süden ist auch leichter, der Boden ist fruchtbarer, das Klima angenehmer. Ironisch sagen die Südländer, daß die Leute im Norden einen Holzfisch in den Topf werfen, um sich einen Festschmaus vorzumachen. Die Einwohner von Hanoi dagegen haben immer den Anspruch erhoben, den Einwohnern von Saigon geistig überlegen zu sein. Und tatsächlich ist ihre Aussprache weniger gewöhnlich, ihre Worte sind vornehmer. Sie haben mehr Sinn für Abstraktion, für »reine« Politik. Die Südländer machen sich über Politik lustig. Sie wollen nicht, daß man sie mit Theorien und Ideologien langweilt. Im Grunde ein wenig anarchistisch, wollen sie das Leben mit maximaler Freiheit genießen. Eigentliche Antipoden des kommunistischen Programms, das alles regelt und rationiert, die Vergnügen des Lebens und die Freiheiten, im Namen eines hypothetischen sozialistischen Paradieses, dessen Freuden die Enkel unserer Kinder teilen werden.

Das neue Büro des Studentenverbandes währte nicht lange. Die Regierung hatte uns im Visier. Kaum nach seiner Wahl muß der

Vorsitzende Van Quy zum Militärdienst. Sein erster Stellvertreter Tan Mam ersetzt ihn. Mam ist von der Natur nicht gerade gesegnet, er ist schwächlich und schielt. Aber er hat Schneid. Seine politischen Ideen sind ziemlich summarisch. Ein leidenschaftlicher Nationalist kann es nicht ertragen, in einem von US-Dienern regierten Vietnam zu leben. Um gegen die Einberufung zur Armee ihres Vorsitzenden Quy zu protestieren, veranstaltet der Verband im Oktober 1969 eine Versammlung in der agronomischen Fakultät, an der mehr als zweitausend Studenten teilnehmen. Die Versammlung wird verboten. Die Polizei greift kräftig ein, Mam und ein Dutzend anderer Verbandsführer, darunter ich selber, werden verhaftet. In einer Gemeinschaftszelle des Polizeikommissariats des 1. Bezirks werden wir festgesetzt. Dort bleiben wir fünf Wochen bis zu unserem Prozeß. Fünf ruhmreiche Wochen. Die Affäre erregt Aufsehen. Nicht allein die Saigoner, auch die internationale Presse* berichtet über die Verhaftung der Leiter des Studentenverbandes, die im Innern der Universität eine friedliche Versammlung abhielten. Im Parlament verlangen Abgeordnete unsere Freilassung. Manche Abgeordnete, Anwälte, Angehörige besuchen uns, bringen uns täglich von unseren Müttern und Schwestern zubereitete Gerichte, Kuchen, Früchte. Wir leben wie Gott in Frankreich, verachten das Gefängnisessen, das immerhin jeweils Fleisch mit Reis enthält. Natürlich sind wir, dank unserer Eigenschaft als Studenten und auch dank des Lärms um unsere Verhaftung, Privilegierte. So sind wir nur acht in einer Zelle, die acht auf vier Meter mißt; in der gleich großen Nachbarzelle sind vierzig Gefangene. Aber auch sie können täglich und unbegrenzt Verpflegung von ihrer Familie erhalten. Und niemand wird verprügelt. Das bedeutet nicht, daß die Gefängnisse unter dem Thieu-Regime Erholungsstätten waren. Es gab schreckliche Kerker, besonders auf der Insel Cong Son. Aber letztlich erfuhr man immer, was dort geschah, die Macht mußte mit der in- und ausländischen Öffentlichkeit rechnen. Anwälte, Untersuchungsausschüsse, Parlamentarier, *Amnesty International*, Journalisten, Schriftsteller enthüll-

* Damals gab es in Saigon mehr als zweihundert akkreditierte ausländische Journalisten.

ten die Skandale; und es gelang ihnen, sich zu informieren. Heute kann die vietnamesische kommunistische Regierung ohne jede Kontrolle handeln und sagen, was sie gerade will. Es gibt keine Anwälte mehr, keine Opposition, keine unabhängigen Journalisten, und *Amnesty International* weint vergeblich an der Tür, um Einlaß zu erbitten.

Der Gerichtsvorsitzende ist alt, milde, müde. Mam antwortet im Namen aller auf seine Fragen. Wir fühlen uns stark, stolz. Rund um das Gerichtsgebäude haben sich Hunderte Studenten versammelt. Im Saal sind Dutzende Anwälte, Parlamentarier und Journalisten.

»Sie haben eine Versammlung trotz des Regierungsverbotes organisiert. War Ihnen dieses Verbot bekannt?«

»Zunächst ist die Versammlungsfreiheit durch die Verfassung garantiert. Dann fand die Versammlung im Innern der Universität statt.«

»Aber es war doch eine politische, keine universitäre Versammlung!«

»Es ging darum, das Programm des Büros des Studentenverbandes bekanntzumachen. Es ist doch nicht unsere Schuld, wenn der Vorsitzende des Büros gleich nach seiner Wahl zur Armee einberufen wurde und wenn dieser Skandal die Studenten entrüstet hat! Wenn diese Versammlung politisch geworden ist, dann trägt die Regierung die Verantwortung dafür.«

Es folgen noch weitere Fragen und Antworten ähnlicher Art. Ganz offenkundig vernimmt der Vorsitzende (er starb inzwischen in einem »Umerziehungslager« des neuen Regimes) nur der Form wegen. Seine Meinung steht fest, er hat nicht die geringste Lust, uns zu verurteilen. Mam findet keine Gelegenheit, den von ihm vorbereiteten historischen Satz anzubringen:

»Vor der Verhaftung fürchtet man sich, weil man zweifelt. Danach fürchtet man nichts mehr, weil man um seine gerechte Sache weiß!«

Der Vorsitzende nimmt wieder Platz:

»Nach Beratung beschließt das Gericht, Ihnen Milde zu gewähren. Sie sind Studenten, Ihre Pflicht gegenüber dem Land ist es, die Studien fortzusetzen und sich nützlich zu erweisen. Sind Sie sich dessen bewußt?«

»Ja«, sagt Mam. Mich mit dem Ellbogen stoßend: »Sagt ja, sagt ja.« Und einer nach dem anderen antworten wir dem alten Richter, der streng mit der Stirn runzelt: »Ja, ja, Herr Vorsitzender.«

Wir verlassen frei das Gericht, lächelnd, von Freunden umgeben. Mam flüstert mir ins Ohr: »Dennoch müssen wir eine Erklärung gegen die Polizeirepression abgeben.«

»Aber wir sind doch gut durchgekommen«, entgegne ich, »und wir wurden nicht mißhandelt.«

»Wenn wir nicht protestieren«, meint Mam, »glauben sie, es sei alles erlaubt.«

Mam hatte recht, man mußte protestieren. Aber er tat es so, daß er es bedauern sollte. Später, nach seiner zweiten Verhaftung, wurde er von Thieus Polizei gefoltert. Ein Bulle erinnerte ihn an seine Vorwürfe:

»Ich weiß, daß dir bei der ersten Verhaftung nichts geschah. Und doch hast du gesagt, man hätte dich geschlagen. Nun, diesmal wirst du verprügelt. So wirst du wenigstens nicht mehr lügen.« Verhaftet, vor Gericht gestellt und freigesprochen, wurden die Führer des Studentenverbandes die Divas der südvietnamesischen Politik. Energisch unterstützten wir alle Kämpfe der Opposition. Als Anfang 1970 der Wirtschaftsminister eine Erhöhung des Papierpreises ankündigt, protestieren die Blätter (damals gab es vierzig Tageszeitungen in Saigon) einmütig: »Die Macht will die Presse erwürgen!*« Wir schließen uns der Bewegung an, denn der Regierungsbeschluß wird auch eine Erhöhung der Bücherpreise bewirken. Ich verfasse eine flammende Erklärung, die Mam als Vorsitzender unterzeichnet; auf einer Pressekonferenz geben wir sie bekannt. Der Text beschuldigt unter anderem die Regierung, die ärmsten Schichten der Bevölkerung zu belasten und eine von den USA diktierten Politik zu befolgen. Eine Woche später wird Mam verhaftet unter der Anklage, der KP anzugehören, die von der Verfassung geächtet ist. Im Moment waren wir überzeugt, daß es sich um eine neue Einschüchterungsmaßnahme gegen die Stu-

* Der Vorsitzende des von der Presse gebildeten Kampfkomitees, Thanh Vi, wurde im folgenden Jahr verhaftet. Beim Sturz des Regimes am 30. April 1975 befreit, wurde er 1977 von neuem eingekerkert.

dentenbewegung handelte und daß Mam ganz einfach deshalb fiel, weil er in der vordersten Linie stand. Keiner von uns kannte damals die engen Beziehungen Mams zur illegalen KP, die er sorgfältig verbarg. Die Polizei hatte sie entdeckt, aber wir glaubten, daß sie log, daß die Anschuldigungen des »Kommunismus« nur einen Vorwand lieferten, um den Studentenverband zu enthaupten. Fast wäre die Rechnung aufgegangen. Im Verbandsbüro bin ich jetzt allein. Der Generalsekretär Thang ist Professor in Tay Ninh geworden. Sein Stellvertreter Truc und der Kassierer Yen sind plötzlich verschwunden. Später erfahre ich, daß sie dem gleichen illegalen Netz wie Mam angehörten und es vorzogen, nicht auf die Polizei zu warten. Trotz dieser Auflösung eröffne ich eine Kampagne für Mams Freilassung. Ich richte einen Offenen Brief an den Präsidenten Thieu und an den Premierminister Khiem. Mams Verhaftung wird darin als »kidnapping« bezeichnet. Wir fordern die sofortige Freilassung unseres Vorsitzenden, andernfalls solle die Regierung den Beweis für seine kommunistische Tätigkeit erbringen im Laufe eines innerhalb eines Monats stattfindenden öffentlichen Prozesses. »Die Studenten sind am Ende ihrer Geduld«, schließt der in fast allen Saigoner Zeitungen veröffentlichte Brief.

Als Antwort erhalte ich eine Einladung – keine Vorladung! –, mich ins Büro des Polizeichefs, General Tran Van Hai, zu begeben. Aus Vorsicht verständige ich über diese Begegnung Anwälte der Selbstbestimmungs-Bewegung, Parlamentarier usw. Dann begebe ich mich zum General in Begleitung eines befreundeten Journalisten, Thien Huong, von der Zeitung *Cong Luan* *. Wenn General Hai glaubt, mich still einbuchten zu können, irrt er sich. Doch ist er nicht so töricht und ahnt wohl, daß ich Vorsichtsmaßnahmen ergriffen habe. Wir werden mit äußerster Höflichkeit empfangen. Der General, ganz Lächeln, erscheint sofort nach unserer Ankunft. Man serviert uns Tee. Hai beginnt mit der Behauptung, daß wir keinen Grund hätten, uns über Mams Verhaftung aufzuregen:

* Der Direktor von *Cong Luan* ist Le Hien. Von Thieus Polizei 1974 verhaftet, wurde er am Tage des Falles von Saigon befreit. Im April 1976 wird er vom neuen Regime verhaftet. Er ist einer der Unterzeichner des im Anhang veröffentlichten »Testaments der patriotischen Gefangenen«.

»Die Regierung führt keinen Krieg gegen die Studenten, welche die Zukunft des Landes verkörpern. Aber sie kann keine Tätigkeit geheimer Kommunisten tolerieren, die das südvietnamesische Regime zerstören wollen. Mam ist jedoch ein Kommunist, der sich der Gewerkschaftsaktion als Deckung und des Studentenverbandes als eines Werkzeugs bedient, um die Regierung zu schwächen.« In meiner Antwort sagte ich: Wenn Mam ein Kommunist ist (und in jenem Augenblick glaubte ich nicht, daß er einer sei), muß man es öffentlich beweisen. Andererseits müssen wir die Erlaubnis bekommen, ihm zu begegnen, um sicher zu sein, daß seine Rechte beachtet werden. Hai antwortet gereizt, daß Beweise vorhanden seien, aber noch nicht enthüllt werden dürften. Eine Begegnung mit Mam sei unmöglich, weil die Untersuchung geheim bleiben müsse.

»Jetzt kommen Sie uns mit den Bedürfnissen der Untersuchung, der Notwendigkeit des Geheimnisses! Auf diese Weise kann dann die Polizei, ohne Kontrolle, alles tun, was sie will. Man regiert kein Land mit der Polizei, sondern mit Vertrauen. Und Ihre Methoden zerstören das Vertrauen des Volkes!«

Der General lacht, gibt sich freundlich, aber hinter seinen Worten steckt eine Drohung:

»Nun, Herr Toai, Sie sind kein Kind. Und Sie wissen genau, daß unsere Feinde nicht mit Blumen kämpfen und auch nicht mit demokratischen Methoden. Um den Kommunisten zu widerstehen, bedarf es einer starken Polizei. Sie verteidigen die Interessen der Studenten, ausgezeichnet. Aber verwechseln Sie das nicht mit politischer Agitation, das wäre noch besser.«

Der General hat sich erhoben, die Unterredung ist beendet. Beim Hinausbegleiten bemerkt er ironisch: »Sie sind mit einem Journalisten gekommen. Hatten Sie vielleicht Angst vor einer Falle?«

Wütend, nichts erreicht zu haben, brumme ich:

»Warum denn nicht? Sie verhaften sogar Abgeordnete der Nationalversammlung.« Weder mein »Zeuge« noch ich haben den Tee des Polizeichefs angerührt. Dennoch möchte ich dem General Van Hai Gerechtigkeit widerfahren lassen. Ich glaube, daß er seinen Beruf nicht liebte, aber überzeugt davon war, daß es keine anderen Methoden gäbe. Wie auch immer: er war kein Feigling. Statt wie so viele andere zu fliehen, was er bequem hätte tun können, beging er nach dem kommunistischen Sieg Selbstmord. Tatsächlich war Tan Mam ein Illegaler der Partei. Das habe ich erst einige Jahre später entdeckt, als Mam ein Stern des neuen Regimes wurde. Dann hütete er sich, sich zu erinnern, wie sehr ich mich dafür eingesetzt hatte, um ihn aus dem Thieu-Gefängnis herauszuholen. Ich rief die noch verbliebenen Büromitglieder zusammen, um sie über den Mißerfolg meines Besuchs bei General Hai zu informieren: »Die Regierung macht sich über uns lustig. Sie hält uns für kleine Jungen, die man durch eine laute Stimme erschrekken kann. Wir müssen die Masse der Studenten mobilisieren und uns auch vor der Anwendung starker Mittel nicht fürchten. Wenn wir nur schüchtern protestieren, wird uns niemand folgen.«

Das Büro veröffentlichte sofort ein wahres Ultimatum, das die Eröffnung des Mam-Prozesses vor dem 20. März verlangte. Andernfalls würden alle Fakultäten in den Streik treten. Das Unternehmen war gewagt, aber die Rechnung ging auf. Die energische Sprache gefiel den Studenten; von allen Seiten kamen Hilfsversprechen, Komitees entstanden, um den Streik zu organisieren. Gleichzeitig bereiteten wir eine »strategische Unterstützungslinie« vor durch Kontaktnahme mit Politikern, Rechtsanwälten, Zeitungsdirektoren. Da am 20. März, wie vorhergesehen, keine Antwort kam, entschlossen wir uns zur Eskalation. Zuerst streikte die medizinische Fakultät, der Mam angehörte, drei Tage lang. Das war die Vorwarnung, denn wir wollten nicht sofort unser ganzes Pulver verschießen. Von Regierungsseite hörte man nichts. Nach einer einwöchentlichen Pause hörten zehn Fakultäten, ebenfalls drei Tage lang, mit ihrer Arbeit auf. Die Generäle blieben taub. Dann kam der ganz große Schlag. Anfang April streiken die Studenten der siebzehn Fakultäten der Hauptstadt während eines ganzen Monats. Zur gleichen Zeit setzt die Presse die Regierung unter Druck, Anwälte verständigen ausländische Korrespondenten, der Innenausschuß des Parlaments bestellt den Innenminister, damit er über Mams Verhaftung Aufklärung gibt. Bei jeder Etappe der Bewegung wird der Studentenverband kühner. Jetzt verlangen wir nicht nur die Freilassung unseres Vorsitzenden, sondern die aller unter der Beschuldigung des »Kommunismus« verhafteten Studenten. Manche von ihnen sind seit 1966 in Haft. Nacheinander besuche ich die Universitäten in Can Tho, Dalat, Hué, um die Streikbewegung zu animieren und auszuweiten. Man hört auf uns. Aber die Regierung beginnt zu reagieren. Sie droht all jenen Studenten, die den Vorlesungen nicht folgen, die Einziehung zum Militärdienst. Viele zögern, geben dann die Bewegung auf. Ich sehe schon den Augenblick, da mein Kartenhaus zusammenstürzen wird. Letztlich sind die meisten Studenten Söhne und Töchter von Notabeln, die *volens nolens* mit der Regierungsmacht verbunden sind. Die Regierung schwächen, heißt, den Kommunisten helfen, den Zweig absägen, auf dem sich diese kleine Welt von Privilegierten eingerichtet hat. Man muß die Taktik ändern, ohne das Gesicht zu verlieren. Norodom Sihanuk, der kleine König von Kambodscha, wird uns dabei, ohne es zu ahnen, helfen.

Studentengefecht

Schon seit je fürchten die Kambodschaner die Vietnamesen, und die Vietnamesen fürchten die Chinesen. Dieser jahrhundertealte Haß erklärt, warum das kommunistische Vietnam sich eher Moskau als Peking angeschlossen hat und warum 1979 die vietnamesischen Truppen wieder einmal in Kambodscha eingedrungen sind. Das geschah schon oft im Laufe der Geschichte, das letztemal davor war es 1970. Am 18. März jenes Jahres wurde Prinz Norodom Sihanouk, gerade als er in Frankreich ankam, von der Nationalversammlung seiner Funktion als Staatschef enthoben. Marschall Lon Nol übernimmt, mit dem Segen der USA, die Macht. Das neue Regime ist, zumindest im Anfang, weit populärer, als es die fortschrittlichen Kreise im Westen glauben. Tatsächlich hat Sihanouk, unter dem Anschein der Neutralität, entlang der Grenze zwischen Kambodscha und Südvietnam den Nordvietnamesen praktisch freie Hand gelassen. Die kommunistischen Truppen besitzen im Khmer-Territorium ihre geheimen Verbindungen, von wo aus sie den FNL-Untergrund mit Menschen und Waffen versorgen. Ganze Gebiete im Nordosten Kambodschas unterliegen vietnamesischer Kontrolle. Dies alles schuf in der Khmer-Bevölkerung, hauptsächlich bei den Militärs, den Beamten und den Intellektuellen, eine starke Verärgerung. Sihanouks Sturz verhieß den Kambodschanern, daß sie nun gegen die Vietnamesen vorgehen könnten. Da ihre schlecht ausgerüstete Armee nicht fähig war, die starken kommunistischen Verbände in den Grenzgebieten anzugreifen, mußten dafür die vietnamesischen Zivilisten herhalten. Einige Tage lang fanden Pogrome statt. Vietnamesen wurden belästigt, ihre Geschäfte geplündert, ihre Häuser in Brand gesteckt. Hunderte wurden getötet, Zehntausende flohen nach Südvietnam, wo ihre Berichte von neuem alte Haßgefühle anfachten. Am 20. März überschritten südvietnamesische Truppen, der Neutralität des neuen Regimes in Phnom Penh gewiß, die kambodschanische Grenze, um die Vietcong-Verbände anzugreifen.

Dies rettete den Generalstreik der Saigoner Studenten vor dem Zusammenbruch. Auf einer Kundgebung schlage ich eine Aktion für die Verteidigung unserer Landsleute in Kambodscha vor. Der Vorschlag bewirkt eine unbeschreibliche Begeisterung. Eine Stunde später marschiere ich an der Spitze eines wütenden Demonstrationszuges in Richtung der kambodschanischen Botschaft. Vom plötzlichen Ausbruch der Bewegung überrascht, konnten weder die Khmer-Diplomaten noch die vietnamesische Polizei irgendwelche Maßnahmen ergreifen. Einige kambodschanische Sekretäre, die zu so später Stunde noch da sind, werden überrannt, und dann besetzen dreihundert triumphierende Studenten die vier Etagen der kambodschanischen Botschaft. Dort blieben wir mehr als zwei Monate. Wie alle amtlichen Gebäude in jener Zeit war auch das Gelände der kambodschanischen Botschaft mit Stacheldrahtverhauen umgeben, was unsere Verteidigung erleichterte. Die Polizei, die das Gebäude sogleich isolierte, war selbst von Tausenden unserer Kameraden belagert, die sie unaufhörlich bedrängten. Dank des Durcheinanders gelang es einzelnen Gruppen, mit Proviant bis zu uns durchzukommen. Die Regierung war in äußerster Verlegenheit. Einerseits zögerte sie, Gewalt einzusetzen, weil die Öffentlichkeit gegen die Khmer war und uns vollständig unterstützte. Andererseits war es ihr unmöglich, inmitten der Hauptstadt solch eine Herausforderung endlos zu ertragen.

Die Regierung verstand, daß sie ihr Ansehen verlor. Ende Juni zog sie Verbände, die uns eingeschlossen hatten, zurück. Neuankommende Polizisten griffen sofort an. Der Kampf dauerte zwei Stunden, aber diesmal unterlagen wir. Vor dem Angriff hatten die Polizisten uns in Tränengas ertränkt. Wir waren geblendet, schwankend und erstickend. Die Polizisten dagegen hatten Gasmasken und bedienten sich erbarmungslos ihrer Knüppel. Wahrscheinlich hatte man ihnen auch eine Prämie versprochen. Immerhin hatten sie etwa fünfzig Verwundete, wir hatten wenigstens dreimal soviel. Ungefähr der Hälfte der Studenten gelang die Flucht. Die anderen mußten sich im Hof hinsetzen, Hände auf dem Kopf, Maschinenpistolen auf sich gerichtet. Jeder bekam Handschellen. Ich wurde am Schluß zusammen mit meinem Freund Van Thang, dem ehemaligen Generalsekretär des Studentenverbandes, in unserem »Kommandostab« im ersten Stock verhaftet, wo wir uns fest verschanzt hatten. Mit Gewehrkolben wurden wir hinuntergetrieben. Als wir ankamen, schrien die Studenten; die erschreckten Wachen schossen in die Luft. Ich sprach mit dem Kommandeur:

»Thang und ich sind bereit, uns als Verantwortliche aburteilen zu lassen. Unter der Bedingung, daß sie alle anderen entlassen, die nichts weiter getan haben, als uns zu folgen. Sonst werden wir uns umbringen.«

Diese Erklärung bewirkt bei den Polizisten eine beträchtliche Aufregung, die sich der brennenden Mönche erinnern. Im Funkfernsprecher knistert es, wahrscheinlich Gespräche mit dem Minister. Alle Fakultäten streiken noch, die Öffentlichkeit ist auf unserer Seite. Ein doppelter Selbstmord würde ernste Unruhen hervorrufen. So werden unsere Kameraden freigelassen. Unter Beifall werden Thang und ich abgeführt. Ohne Fesseln. Die Polizei hatte gewonnen, aber uns wurden die militärischen Ehren erwiesen.

Wir wurden getrennt im Tran Hung Dao-Gefängnis untergebracht. Ich war allein in einer großen Zelle: die gleiche mußte ich 1975 mit sechzig Gefangenen des kommunistischen Regimes teilen. Um Mitternacht werde ich zum Verhör gerufen. Offenkundig hat der Polizeioffizier den Befehl bekommen, mich ernsthaft vorzunehmen. Der Ton ist schärfer als bei meiner ersten Verhaftung. Nach zahlreichen Fragen über meinen Lebenslauf wird das eigentliche Thema behandelt:

»Wer hat Sie veranlaßt, die kambodschanische Botschaft anzugreifen und zu besetzen?«

»Niemand hat mich veranlaßt. Ich bin Vietnamese, genauso wie Sie. Nun werden unsere Landsleute in Kambodscha getötet. Ich glaube, daß die Saigoner Regierung energisch zu ihrem Schutz etwas unternehmen muß. Aber sie schweigt, was jeder als einen Skandal empfindet. Sie wissen es ganz genau.«

»Warum benutzt du denn den Ausdruck ›Saigoner Regierung‹ und nicht ›vietnamesische Regierung‹?«

Ich verstehe genau, was er will. Indem er andeutet, daß ich die Legitimität der Republik Vietnam nicht anerkenne, will er auf den Nachweis hinaus, daß ich mit den Kommunisten unter einer Decke stecke. Natürlich kommt die Rede auch auf Tan Mam.

»Wie haben Sie Mam kennengelernt? Wer hat Sie einander vorgestellt?«

Alle politischen Polizisten haben die fixe Idee, für die einfachsten Geschehnisse stets doppelte Böden zu suchen.

»Nun, Mam war der gewählte Vertreter der medizinischen Fakultät im Studentenverband, und ich vertrat die pharmazeutische Fakultät. Wir haben uns auf der ersten Sitzung des Fakultätsrates getroffen. Dort wurden wir beide zu stellvertretenden Vorsitzenden des Exekutivbüros gewählt. Wir benötigten niemanden, um uns einander vorzustellen.«

»Wußten Sie, daß Mam Kommunist war?«

»Das sagte mir Ihr Chef, General Tran Van Hai, nach Mams Verhaftung. Aber ich glaube es nicht.«

Wütend schlägt der Offizier auf den Tisch:

»Mam ist Kommunist, und Sie sind es auch, denn ihr arbeitet beide gegen die Regierung! Sie waren in ständiger Verbindung mit ihm.«

»Ihrem Denken zufolge sind auch alle Medizinstudenten Kommunisten, desgleichen alle Freunde und Familienangehörigen Mams.«

Der Morgen dämmert schon, als mich ein Wärter in meine Zelle zurückbringt. Die ganze Nacht hat mich der Offizier mit Fragen bedrängt, die alle darauf abzielten, daß ich meine Beziehungen zur Kommunistischen Partei gestehe. Dieses Spiel beginnt jeden Abend von neuem. Der Offizier verhört nur in der Nacht, am Tage läßt man mich in Ruhe. Ich weiß nicht, wo Thang ist; aber ich weiß, daß man sich draußen mit uns beschäftigt. Der Offizier hat mir versprochen, daß ich bald einen Anwalt haben kann. Vier Nächte hintereinander versucht der Inquisitor – manchmal Freundlichkeit, manchmal Zorn mimend –, mir das Geständnis über meine geheimen Verbindungen zur KP oder wenigstens zur FNL zu entlocken. Das ist anstrengend wegen des geringen Schlafs, dennoch fühle ich mich wohl und habe Vertrauen. Sie können nichts beweisen, und ganz Saigon ist über meine Verhaftung informiert. Sie werden es nicht wagen, mich zu foltern. Ich war auf eine lange Inhaftierung gefaßt. Daher war ich sehr erstaunt, als ich am fünften Tag erfuhr, daß unser Prozeß schon am nächsten Tag stattfände. Die Regierung verzichtete darauf, aus Thang und mir KP-Anhänger zu machen; ihr Dossier war zu schlecht. Überdies war die Universiät in Gärung, Zeitungen, Politiker, Anwälte, die ganze Öffentlichkeit verlangten unsere Freilassung: »Wie kann man denn jene verhaften, die unsere in Kambodscha verfolgten Landsleute verteidigen?«

Bei der Prozeßeröffnung erfuhr ich, daß etwa fünfzig Anwälte vorgeschlagen hatten, unsere Verteidigung kostenlos zu übernehmen. Darunter waren die besten Juristen Saigons. Das Verfahren drohte sich gegen das Regime zu kehren. Daher wurde es rasch von einem Vorsitzenden durchgebracht, der es offenkundig eilig hatte, so schnell wie möglich aus dem Wespennest wieder herauszukommen. Tausende aufgeregter Studenten waren vor dem Gerichtsgebäude versammelt, in das Thang und ich durch eine Hintertür geführt wurden. Im Zellenwagen hatten wir die draußen geschrieenen Losungen gehört, sogar die höfliche Haltung der Polizisten schien im voraus unseren Freispruch anzukündigen. Die Diener der Macht haben bisweilen Vorahnungen. Der Anklageakt wurde im Galopp vorgelesen: Hausfriedensbruch, schwere Verletzung des Eigentums einer ausländischen Mission, Aufruhr und Gewalttätigkeit gegenüber der öffentlichen Ordnung, Verletzung verschiedener bedeutender Grundsätze, darunter das der Exterritorialität. Das Verhör des Vorsitzenden ging genauso schnell über die Bühne. In der Anklagerede klang schon die Anerkennung der patriotischen Motive an, die unsere bösen Handlungen geleitet hätten. Unsere Anwälte hatten kaum Gelegenheit zu glänzen, denn der Vorsitzende bat sie, nach dem Beispiel des Staatsanwalts sich kurz zu fassen. Nach seiner »Beratung« erteilte das Gericht uns einen Verweis und setzte uns vorläufig auf freien Fuß. Das Urteil war im voraus von der Regierung beschlossen worden, deren wichtigstes Ziel es war, den schon drei Monate dauernden Studentenstreik zu beenden. Beim Verlassen des Gerichts bereiteten die Studenten uns einen triumphalen Empfang.

Eine Zeitlang waren wir obenauf. Das mußte man zur Durchsetzung unserer Forderungen ausnutzen: Freilassung der eingekerkerten Studenten, Anerkennung des Prinzips der Hochschul-Autonomie, Überlassung von Räumen für den Studentenverband. Premierminister Khiem hielt Wort. Eine Woche später durften die Anwälte mit Mam und den anderen verhafteten Studentenführern – manche waren schon einige Jahre in Haft – zusammenkommen. Sogar die Mitglieder des Büros des Studentenverbandes durften sie im Gefängnis vor ihrer Freilassung besuchen. Tan Mam und ungefähr dreißig Studenten wurden ins Saigoner Zentralgefängnis Chi Hoa gebracht. Einige kamen von der finsteren Kerkerinsel Con Son. Dort befanden sich die berüchtigten »Tigerkäfige«, widerliche Gruben, in deren Tiefe die Gefangenen wie Raubtiere vegetierten. Untersuchungskommissionen hatten den Skandal enthüllt, und die internationale Presse jener Zeit enthielt viele entrüstete Artikel über die Vorgänge in den südvietnamesischen Gefängnissen.

Der Kommandant des Chi Hoa-Gefängnisses empfängt uns persönlich. Er erlaubt uns nicht allein, Tan Mam und all jene zu sehen, deren Freilassung wir verlangten; er selbst schlägt uns vor, mit zwei Gefangenen zusammenzutreffen, die ich nicht zu kennen glaubte: Tran Khiem und Duong Van Day. Der erste Name sagte mir gar nichts. Doch als ich mich Tran Khiem gegenüber befand, erkannte ich in ihm den FNL-Führer, dem ich drei Jahre vorher sehr geheimnisvoll in einem *Pho* begegnet war. Seitdem hatte ich ihn nicht mehr gesehen und wußte nichts von seiner Verhaftung. Dagegen hatte ich den Namen Day als einen wichtigen FNL-Funktionär in der Universität gehört. Als ich ihn sah, konstatierte ich mit Schrecken, daß ich ihn seit langem unter einem anderen Namen kannte. Ich hielt ihn immer für einen einfachen Studenten, der mit der Front sympathisierte und von Mam seine Direktiven bekam, während er in Wirklichkeit sein Vorgesetzter war. Jetzt begreife ich, warum man uns diese beiden sehen ließ, auch warum wir mit Mam und den anderen Gefangenen einen ganzen Nachmittag frei sprechen durften. Alle sind gefoltert worden. Man hat Nadeln unter ihre Fingernägel getrieben, man hat sie Seifenwasser trinken lassen. Manche wurden in ein Faß eingeschlossen, auf das mit mächtigen Schlägen gehämmert wurde, was schreckliche Gehörleiden hervorruft. Alle, auch Mam, haben gestanden, der KP anzugehören. Da General Tran Van Hai, um wieder Ruhe in die Universität zu bringen, seine Beute herausgeben mußte, wollte er uns vorher beweisen, daß es sich wirklich um geheime KP-Aktivisten handelte und nicht um loyale Studentenfunktionäre. Vielleicht hoffte er so, unseren Protest zurückzuschrauben; dabei täuschte er sich sehr. Einige Tage nach ihrer Freilassung wurden Mam und seine Kameraden im Laufe einer Pressekonferenz des Studentenverbandes vorgestellt – ganze zweihundert Meter vom Präsidentenpalais entfernt. Die bloße Anwesenheit der ehemaligen Häftlinge war aufschlußreich genug. Obwohl man sie einige Tage vor ihrer Entlassung gepflegt hatte, um ihnen ein besseres Aussehen zu verleihen, befand sich die Mehrzahl in einem kläglichen Zustand. Manche konnten sich noch nicht einmal auf den Beinen halten. Mam und mehrere andere berichteten über die erlittenen Foltern. Diese Berichte erschienen nicht allein in der ausländischen Presse, sondern auch, trotz Zensur und Beschlagnahmungen, in einigen Saigoner Zeitungen.

Ich sollte mich zur Konferenz der *Asian Students Association* in Hongkong begeben, begleitet von meiner Assistentin To Thi Thuy. Im letzten Moment sagte sie ab, ziemlich verlegen erklärte sie, »aus persönlichen Gründen« nicht abreisen zu können. Ich war mit To Thi sehr befreundet. Letztlich gestand sie, daß die FLN, der sie angehörte, ihr verboten hätte, mich zu begleiten. Falls sie nicht gehorchte, glaubte sie ihr Leben in Gefahr. Wir werden auf diese Affäre zurückkommen, die im Laufe meiner Vernehmungen wieder auftaucht.

Bei meiner Rückkehr aus Hongkong finde ich den Studentenverband in Gärung. Die Studien waren wieder aufgenommen worden, aber die Universität war erregt. Man verlangte offen den Abzug der amerikanischen Truppen und eine Verständigung mit der FNL. Jemand meinte: »Und wenn wir die Nationalversammlung besetzten?« Der Vorschlag wurde sofort angenommen. Damals kannten wir überhaupt keinen Zweifel.

Obwohl dieses Parlament eine Karikatur war – den USA war viel daran gelegen –, übte es dennoch eine gewisse Kontrolle auf die Regierung aus, nötigte sie zu einer Mäßigung in der Machtausübung. Damals sahen wir nur die Autoritätsmißbräuche und die

Einschränkung der Rechte der Opposition. Wir ahnten noch nicht, was uns fünf Jahre später zugefügt würde. Heute stellt man sich nur schwer vor, daß ein Abgeordneter im vietnamesischen Parlament das Wort ergreift, um die Korruption der Führer oder die Skandale der Repression anzuklagen, wie man es täglich unter der Präsidentschaft Thieus erlebte. Noch schwieriger ist es, sich vorzustellen, daß Studenten in Hanoi das Parlament besetzen.

Wir hatten unsere Sache sorgfältig vorbereitet. Mein Freund Thang und ich saßen im Café Givral, hundert Meter vom Parlament, und tranken unschuldig Mineralwasser. »Meldegänger« kamen vorbei und berichteten über den Vormarsch unserer »Truppen«. Vier Gruppen mit je hundert bis hundertfünfzig Studenten, unter die Menge dieses belebten Stadtviertels gemischt, strebten dem Parlamentsgebäude entgegen. Zur angegebenen Stunde hob Thang* seinen Arm am Fuß des Denkmals des »vietnamesischen Soldaten«. Die vier unsichtbaren Kolonnen verschmelzen plötzlich zu einem unwiderstehlichen Sturmbock, überschreiten eiligst die Stufen des Parlaments, schieben einige verdutzte Wachen beiseite und strömen ins Gebäude. Wenige Minuten später bin ich im Büro des Präsidenten der Nationalversammlung, der entrüstet protestiert:

»Mit welchem Recht dringen Sie in die Räume der Nationalversammlung? Wenn die Studenten sich solche Auswüchse erlauben, warum dann morgen nicht die Rikschafahrer, die Fischer – noch schlimmer: die Polizei?«

Ich antwortete in dem mir damals vertrauten linksradikalen Jargon (von 1968 oder 1789!), daß das Parlament nicht den Willen des Volkes repräsentiere und daß der Präsident selber soeben dessen Verachtung ausgedrückt habe. Wir seien hier, um des Volkes Stimme Gehör zu verschaffen. Da versuchte der Präsident auszureißen, wir haben ihn eingeholt und in seinem Büro, unter Aufsicht, eingeschlossen. Schnell erschienen die Journalisten, deren Treff-

* Thang wurde im April 1977 verhaftet und gefoltert. Seine Frau heiratete einen Polizeioberst, um die Freilassung ihres Mannes zu erreichen. Dieses Opfer war nutzlos. 1979 habe ich erfahren, daß Frau Thang, deren Mann noch immer im Gefängnis ist, sich entehrt fühlte und einen Selbstmordversuch unternommen hatte.

punkte – vor allem das Hotel Continental – ganz in der Nähe waren, während die Polizei sich rings um das Parlament konzentrierte. Ich verlas ein Kommuniqué, das bedingungslosen Frieden, den Abzug der amerikanischen Truppen und das Selbstbestimmungsrecht Südvietnams forderte. Die Polizeikette reichte noch nicht aus, um das Gebäude abzuriegeln. Ich eilte hinaus und wollte eine Gruppe anfeuern, die in einer Seitenstraße Proviant angelegt hatte, damit wir die Belagerung durchhalten können. Zu spät. Während ich zurückgehe, hält neben mir der Wagen eines vietnamesischen Journalisten, der für die CBS arbeitet. Er ruft mir zu: »Geh nicht hin. Sie greifen an und werden dich mitnehmen. Steig ein.«

Das ließ ich mir nicht zweimal sagen. Heulende Sirenen, Dutzende Polizeiautos aus allen Richtungen. Von weitem konnte ich sehen, wie meine Kameraden, die Hände auf dem Kopf, das Parlament verließen. Das Spiel war verloren. Dem Journalisten gelang es, durch die Maschen des Polizeinetzes zu schlüpfen. Doch nicht schnell genug, um zwei Bullen in Zivil abzuhängen, die mich entdeckt hatten und uns auf einer *Honda* folgten.

»Setz mich vor der Tür von Madame Kieu Mong Thu ab«, sage ich zu Bong, dem es nicht gelang, unseren Verfolgern zu entkommen. Einige Sekunden vor der Ankunft der Polizisten laufe ich in die Villa; sie wagen nicht, mir nachzukommen. Madame Thu war Abgeordnete: eine der in Vietnam zahlreichen Frauen, die Schönheit mit Charakterstärke vereinen. Sie war damals etwa vierzig Jahre alt und vertrat die buddhistische Opposition in der Nationalversammlung. Heute ist sie die Verantwortliche eines kleinen *To* (einige Dutzend Häuser) in Saigon/Ho Chi Minh-Stadt. 1970 war sie nach Madame Ngo Ba Thanh die bekannteste Politikerin der Opposition. In dieser vorübergehend durch die parlamentarische Immunität geschützten Zuflucht gelang es mir, einige Stunden zu schlafen. Ich dachte im Morgengrauen, ein Nachlassen der Überwachung ausnutzend, fliehen zu können. Um fünf Uhr früh scheint die Straße vollständig leer. Ich schleiche aus dem Haus, gleite an den Mauern entlang. Hundert Meter weiter stürzen sich plötzlich zwei Männer auf mich, fesseln meine Arme. Ich bin fertig. Keineswegs überrascht. Nach dem Handstreich gegen das Parlament konnte man kaum von einer langen Freiheit träumen. Einige Minuten später kommt ein durch Funk verständigter Wagen an. Man bringt mich zur Polizeizentrale. Während ich durch den Korridor gehe, an zwei Zellenreihen entlang, höre ich Rufe. Etwa zwanzig, am Vortage verhaftete Kameraden begrüßen mich. Die Mehrzahl der vier- oder fünfhundert im Parlament ergriffenen Studenten ist bereits entlassen. Die Regierung will nicht von neuem die Universität gegen sich aufbringen. Nur die Aktivisten wurden festgehalten. Wir werden mit einer Höflichkeit behandelt, die gewöhnliche Gefangene nicht kennenlernen. Als Studenten werden wir wie etwas mißratene Kinder der Saigoner Bourgeoisie behandelt. Zwar trifft das auf mich nicht zu, dennoch genieße ich den Vorteil. Zwei oder drei Tage nach der Verhaftung besucht uns der Polizeichef, General Tran Van Hai, höchstpersönlich. Er kommt mehrere Tage hintereinander, ißt mit uns zusammen am Abend, befragt uns halb neugierig und halb erstaunt. Ganz offenkundig hat er Mühe, die Gründe unserer politischen Opposition zu verstehen; er möchte dahinterkommen. Zwei- oder dreimal während seiner Besuche ließ General Hai die Türen öffnen, führte uns in den Gefängnishof, um dort herumzugehen und zu reden. Die Wärter waren ziemlich erschrocken. Unter den Gästen des »Kolloquiums« war auch Quang Nghi, ein kommunistischer Student. Zwei Jahre älter als ich, hielt er Van Hai hochmütig stand. Er argumentierte, antwortete, während wir auf- und abschritten. Diese Gespräche im Gefängnishof mit dem Polizeichef waren sehr seltsam.

Natürlich wollte General Hai die Studentenführung überzeugen, auf die für die Regierung immer lästigeren Demonstrationen zu verzichten. Bei überzeugten Kommunisten wie Nghi predigte er in der Wüste. Aber auch bei Leuten wie mir hatte er kein Glück. Die Saigoner Regierung war für uns der verkörperte Verrat. Wir wußten nicht genau, was wir wollten, aber wir wollten nicht die uns vorgeschlagene Gesellschaft unterstützen: ein von den US-Dienern geführtes Vietnam. Nach zweimonatiger Haft werden die in die Parlaments-Affäre verwickelten Studenten mit einem Schlag entlassen. Die ganze Welt blickt auf Südvietnam. Die westliche Presse klagt dessen Auswüchse an, die das Rote Kreuz, Amnesty

International, Missionen des amerikanischen Senats enthüllten. Niemand fragt, ob die Menschenrechte in Nordvietnam beachtet werden; es ist kein Land, in das man Untersuchungskommissionen entsendet. Dieses Mal hat man sich gar nicht die Mühe gegeben, eine Gerichtsverhandlung abzuhalten. Da die Behörden nicht recht wußten, was sie mit uns machen sollten, schickten sie uns eines Tages einfach nachhause, drohend mit dem, was uns erwartet, wenn wir unsere umstürzlerische Tätigkeit fortsetzen sollten.

In Thieus Gefängnissen

1971 – Phan Rang

Phan Rang ist eine Küstenstadt von hunderttausend Einwohnern, dreihundert Kilometer nördlich Saigons. Die Filiale der Bank Nam Do, deren Leitung ich im Herbst 1971 übernehmen soll, ist äußerst bescheiden. Ein Kassierer, ein Buchhalter, einige Büroangestellte. Der Jahresumsatz geht kaum über zwanzig Millionen Piaster hinaus, während ich selbst das gute Monatsgehalt von 80000 Piaster bekomme. In einem Land, wo wenigstens ein Drittel der Bevölkerung mittel- oder unmittelbar vom Heer abhängt, das seinerseits die USA finanzieren, und wo die privaten Kleinbauern die hauptsächliche Wirtschaftskraft darstellen, ist die Funktion einer Bank nicht sehr bedeutend. Ich garantiere die Einhaltung der Verträge zwischen den Kaufleuten von Phan Rang und Saigon. Phan Rang exportiert Holz und Gemüse, es importiert einige Industrieerzeugnisse, hauptsächlich aus Amerika und Japan. In der Bank werden die Einnahmen des vietnamesischen Apothekers und des chinesischen Gastwirts deponiert. Hin und wieder wird ein Darlehen gewährt, die Eröffnung eines Geschäfts finanziert. Wie begrenzt diese Operationen auch sein mögen, so enthüllen sie mir doch rasch eine Realität, deren man in Saigon kaum bewußt werden kann: die geheime, aber tatsächliche Macht der FNL in der Tiefe des Landes.

Das Holz kann Phan Rang nicht ohne Einwilligung der Vietcong-Truppen verlassen, die die Wälder kontrollieren und ihre Steuer erheben. Die Gemüselastwagen können nicht nach Saigon, ohne auf den Straßen einen »Zoll« an die Leute der Front zu entrichten. Hinter der Fassade der Behörden der Saigoner Regierung bestehen andere Behörden, mit denen die Bevölkerung auskommen muß, um zu überleben. Anläßlich einer plötzlichen Geldentnahme, einer unerwarteten Einzahlung, einer Andeutung seitens eines Kunden ahnt man Vereinbarungen, Verstrickungen, Vermittlungen in diesem Geheimkrieg.

Ich war kein sehr vorsichtiger Bankier. Oft bekundete ich laut meinen Ekel angesichts der Korruption der Generäle und des Zynismus der Kriegsgewinnler. Und ich mußte ihren Reichtum mit der Armut der seit Jahren im Untergrund Kämpfenden vergleichen. Der Bankkassierer hielt kaum seinen Zorn zurück, als er mich so reden hörte. Letztlich denunzierte er mich bei der Polizei. Aber sie griff nicht direkt an. Die Direktion meiner Bank ließ mich nach Saigon kommen und hielt mir ein Schreiben des Provinzchefs von Phan Rang unter die Nase, das meine sofortige Ersetzung als Filialleiter verlangte. In dem Brief hieß es, ich sei ein Sympathisierender der Kommunisten, was »in der Heimatprovinz des Präsidenten Thieu besonders anstößig« sei! Die Direktion der Nam Do-Bank wollte sich dem nicht fügen, vor allem weil ich meine Arbeit gut erledigte. Aber sie empfahl mir größere Zurückhaltung. Diesen Rat beachtete ich keineswegs. Ich schäumte vor Wut. Wieder in Phan Rang, begab ich mich sogleich zum Provinzchef, Oberst Tran Van Tu, und verlangte, ihn zu sprechen. Der Oberst war der Sohn eines bekannten revolutionären Kämpfers, Tran Van Thach, der unter der französischen Herrschaft im Gefängnis starb. Ich sprach zu ihm ohne Schonung:

»Wie können Sie, der Sohn eines vietnamesischen Patrioten, Drohungen gegen einen Bürger erlauben, der nur seine Meinung ausdrückt! Ich bin kein Angestellter der Regierung. Ich arbeite für ein Privatunternehmen, und Sie verlangen meine Entlassung!«

Der Oberst entnahm seiner Akte die Fotokopie eines Presseausschnitts: ein von mir in der Zeitung *Tu Quyet* veröffentlichter Artikel, der im wesentlichen ausführte, daß es notwendiger sei, gegen die Amerikaner als gegen die FNL zu kämpfen.

»Dies beweist«, sagte er, »daß Sie für die Kommunisten arbeiten.«

»Wieso denn? Wenn man verlangt, daß die Vietnamesen, unter sich, über ihre Zukunft bestimmen, ohne daß die Ausländer sich einmischen, heißt dies, für die Kommunisten arbeiten?«

Nach weiteren heftigen Worten entließ mich der Oberst, ich ging und warf hinter mir die Tür zu. Am nächsten Tag wurde ich auf die Polizeidirektion bestellt. Ohne Mißtrauen begab ich mich dorthin, weil ich überzeugt war, daß man mich nur einschüchtern wollte. Das war ein Irrtum. Der Polizeioffizier machte ein Zeichen, zwei Polizisten ergriffen meine Arme.

»Ich habe den Befehl, Sie zu verhaften.«

Er zeigte mir einen ordnungsgemäßen Haftbefehl. Begründung: »Illegale regierungsfeindliche politische Agitation. Unheilvoller Einfluß auf die Bevölkerung.« So konnte ich, nachdem ich die Saigoner Gefängnisse kennengelernt hatte, die Annehmlichkeiten eines Provinzkerkers genießen.

Im Anfang ging es nicht allzu schlecht. Ich hatte eine ziemlich große Einzelzelle und war anständig ernährt. Nach etwa zehn Tagen veränderte sich alles. Man warf mich in eine Gemeinschaftszelle, ein vier Meter breiter und fünf Meter langer Käfig, wo wir zu fünfundzwanzig zusammengepfercht waren. Für unsere natürlichen Bedürfnisse gab es nur einen Eimer. Die Nahrung war abscheulich. Reis mit etwas Fleisch in einem Trog gereicht. Da wir keine einzelnen Näpfe hatten, war eine gerechte Einteilung unmöglich. Daher Streitereien. Man aß nacheinander mit den Händen aus dem Trog. Die Wärter bemühen sich, bei den Empfindlichsten Ekel hervorzurufen, damit sie sich in der Kantine »Besonderes« kaufen. Wer Geld hat, tut es. So bleibt immer noch etwas von der ekelhaften Brühe übrig, die wir vorgesetzt bekommen. Damit füttern die Wärter die Schweine, die im Gefängnis für ihren eigenen Tisch gehalten werden. Bei einer Inspektion zeigen sie das übriggelassene Essen als Beweis für die gute Ernährung der Gefangenen, die noch nicht einmal alles verzehren können. Vier Jahre später, in den Gefängnissen von Ho Chi Minh-Stadt, hat jeder seinen Napf und seinen Löffel (Stäbchen sind verboten). Aber es gibt so wenig zu essen, daß ich mit Bedauern an jenen ekelhaften Fraß denke, der wenigstens ein bißchen Fleisch enthielt.

Während der sieben Wochen, die ich im Gefängnis von Phan Rang verbrachte, wurde ich nie mißhandelt; aber viele meiner Mitgefangenen wurden es. Zumeist waren meine Gefährten Bauern aus der Umgebung, die man beschuldigte, mit der Front zusammenzuarbeiten. Aber wer »kollaborierte« denn nicht in jenen unglücklichen Dörfern, die tagsüber dem Gesetz Saigons unterstanden, aber in der Nacht dem der FNL? Manche Gefangene waren prokommunistisch, aber keiner war Untergrundkämpfer. Und die vor ihrer Verhaftung keine klare politische Meinung hatten, waren jetzt alle wild entschlossene Gegner der Saigoner Regierung. Offen riefen sie »Es lebe Ho Chi Minh!«, ihre Moral war erstaunlich hoch, und mutig ertrugen sie die Folter. Denn in Phan Rang, wie in allen anderen Gefängnissen, wurde viel gefoltert. Was hoffte man von diesen Unglücklichen zu erfahren? Ich weiß es nicht. Wie auch immer, jeden Abend wurde ein Gefangener von den Wärtern abgeholt und einige Stunden später blutüberströmt zurückgebracht. Die anderen Häftlinge pflegten ihn, gaben ihm die besten Bissen, damit er wieder zu Kräften kommen konnte. Ich selber wurde von meinen Zellengefährten bevorzugt behandelt; sie stritten sich, um Arbeiten an meiner Statt auszuführen. Diese einfachen Leute konnten nicht verstehen, wie es möglich war, daß ein Intellektueller wie ich, ein »Bankdirektor«, ihr Los teilen mußte, anstatt sich zu bereichern wie all die feinen Herren aus der Stadt. Zwei oder drei hatten von meiner Tätigkeit in der Studentenopposition gehört, trotz meines Widerspruchs glaubten sie, ich sei ein illegaler Parteikader. Manche waren schon ein Jahr dort oder noch länger, ohne Verurteilung und übrigens auch ohne Haftbefehl. Artikel 4 der Verfassung, der die Kommunistische Partei verbot, erlaubte jahrelange Inhaftierungen außerhalb jeglichen normalen Gerichtsverfahrens. Hatte man einen »Beweis«, daß ein Häftling KP-Mitglied war, so entging sein Fall der gewöhnlichen Justiz. Der Betreffende hatte kein Anrecht auf den Beistand eines Anwalts, das Urteil wurde in einem Geheimverfahren vom »Sicherheitsausschuß« ausgesprochen. Das war eine Art Sondergericht, ganz von dem Polizeichef und dem Staatsanwalt beherrscht. In den entlegenen Provinzen konnte ein einfacher Bauer, beim geringsten Verdacht, für Jahre ins Gefängnis geschickt werden, ohne jede Möglichkeit, sich zu rechtfertigen oder verteidigt zu werden. Die Mehrzahl meiner Zellengefährten im Gefängnis von Phan Rang war in dieser Situation. Die Gestalt Nguyen Thai Thaos, wahres Symbol des Unglücks, ein Vietnamese in der zweiten Hälfte des zwanzigsten Jahrhunderts zu sein, hebt sich davon besonders ab.

Als ich Thao damals im Gefängnis traf, war er schon älter als sechzig. Seit 1930 gehörte er der KP an. Unter der französischen Herrschaft war er neun Jahre im Gefängnis von Poulo Condore, einer Insel im äußersten Süden Vietnams. Dort befand er sich zusammen mit Le Duan, dem gegenwärtigen Ersten Sekretär der vietnamesischen KP. Nach seiner Freilassung schloß er sich dem Vietminh an, der ihn zu seiner Überraschung mit Mißtrauen empfing. Die Kommunisten beargwöhnen ihre Anhänger, wenn sie aus den Gefängnissen des Feindes herauskommen. Sie glauben, man habe sie »umgedreht«. Sie müssen sich einen »Umerziehungskurs« und zahllosen Verhören unterwerfen, einen genauen Bericht über die geringsten Fakten und Gesten abgeben, lange Schulungskurse absolvieren, bis man sicher ist, daß die Betreffenden nicht gelogen haben, daß sie nicht manipultiert wurden und weiter auf der richtigen Linie sind. Thao erduldete diese Behandlung, ohne zu murren.

»Das erniedrigte mich ein wenig nach allem, was ich erlitten hatte«, sagte er mir. »Aber ich verstand, daß die Partei vorsichtig sein mußte. Denn tatsächlich gab es Verräter.« Nach zwei Jahren, von jedem Verdacht befreit, wieder geschult, kann Thao seine illegale Aktivität wieder aufnehmen. Er wird Bäcker in Tay Ninh, nahe der kambodschanischen Grenze, und sichert dort die Verbindung zwischen der Stadt und dem Untergrund. Als 1956 die Jagd auf Kommunisten wieder einsetzt, wird er von neuem verhaftet, diesmal von Diems Polizei. Und wieder ist er für vier Jahre auf der Insel Poulo Condore, die jetzt Con Son heißt. Nach seiner Freilassung geht der treue Thao natürlich in den Untergrund. Neuer Umerziehungskurs, dann neuer Auftrag. 1968 wird er wieder verhaftet, diesmal von Thieus Polizei, aber nur für kurze Zeit. Nachdem er frei ist, empfängt die Partei ihn wieder mit Mißtrauen. Noch einmal Umerziehung.

»Das ist eine wirkliche Manie«, meint er. »Jeder, der nur einen Augenblick aufgehört hat, unter den Augen der Partei zu sein, wird verdächtig. Sogar und ganz besonders, wenn man im Gefängnis wegen seiner kommunistischen Aktivität war. Was soll man denn tun, was soll man mehr tun, um seine Loyalität zu beweisen?«

In diesem elenden Gefängnis von Phan Rang hat die Frage, die mir der alte Parteiaktivist stellt, dessen Haare schon zu bleichen beginnen, etwas Pathetisches. Ich bin erst fünfundzwanzig, aber ein Intellektueller, und er ist überzeugt, daß ich ein illegaler KP-

Kader bin. Er hat von mir gehört, er weiß, daß ich dieses Geheimnis nicht enthüllen kann, und wird mich darüber nicht weiter befragen. Aber könnte ich ihm nicht wenigstens erklären, warum die Partei einem alten Aktivisten wie ihm so wenig Vertrauen entgegenbringt? Es ist sinnlos, ihm immer wieder zu sagen, daß ich kein Parteimitglied bin. Er glaubt mir nicht. Und was kann ich ihm antworten? Seit einem Jahr ist er wieder verhaftet und im Gefängnis von Phan Rang. Ein Viertel seines Lebens hat er im Gefängnis verbracht, er ist daran gewöhnt. Das ist eben der Kampf gegen den Klassenfeind, gegen den Kolonialismus. Doch was er fürchtet, ist das Mißtrauen, das ihm die Partei, deren Mitbegründer er ist, von neuem entgegenbringen wird. Was ihn beunruhigt, ist die Freilassung!

»Ich bin müde«, sagt Thao. Und ich sehe, daß seine Hände zittern. Es scheint, als bitte er mich um Verzeihung für seine Schwäche, und ich wende den Blick weg. Thao fährt fort:

»Zwischen zwei Gefängnisaufenthalten ist es mir gelungen, eine Familie zu gründen. Aber ich kenne meine Kinder kaum, und sie erkennen mich nicht von einem zum anderen Mal ... Mein ganzes Leben habe ich der Partei geweiht, dem Kampf für die Unabhängigkeit. Jetzt ist das Ziel in Sicht, die Amerikaner beginnen, sich zurückzuziehen, der Friede wird wiederkehren. Und ich bin alt. Die letzten Jahre möchte ich meinen Kindern widmen, in ihrer Mitte leben.«

Thao bleibt noch zwei weitere Jahre im Gefängnis von Phan Rang. Als die Nachricht über die Pariser Verträge eintrifft, glaubt er naiv, die Partei habe sich für ein unabhängiges und demokratisches Südvietnam entschieden – ein Ziel, für das er sein Leben lang gekämpft hat. Schon sieht er sich im Kreise seiner Kinder, wird sich in die entstehende neue Gesellschaft integrieren. Er wird freigelassen. Wenigstens diesmal kein Umerziehungskurs ... Zwei Jahre später ziehen die Kommunisten, mit der Waffe in der Hand, in Saigon ein, die KP ergreift die Macht. Und über dem alten Thao schlägt aller angehäufter Verdacht zusammen. Seine Treue zur Partei – als es gefährlich war, ihr Mitglied zu sein – gilt als Beweis abgefeimter Täuschung: Wurde er nicht viermal aus dem Gefängnis entlassen? Ist seine Rückkehr ins bürgerliche Leben 1973, als er meinte, der Kampf sei nun beendet, kein offenkundiger Verrat? Ich habe Thao 1975 in der Gemeinschaftszelle B des Tran Hung Dao-Gefängnisses wiedergefunden. Der alte Kommunist, den junge kommunistische Polizisten bewachten, deren Väter noch nicht auf der Welt waren, als er bereits kämpfte, hatte Entsagung und schwarzen Humor gewählt:

»Mein Vaterland ist das Gefängnis. Jedesmal, wenn ich hinauskomme, erkennt mich einer und bringt mich zurück. Und alle Bullen erkennen mich sofort. Zuerst gab es die Bullen der Franzosen, dann kamen die von Diem und Thieu, heute sind es die von Pham Van Dong. Das ist doch normal, nicht wahr? Als die Ausländer regierten, warfen sie mich ins Gefängnis, weil sie nicht ertrugen, daß die Vietnamesen frei leben wollten. Jetzt regieren Vietnamesen. Auch sie werfen mich ins Gefängnis, weil sie nicht ertragen, daß die Leute frei leben wollen.« Thao ist ergeben, er hat nichts mehr zu verlieren, denn alles ist schon verloren: sein Leben, seine Freiheit, seine Familie. Vor dem Tet-Fest 1975 hatten wir das »Recht«, einen Brief an unsere Familien zu schreiben. Thao schrieb den Seinen: »Vergeßt mich. Betrachtet mich als einen, der im Krieg gefallen ist.«

Gewählte Vertreter von Phan Rang, Professoren, Rechtsanwälte, die mich kannten, hatte meine Verhaftung beunruhigt. Manche durften mich besuchen. Sie wollten eine Kampagne für mich starten, die Saigoner Opposition informieren. Das lehnte ich aus einem einfachen Grund ab: Meine Frau, noch in der Hauptstadt, war schwanger, ich wollte sie nicht beunruhigen. Es war mir gelungen, ihr meine Inhaftierung zu verbergen und ihr Nachrichten, wie üblich, zukommen zu lassen. Und ich wußte, daß die Direktion der Nam Do-Bank sich diskret für meine Freilassung einsetzte. Bevor die Polizei mich entließ, unternahm sie einen letzten Versuch, damit ich ein Geständnis ablege: »Geben Sie zu, daß Sie für die Kommunisten arbeiten, sonst ...« Es beeindruckte mich nicht. Einige Tage später ließ Oberst Tu mich gehen. Aber um den Anschein zu wahren, wurde die Sache als eine »Verweisung« aus der Provinz hingestellt:

»Lassen Sie sich in Phan Rang nie mehr sehen.«
Dazu hatte ich auch gar keine Lust mehr.

Nach der Pariser Vereinbarung sollte der Waffenstillstand die bestehenden Stellungen einfrieren: die Truppen Saigons und der FNL behielten die Kontrolle der von ihnen besetzten Ortschaften, wobei sie sich jeder offensiven Aktion enthielten. Am Tage des Inkrafttretens des Waffenstillstands hielt Thieu eine drohende und ungeschickte Ansprache. Nachdem er die Schwächen des Vertrags kritisiert hatte, kündigte er für den Fall kommunistischer Gewaltanwendung eine noch größere Gewalt an, um den Gegner zurechtzuweisen. Weitaus geschickter sangen Hanoi und die FNL das Lob des Pariser Vertrags, predigten dessen strenge Beachtung, zeigten sich befriedigt über die Friedensaussichten. Aber zur gleichen Zeit zerrieben sie vor Ort, Tag für Tag, die Stellungen Saigons. In der Provinz Qui Nhon wechselten zahlreiche, bisher von den Regierungstruppen kontrollierte Ortschaften, kurz vor dem Waffenstillstand und in den darauf folgenden Tagen, das Lager. Die bis dahin in einiger Entfernung von der Provinzhauptstadt gehaltenen Vietcong-Kräfte standen jetzt vor ihren Toren. Für die Saigoner Soldaten bedeutete der Pariser Vertrag das Kriegsende. Warum so dumm sein, sich jetzt noch töten zu lassen? Dagegen war dieser Vertrag für die Kommunisten – das sagten sie ihren Soldaten, es stand nicht in ihren Zeitungen! – nur die vorletzte Etappe vor dem Endsieg. Damals glaubte ich noch, der Pariser Vertrag werde ein vom amerikanischen Protektorat befreites und vom Norden unabhängiges Südvietnam erlauben, in dem die Opposition sich endlich Gehör verschaffte. Die Schwächung der »Marionettenregierung« zugunsten der FNL beunruhigte mich keineswegs, ganz im Gegenteil. Ich verstand nicht, daß in der Strategie Hanois die nichtkommunistische Opposition keinen Wert besaß und die FNL nur einen sehr geringen.

Die Schimären des Debakels

Während die Provinzen südlich des 17. Breitengrads Anfang 1975 unter dem Druck der kommunistischen Streitkräfte wie Dominosteine nacheinander fallen, geht in Saigon das Leben auf erstaunlich normale Weise weiter. Frauen kaufen ein, Kinder gehen zur Schule, Kinos sind überfüllt. Niemand denkt daran, daß das Ende ganz nahe ist. Viele meinen, der Vietcong werde sich wie 1968 zugrunderichten. Die Besorgten sind überzeugt, wenigstens noch einige Monate Zeit vor sich zu haben. Die Mehrzahl der Bevölkerung geht ihrer Beschäftigung wie gewöhnlich nach. Die Leute sind so sehr an den Kriegslärm gewöhnt, daß sie sich nicht mehr aufregen – wenigstens so lange nicht, bis die Kugeln um ihre Ohren pfeifen. Und was riskieren sie, wenn diesmal der Vietcong siegt? Im äußersten Fall werden die neuen Herren streng, aber ehrlich sein. Und der Krieg ist endlich beendet. Die FNL-Propaganda wirkt betäubend. Jeder – auch die Soldaten der Thieu-Regierung – hört Radio Giai Phong (Befreiung), das unablässig wiederholt, nur die Marionetten-Führer und Kriegsgewinnler würden bestraft. Für das Volk in seiner Gesamtheit wird es die große Wiederversöhnung sein. Jene, die wider ihren Willen in den Bruderkrieg hineingerieten, werden mit Milde und Verständnis behandelt. In der zweiten Aprilhälfte haben die Saigoner plötzlich den Eindruck, daß der Himmel über ihren Köpfen zusammenbricht. Zehntausende Flüchtlinge strömen täglich in die Hauptstadt und berichten vom Zusammenbruch.

Saigon, das unter der französischen Herrschaft 600000 Einwohner zählte, hat von Flucht zu Flucht, mit der Ausdehnung der Luftangriffe und Kämpfe, eine ungeheure Bevölkerung von Entwurzelten dazubekommen. Wie viele sind es? Zwei Millionen, drei Millionen? Niemand weiß es genau. Die Flüchtlinge leben, so gut es geht, in riesigen Wellblechquartieren, die die Hauptstadt umgeben. Jetzt erhöht ein neuer Zustrom dieses Elendsmeer. Das Zurückfluten der geschlagenen Truppen vollendet die Panik, die südvietnamesische Armee ist in Auflösung. Die Generäle verschwinden nacheinander im Hubschrauber, lassen ihre Soldaten auf den

Straßen zurück. Rette sich, wer kann. Die Amerikaner wenden ihren letzten Evakuierungsplan an: auf den Schiffen der 7. Flotte werden ihre Beamten und Agenten sowie ihre am meisten gefährdeten vietnamesischen Schützlinge untergebracht. Ein eher unappetitliches Gemisch von Politikern und Bullen, Generälen und Luxusdirnen. Die reichen Saigoner Bourgeois stürzen zur Küste, wo *landing crafts* der 7. Flotte auf sie warten. In ihren Koffern Gold und Dollars, in ihrem Herzen Furcht. Patriotismus kannten sie nie, es sei denn in Worten*. Die Banken werden von ihren Kunden bestürmt, die ihre Konten auflösen wollen. In der Zentrale der Nam Do-Bank, wo ich seit drei Monaten wieder arbeitete, wohnte ich wahrhaft hysterischen Szenen bei, wenn die Auszahlung, mangels flüssigen Geldes, vorübergehend eingestellt werden mußte. Die Staatsbank kann nicht genügend Geldscheine drucken, um der Nachfrage zu entsprechen. Die drei amerikanischen Banken am Platz verstärken noch die Unordnung, indem sie am 24. April ganz einfach ihre Schalter schließen.

Van Thieu, der das Land seit zehn Jahren regierte, ergreift nicht als Letzter die Flucht. Am 21. April hält er im Fernsehen eine lange Ansprache, zeigt einen Brief Nixons vor, der eine amerikanische Intervention verspricht, falls Nordvietnam den Pariser Vertrag verletzt. Nun, Hanoi hat den Vertrag verletzt, Nixon hat sein Wort nicht gehalten, der Welt ist es gleichgültig, die Situation ist katastrophal: »Ich habe beschlossen zurückzutreten.« Thieu verschwindet und überläßt die Präsidentschaft dem energischen, aber altersschwachen Tran Van Huong. Das dreitägige Zwischenspiel verschafft Thieu die notwendige Zeit, sich nach Taiwan abzuset-

* Durch das amerikanische Lager der Insel Guam 1975 gekommene Flüchtlinge haben mir berichtet, daß dort mehrere Persönlichkeiten des gestürzten Regimes unglaubliche Vermögen zeigten. So besaß der ehemalige Frontkämpfer-Minister Van Dong eine halbe Million Dollars, der ehemalige Wirtschaftsminister Kim Ngoc und der ehemalige Generalstabschef Van Vien hatten zwei Millionen Dollars in Geldscheinen. Premierminister Khiem, der Saigoner Bürgermeister Kien Nhieu und viele andere Würdenträger verließen das Land, dank der Korruption, mit beachtlichen Summen. Der einstige Präsident Van Thieu soll mithilfe der CIA mehrere Tonnen Gold aus der Staatsbank verschleppt haben, dessen Zinsen allein genügen, ihm ein bequemes Leben zu sichern.

zen. Dann übernimmt General Van Minh, an den jeder als eine letzte Hoffnung denkt, die Präsidentschaft, um mit den Kommunisten zu verhandeln. In jenen Tagen ist Saigon ein Hexenkessel, in dem die widersprüchlichsten Gerüchte anschwellen und sich verbreiten. Einmal heißt es, die Landung der Amerikaner stehe bevor, um Saigon und das Delta als letzten Stützpunkt zu retten. Nachdem es offenbar geworden war, daß die USA nicht intervenieren würden, sprach man von einem Waffenstillstand, gefolgt von Verhandlungen zwischen Van Minh und der FNL unter der Schirmherrschaft Frankreichs. Eine untergehende Bevölkerung sucht einen Rettungsring. Jetzt hat die Unruhe sogar diejenigen erfaßt, die nichts zu verlieren oder zu befürchten glaubten. Die zuletzt angekommenen Flüchtlinge berichten, daß dort oben in Da Nang, Pleiku, Kontum und Hué, wo die Kommunisten die Städte seit einem oder zwei Monaten besetzen, überhaupt keine Rede von »Wiederversöhnung« ist. Notabeln sind erschossen worden; alle, die auch nur ein wenig mit dem alten Regime gearbeitet haben, sind verhaftet, Soldaten interniert, Geschäfte beschlagnahmt. Ich begegne Leuten, die ich in Qui Nhom und Phan Rang kannte, sie sagen mir:

»Es wird furchtbar sein, man muß fort.«

Was mich am meisten beunruhigt, ist, daß es unter den Hunderttausenden, die vor den Kommunisten fliehen, eine ungeheure Masse von einfachen Bauern gibt, von »Proletariern«, die sich grundsätzlich freuen müßten über den Sieg der »Volkskräfte«. Aber noch mehr erstaunt es mich, unter den Verbreitern der angstvollen Gerüchte Leute zu entdecken, die ich als einstige FNL-Sympathisanten kenne. So den Apotheker von Qui Nhon, der zwischen dem Untergrund und der Nam Do-Bank vermittelte. Jetzt sagt er mir:

»Die Nordvietnamesen regieren, nicht die Leute der Front. Sie lachen über die FNL-Versprechen. Meine Apotheke haben sie mir weggenommen. Ich suche ein Schiff, um das Land zu verlassen. Du solltest das gleiche tun.«

Ich werde oft genug Gelegenheit haben, über jene Analyse und Empfehlung nachzudenken. Damals glaubte ich noch, daß mein Gesprächspartner wegen der Beschlagnahme seines Ladens – gewiß ein Irrtum schlecht informierter Funktionäre – verbittert sei. Ich meine auch, daß die kleinen Leute, die vor den Kommunisten flohen, von einer blinden Panik mitgerissen wurden. »Einen kühlen Kopf bewahren«, sagte ich mir. Schon seit langem nicht mehr gesehene Freunde, die mit dem Sieg heimkehren, beruhigen mich:

»Natürlich ist alles sehr schnell gegangen, es gab Irrtümer, Ungeschicklichkeiten. Die Bestürzung der Leute erhöht die Unordnung und vermehrt die Falschmeldungen. Aber man darf eine Revolution nicht nach Gerüchten beurteilen. Man muß die Lage analysieren und erklären, damit das Volk wieder Ruhe und Vertrauen findet*.«

Das wiederhole ich auch meinem älteren Bruder, einem Organisationsingenieur, der entschlossen ist, abzureisen mit seiner Familie und der eines Freundes, welcher ein Boot besitzt. Er versucht, mich zu überzeugen:

»Toai, komm mit uns. Mit deinem unabhängigen Charakter wirst du Ärger bekommen. Für uns und unsere Kinder gibt es hier keine Zukunft mehr.«

Ich lehne ab. Was habe ich zu befürchten? Ich bin weder Beamter noch Militär. Ich habe gegen die Marionettenregierung gekämpft, die FNL unterstützt. Soll man in diesem Augenblick fliehen, da das Land endlich unabhängig wird? Mit meinen Kameraden der Zeitschrift *Tu Quyet,* von der auch einige wegzugehen beabsichtigen, spreche ich im gleichen Sinne:

»Warum fort? Wir haben für den Frieden und die Selbstbestimmung gestritten. Wir werden Frieden haben. Was die Selbstbestimmung angeht, so müssen wir sie jetzt gerade fordern, verwirklichen. Die Kommunisten können nicht allein regieren, sie können im Süden nicht die gleichen Methoden wie im Norden anwenden.«

Ich erinnere meine Freunde an die Erklärung des Politbüromitglieds der KP, Duy Trinh, in der ausdrücklich betont wurde, daß

* Nach der kommunistischen Machtübernahme in ganz Vietnam sagte Solschenizyn voraus: »Es wird eine Million Gefangene geben, Hunderttausende in den Lagern.« Ich habe es nicht geglaubt. Heute schäme ich mich dessen. Ich war überzeugt, daß die vietnamesischen Kommunisten sich von jenen unterschieden, die die Macht in der UdSSR oder der CSSR ausüben. Meine einzige Entschuldigung ist, daß sehr viele sich irrten – in Vietnam wie in der ganzen Welt.

man in den Süden nicht übertragen könne, was im Norden geschehen sei. Der Süden, sagte er, hat andere Traditionen, Gewohnheiten, Denkweisen, die man beachten muß. Zugunsten meiner Argumentation führe ich an, was mir General Duong Van Minh höchstpersönlich gesagt hat: er habe einen Brief von Giscard d'Estaing erhalten, der ihn ermutigt, die Macht zu übernehmen, denn Hanoi habe dem französischen Staatschef versichert, daß es einer »Regierung der Wiederversöhnung« zustimme. Seit langem war der französische Botschafter Mérillon im Sinne solch einer Lösung tätig. Ein Abgesandter des französischen Präsidenten, d'Ornano, war nach Saigon gekommen, um seinen Landsleuten zu empfehlen, Vietnam nicht zu verlassen.

»Das ist der Beweis«, sagte ich, »für die Garantien, die Paris erhalten hat, daß der Süden nicht einfach dem Norden gleichgeschaltet wird.« Dann werde ich gefühlvoll: »Ich hatte Gelegenheit, in den Vereinigten Staaten und in Frankreich herumzureisen. Da findet ein erbarmungsloser Kampf statt zwischen Starken und Schwachen, Reichen und Armen. Hier dagegen kann sich sogar der Ärmste ernähren und das Leben genießen, ohne sich bei der Arbeit kaputtzuschinden. Und selbst wenn die Kommunisten uns zu harter Arbeit zwingen sollten, um unseren Lebensstandard zu verbessern und eine wirkliche Unabhängigkeit zu erobern – warum denn nicht? Wir hätten dann zumindest den Stolz, nicht am Bettelstab einer fremden Macht zu gehen. Eine Kur von Disziplin und moralischer Strenge würde Südvietnam, wo Krieg und Dollar alles verfault haben, nicht schaden.« Ich erinnere mich an den Zusatz, daß wir endlich Hanoi besuchen und die dortigen Mädchen entdecken könnten, deren Schönheit in ganz Vietnam berühmt ist. Ich schloß mein Plädoyer mit dieser hinreißenden Formel: »Nirgends auf der Welt kann ein Vietnamese besser leben als in Vietnam.« Das sage ich auch heute noch, obwohl der Satz nicht mehr den gleichen Sinn hat. Meine Freunde von *Tu Quyet* beschlossen ausnahmslos, alle zu bleiben. Nur mein Bruder hielt an seinem Entschluß wegzufahren fest. Noch einen Tag vor seiner Abreise suchte er mich zu überzeugen, mit ihm zu kommen:

»Komm mit uns. Ist das neue Vietnam, wie du es glaubst, kannst du noch immer zurückkehren. Doch ähnelt es dem, wie ich es befürchte, kannst du es nicht mehr verlassen.«

Mein Bruder, seine Frau und seine sieben Kinder verließen Vietnam kurz vor dem Einmarsch der kommunistischen Truppen in Saigon.

Die letzten Tage der südvietnamesischen Republik lassen an einen überdrehten Film unter dem Titel *Politische Verrücktheiten* denken. Noch vor einigen Wochen sehr einflußreiche Persönlichkeiten standen jetzt kläglich, mit einem Koffer in der Hand, in einer Schlange vor der amerikanischen Botschaft oder flogen mit den letzten Hubschraubern aus. Ehrgeizlinge der letzten Stunde, von der Geisterregierung General Minhs angeworben, spielten Minister und kreuzten Ehrgeizlinge der nächsten Stunden, die das Präsidentenpalais schon belagerten. Drei Tage vor dem Fall Saigons tauchte bei mir der ehemalige Vorsitzende des Studentenverbandes Tan Mam auf, der freigelassen worden war. Voller Eifer wollte Mam »etwas tun«; mit ihm ging ich zu Ly Qui Chung, den General Minh zum Informationsminister ernannt hatte. Chung griff zu, brachte Mam ins Fernsehen und ließ ihn sofort *live* sprechen. Die große Idee der Regierung Minh war die Eröffnung von Verhandlungen mit der »anderen Seite«. Mam schien ein geeigneter Vermittler zu sein. Seinerseits war Mam darauf versessen, eine Rolle zu spielen. Er gab sogleich eine schöne Proklamation von sich:

»Das ist der Triumph der Unabhängigkeit! Die amerikanischen Imperialisten sind auf der Flucht! Wir erleben jetzt die Stunde der Wiederversöhnung aller Vietnamesen!«

Dann wandte sich Minister Chung mit seinen Sprüchen an die Leute der »anderen Seite«, deren Kanonen man deutlich vernehmen konnte:

»Die Regierung des Präsidenten Duong Van Minh wünscht die Eröffnung einer Konferenz mit den Vertretern der Nationalen Befreiungsfront, um die Schaffung einer Regierung der Wiederversöhnung in Südvietnam vorzubereiten.«

Im Grunde entsprach das den Vorschlägen der FNL seit zwei oder drei Jahren, aber General Minh kam ein wenig spät. Die »Regierung der Wiederversöhnung« war eine gute Losung, solange die kommunistischen Truppen noch weit weg von Saigon waren. Jetzt genügten noch einige Kanonenschüsse, um die Stadt kampflos zu besetzen. Verhandlungen waren jetzt nutzlos. Mehr als zwanzig nordvietnamesische Divisionen standen im Norden, Osten und Westen vor den Toren der Hauptstadt; ihnen gegenüber nur noch einige Verbände von Desperados. Wenn die aus Hanoi gekommenen Generäle und Politkommissare an jenem Abend das Saigoner Fernsehen betrachtet haben, müssen sie aus vollem Hals gelacht haben.

Für den, der sich noch einen klaren Kopf bewahren konnte, war Saigon in den letzten Apriltagen 1975 ein ungewöhnliches Studienobjekt. Ich traf den Abgeordneten Huu Chung*, Privatsekretär von General Minh. Er hatte gerade den westlichen Journalisten im Lauf einer Pressekonferenz erklärt:

»Herr Duong Minh ist Präsident der Republik, aber er ist auch General. Er kann sich nicht ergeben.«

Chung empfahl mir lebhaft, meine Freunde zu ermutigen, im Lande zu bleiben, damit die »dritte Kraft« fähig sei, mit den Kommunisten zu diskutieren. Aber er selbst floh in der Nacht vom 29. auf 30. April, einige Stunden vor der bedingungslosen Kapitulation des Präsidenten-Generals ... Um zu versuchen, jene illusionäre »dritte Kraft« zu erhalten, hatte Minh befohlen, alle zu verhaften, die das Land illegal zu verlassen suchten. Die Polizei dachte kaum daran zu gehorchen, dennoch wurden einige Flücht-

* Huu Chung lebt heute in Kanada und lehnt jede Presseerklärung ab. Dennoch vertraute er mir Ende 1978 an, daß er an drei Aktionen gedacht habe, um im April 1975 noch zu retten, was gerettet werden konnte:
– Angriff gegen das damals militärisch ungeschützte Nordvietnam;
– Konzentration der Streitkräfte im Delta, südlich von Saigon. Bildung einer Igelstellung mit dem Ziel, Friedensbedingungen auszuhandeln;
– Verhaftung der noch verbliebenen Amerikaner, einschließlich des Botschafters Martin, um den Rückzug der USA zu verhindern. Das waren verzweifelte Lösungen, doch hätten sie bessere Bedingungen verschafft, um die Übergabe Südvietnams auszuhandeln. Man konnte noch etwas unternehmen, aber man mußte es wollen. Mit seiner üblichen Entschlußlosigkeit tat Van Minh nichts. So stand er mit bloßen Händen vor den Siegern, die ihm nichts schenkten.

linge gefangengenommen. Darunter der Senator La Thanh Nghe, einer der reichsten Männer Vietnams. Kurz vor dem Sturz des Regimes hatte er keine Zeit mehr, seine Beziehungen und sein Geld einzusetzen. Die Kommunisten fanden ihn im Gefängnis und natürlich behielten sie ihn. Dort ist er noch immer.

Ich traf den Rechtsanwalt Tran Van Tuyen, Führer einer Oppositionspartei und Vater meines Freundes Huyen, ebenfalls Anwalt und Redaktionsmitglied der Zeitschrift *Tu Quyet.* Seinem Sohn und mir rät er, in Vietnam zu bleiben:

»Ich hoffe, daß sich die Kommunisten geändert haben. Ich hoffe, daß es möglich ist, sich mit ihnen zu verständigen. Wie dem auch sei, ich habe beschlossen, hier zu bleiben, hier zu leben, hier zu sterben, was immer kommen mag.«

Tran Van Tuyen war in den dreißiger Jahren ein Studienkamerad von Tham Van Dong und Giap in Hanoi. Er war stellvertretender Außenminister in der Regierung Ho Chi Mins 1946. Ähnlich wie viele Nationalisten hatte er mit den Kommunisten gebrochen, weil er deren diktatorische Methoden ablehnte. Als Demokrat war er im Namen der gleichen Prinzipien in Saigon ein energischer Gegner der Diem und Thieu geworden. Einen Monat nach dem Sturz des südvietnamesischen Regimes wurde Tuyen verhaftet, in ein »Umerziehungslager« geschickt, gefoltert und zur »Selbstkritik« gezwungen. Er sagte nichts weiter: »Vielleicht bin ich schuldig in den Augen der Kommunistischen Partei, aber nicht gegenüber dem vietnamesischen Volk.« In den Norden gebracht, von neuem gefoltert, starb er im April 1976. Dennoch behauptete sein ehemaliger Freund, Premierminister Pham Van Dong, während eines offiziellen Besuchs in Paris vor der Presse, daß Tuyen am Leben sei und es ihm gut gehe. Erst die Eindringlichkeit westlicher Zeitungen zwang die Hanoi-Regierung, einige Zeit danach zur offiziösen Erklärung, daß Tuyen an einer »Gehirnblutung« gestorben sei. Einige Monate nach der Verhaftung seines Vaters wurde mein Freund Huyen in eines jener Deportationslager geschickt, die man schamhaft »neue Wirtschaftszonen« nennt. Tuyens Frau und die beiden jüngsten Kinder mußten ihr Haus verlassen. Man weiß nicht, wo sie sich befinden. Das Haus wird heute von einem hohen, aus dem Norden gekommenen Funktionär bewohnt. Die Rache der Partei ist so vollzogen.

Bei Tuyen traf ich auch den südkoreanischen Botschafter, der Saigon verlassen wollte und den Anwalt bat, unter seinem Schutz mitzureisen. Heute habe ich den Eindruck, daß er sich über sein Los keine Illusionen machte, aber es widersprach ihm, sein Land an Bord eines amerikanischen Hubschraubers zu verlassen, an seiner Seite vielleicht Politiker und Polizisten, die er verachtete. In jenem ruhmlosen Debakel gab es immerhin einige ehrenhafte Männer. Am gleichen Tag traf ich den ehemaligen Senatspräsidenten Van Huyen, den Van Minh zum Vizepräsidenten der Republik ernannt hatte. Vertreter der einflußreichen katholischen Gemeinschaft, war auch er ein exemplarischer Mann. Friedlich, höflich, lebte er arm wie ein Mönch. Schon alt, sehr mager, konnte er nur mit fremder Hilfe aufstehen. Aber seine Stimme blieb fest und sein Geist klar. Er bekundete einen totalen Pessimismus:

»Toai, wenn du kannst, verlasse das Land. Die Kommunisten werden die Macht übernehmen, die ganze Macht, und sie werden alle, die nicht vollständig für sie sind, wie Feinde behandeln. Ich bin alt, ich fürchte nichts mehr.«

Ich begegnete auch den beiden wichtigsten Häuptern der buddhistischen Kirche Thich Tri Quang und Thich Thien Minh. Ersterer war an der Spitze der größten Saigoner Pagode An Quang, eines der Nervenzentren der Opposition. In den letzten Jahren hatte der ehrwürdige Thich Tri Quang unaufhörlich gegen die Macht der Generäle gekämpft. Thich Thien Minh war sogar wegen »kommunistischer Tätigkeit« zu zehnjähriger Haft verurteilt, doch wurde er nach ausländischen Protesten entlassen und vielleicht auch aus Furcht vor der äußersten Waffe der Mönche: dem öffentlichen Freitod. Hatten die den Feuertod sterbenden Mönche 1963 nicht die Autorität der Diem-Regierung zerstört? Thich Tri Quang war überzeugt, daß die Buddhisten in Südvietnam eine entscheidende politische Kraft bildeten, mit der Hanoi zu verhandeln gezwungen sei. Er glaubte nicht, daß die Kommunisten die

Macht allein übernehmen würden. Er ließ außer acht, daß die USA Südvietnam aufgegeben hatten, und glaubte noch, daß ihre Unterstützung ein Trumpf wäre. Thich Thien Minh sagte mir:

»Der Buddhismus ist tief im Volk verwurzelt. Ein Regime, das die Religion verfolgen würde, könnte sich nicht halten. Das wissen die Kommunisten und werden es nicht wagen. Wir haben von ihnen nichts zu befürchten. Im übrigen habe ich ausgezeichnete Beziehungen zu der FNL*.«

Die Leiter der buddhistischen Kirche lebten in einem Traum. Wie viele Vietnamesen, genauso wie ich selber.

Während im Scheinwerferlicht die letzten US-Hubschrauber von den Dächern im Zentrum der Hauptstadt aufsteigen und die kommunistischen Raketen, den Himmel rot färbend, den Flughafen Tan Son Nhut beschießen, läßt die letzte südvietnamesische Regierung am 29. April die Arme sinken. Um 20 Uhr verliest Innenminister Chung im Rundfunk und Fernsehen ein Kommuniqué, das den Truppen die Kampfeinstellung befiehlt. Es war an der Zeit. Dem französischen Journalisten Paul Dreyfus zufolge hatten die 23 vor Saigon stehenden kommunistischen Divisionen ihren Angriffsplan vorbereitet. Das riesige Wohngebiet war in dreißig Quadrate eingeteilt worden, die vom 30. April, 0 Uhr, systematisch bis zur bedingungslosen Kapitulation bombardiert werden sollten. Überfüllte Autos verlassen weiter die Stadt in südlicher Richtung – vielleicht für einige Stunden noch die einzige freie Straße – mit Flüchtlingen der allerletzten Stunde. Millionen Einwohner können nicht einschlafen, weil ihre überreizten Nerven alle nahen und fernen Geräusche vernehmen. Schritte, Schüsse,

* Thich Tri Quang lebt unter Polizeiaufsicht, und Thich Thien Minh wurde im April 1977 verhaftet, gefoltert. Nach einem amtlichen Kommuniqué ist der Tod auf eine »Gehirnblutung« zurückzuführen. Unter dem neuen Regime gibt es eine wahre Epidemie von »Gehirnblutungen« bei den Gefangenen – eine medizinische Besonderheit. Dem einstigen Abgeordneten des kommunistischen Regimes, Cong Hoan, zufolge, der jetzt in den USA lebt, wurde auch Dieu Bon, stellvertretender Delegierter der buddhistischen Gemeinschaft von Phu Yen, getötet. 92 Mönche wurden verhaftet und 12 Pagoden beschlagnahmt.

Explosionen. Noch immer glaubt man, Granaten und Raketen seien für das Nachbarhaus bestimmt. Man schläft nicht. Jetzt weiß man, daß »sie« morgen da sind. Wie werden »sie« sein? Was werden »sie« tun? Saigon lebt zwischen Neugier und Furcht. Viele erinnern sich des Alptraums der Tet-Offensive 1968. Diesmal wenigstens ist es beendet. Die Amerikaner sind weg, Thieu und seine Bande sind weg, Minh hat die Feuereinstellung befohlen. Das Spiel ist aus. Innerlich bereitet sich jeder auf eine Änderung seines Lebens vor; nur die Kinder wissen nicht, daß ihr Schicksal eine andere Richtung nimmt.

Am 30. April, um acht Uhr früh, verliest Van Minh selbst im Rundfunk eine Erklärung. Sicher lief das Telefon die ganze Nacht, noch mehr die Funkverbindung zwischen dem 50 km entfernten kommunistischen Stab und General Huu Co: »Minh muß noch weiter gehen.« Minh, der gewünscht hatte, sein Amt in aller Form zu übergeben, erklärt, daß er bereit sei zurückzutreten. Allen Beamten befielt er, sich auf eine Übergabe der Macht an die neuen Behörden vorzubereiten. Aber die Kommunisten begnügen sich nicht mit diesen letzten und kläglichen Schachzügen. Sie wollen die bedingungslose Kapitulation des alten Regimes, die totale Erniedrigung. Da lassen die Generäle Huu Hanh und Huu Co, die Minh ständig überwachen und ihre Leute eingeschleust haben, plötzlich die Maske fallen. Minh konstatiert, daß die beiden Männer, denen er die Führung der Armee anvertraut hatte, ihn, mit dem Revolver im Nacken, festgenommen haben. Unter dieser tödlichen Drohung spricht er den von den Siegern geforderten Satz:

»Ich, General Duong Van Minh, ergebe mich bedingungslos.«

Minh, der seine letzten Illusionen verloren hat, bittet um die Erlaubnis, mit vierzig Vertrauten, die rasch ihre Frauen und Kinder im Präsidentenpalais versammeln, das Land im Flugzeug verlassen zu können. Er erhält noch nicht einmal eine Antwort. Seit seiner Kapitulation ist er gar nichts mehr.

Etwas nach elf Uhr dringen die ersten kommunistischen Panzer

– schwere sowjetische T 54 –, natürlich mit FNL-Fahnen geschmückt, in die Hauptstadt ein. Gegen Mittag walzen sie das Gitter des Präsidentenpalastes nieder, dessen Wachen die Flucht ergriffen haben. Die *Bo Doi* stürzen ins Gebäude und legen allen Anwesenden, auch Van Minh, Handschellen an. Drei Stunden später treffen politische Funktionäre ein, die den ranghöchsten Gefangenen die Fesseln abnehmen lassen. Minh und seine Mannschaft werden verdrängt, sie sind keine Gesprächspartner. Minh wird in seine Villa zu seinen geliebten Orchideen gebracht, wo er vielleicht jetzt noch ist. Niemand nahm sich die Mühe, ihn nach seiner Meinung über die Zukunft Südvietnams zu fragen. Noch weniger Rücksicht nahm man auf seine Mitarbeiter. Die einzige Person aus der Minh-Gruppe, die die Sieger zu interessieren scheint, ist Professor Van Hao, ehemaliger Wirtschafts- und Finanzminister. Beflissen bestand er darauf, einen Bericht über die Lage des Landes anzufertigen: Gold-, Devisen-, Benzin- und Reisbestände aufzuzählen. Hao behauptet, er habe Thieu gehindert, mit den Goldreserven der Staatsbank zu fliehen. Tatsächlich sah man ihn dann in seinem alten *Citroën,* vollgestopft mit Leibwächtern, herumfahren. Ohne amtlichen Titel wurde er Finanzberater der kommunistischen Führer, die auf diesem Gebiet Experten dringend benötigen.

In den ersten Tagen nach dem Sturz des alten Regimes stellten Rundfunk und Fernsehen Van Minh als genauso verderbt dar wie den »Marionetten-Verräter« Van Thieu. Er wird nach allen Kräften erniedrigt, als schändlicher Kapitulant beschrieben. Doch sehr rasch verändert sich der Ton. Die Kommunisten haben begriffen, daß die Bevölkerung ihnen gegenüber keine Begeisterung zeigt. Die Leute sind zugleich neugierig und gleichgültig, verfügbar und passiv, aufnahmebereit und bewegungslos. Vor allem fehlt ihnen Vertrauen. Also muß man sie beruhigen, verlocken, wenn möglich überzeugen. Folglich präsentiert man eine neue Version der Machtübergabe. Jetzt heißt es, daß ein lächelnder Minh die kommunistischen Vertreter mit diesen Worten empfing: »Ich bin schon alt. Mein Amt habe ich nur vorübergehend angenommen.

Nun bin ich glücklich, ein einfacher Bürger in einem unabhängigen Land zu werden. Ich bin bereit, den Gesetzen des neuen Regimes zu gehorchen. Obwohl ich ein ranghoher General gewesen bin, schämte ich mich stets dieser Stellung.« Schon wird die Geschichte neu geschrieben.

Geburt von Ho Chi Minh-Stadt

Seit dem 30. April 1975 mittags sind die Straßen Saigons voller *Bo Doi* in grünen Uniformen, die in langen Kolonnen marschieren. Die Leute der südvietnamesischen Nationalen Befreiungsfront tragen einen breitkrempigen Hut, die der nordvietnamesischen Armee einen Korkhelm kolonialen Stils. Rasch sieht man, daß es mehr Helme als Hüte gibt. Selbst wenn die ersten Panzer FNL-Wimpel mit sich führen und wenn am Präsidentenpalais die Fahne der Front gehißt wird, hört man überall die nördliche Aussprache, vor allem bei den Offizieren. Die Kader, die ins Palais dringen, um sich der Person Van Minhs zu bemächtigen, sind zwei Politkommissare aus dem Norden. Unter den einmarschierenden Truppen befand sich sogar die gewöhnlich mit dem Schutz Hanois betraute Elitedivision. Die ganze Armee Nordvietnams war sozusagen in den Süden verlegt worden. Da die Regierung des Generals Minh befohlen hatte, die Waffen niederzulegen, ging die Besetzung der Stadt praktisch ohne Widerstand vor sich. Fallschirmjäger kämpfen noch einige Stunden am Flughafen, da und dort schießen Freischärler auf die ersten einrückenden *Bo Doi.* Die große Mehrheit der Bevölkerung bleibt in ihren Häusern, beobachtet vom Fenster die Vorgänge auf der Straße. Man sieht, wie die letzten Soldaten des Südregimes ihre Waffen, dann ihre Uniformen niederlegen. Man sieht Plünderer ihr Diebesgut wegschleppen aus den verlassenen amerikanischen Gebäuden, aus den Villen geflohener Notabeln, aus den staatlichen Warenlagern. Dann erscheinen die Grünuniformierten. Ihr Schritt ist automatisch, sie sind offenkundig erschöpft von den langen Fußmärschen der letzten Wochen.

Saigons Fall ist von den damals dort anwesenden ausländischen Journalisten oft beschrieben worden. Wenn die meisten amerikanischen Journalisten es für ratsam hielten abzureisen, so blieben doch noch etwa fünfzig französische Reporter, dreißig Japaner, fünfzehn Briten, einige Deutsche und Italiener. Insgesamt waren es mindestens hundertfünfundzwanzig Journalisten, die zwar mit ihren Redaktionen keine Verbindung mehr haben, aber noch drei Wochen in Saigon bleiben, bis die neuen Behörden ihre Ausreise organisieren. Die Anwesenheit jener Zeugen hat gewiß die relative »Sanftheit« der Machtübergabe mitbeeinflußt, in der Provinz war der Übergang weitaus brutaler. Überdies waren die Kommunisten selbst von einem Sieg überrascht, den sie so schnell nicht erwartet hatten. Sie besaßen keinen ausreichenden administrativen Apparat, um von einem Tag auf den anderen das alte Regime abzulösen.

Dies führte zu einer seltsamen Periode, in deren Verlauf die kommunistischen Soldaten und die Bevölkerung sich gegenseitig erstaunt beobachteten. Die Saigoner waren überrascht. Jahrelang hatten die beiden Propagandamaschinen einen Mythos um die Kämpfer des »anderen Lagers« geschaffen. Die einen sahen sie mit der Aureole der Helden, die anderen hielten sie für Ungeheuer. Wie auch immer, man sah in ihnen furchterregende Krieger. Nun fand man sehr junge, ein wenig linkische und verdutzte Leute. Denn auch die *Bo Doi* fielen aus den Wolken. Seit ihrer Kindheit zumeist ideologisch abgerichtet und allein mit Propaganda gefüttert, hatten sie einen triumphalen Einmarsch, unter dem Beifall einer verelendeten Bevölkerung, erwartet. Und nun lagerten sie in fast menschenleeren Straßen, von Leuten beobachtet, die gewiß neugierig, aber auch ein wenig verächtlich waren. Westliche Journalisten haben die Bestürzung dieser Menschen beschrieben, die seit Jahren wie Wölfe in den Wäldern lebten und nie etwas Besseres gekannt hatten als die karge Existenz Nordvietnams. Plötzlich sahen sie sich in Saigon wie vor Ali Babas Höhle. In Hanoi war eine Uhr oder ein Radio ein kostbares Objekt, ein Fahrrad ein Luxus, ein Kühlschrank und ein Fernseher waren ein unerschwinglicher Traum. Ohne vom Motorrad oder Auto zu sprechen. Diese Menschen entdeckten nun plötzlich in den Schaufenstern und auf den Märkten Berge von Kofferradios, Stereoanlagen, Kameras, Kühlschränken, Fernsehern. Sie trauten ihren eigenen Augen nicht und kauften irgendetwas viel zu teuer ein bei Händlern, die ihre Naivität entzückte, ja sogar bei Kindern, die ebenfalls prompt ihre Ahnungslosigkeit ausbeuteten.

Nach dem Einmarsch der FNL-Truppen in Saigon machte ich mich sofort auf die Suche nach Kommilitonen, die in den Untergrund gegangen waren. In wenigen Stunden traf ich drei Grünuniformierte. Ich kann ihre Namen nicht nennen, man wird den Grund ersehen. Der erste erkannte mich ohne Überraschung. Er entfernte sich von seinen Kameraden, um mich zu fragen: »Wie? Du bist nicht weg?« Ich verstand nicht sofort den Sinn dieser Frage; denn er wußte doch, daß ich kein Anhänger des alten Regimes war. Vielleicht wollte er mich nur auf die Probe stellen? Aber als sich das Gespräch fortsetzte, verstand ich, was er sagen wollte: »Da du dich nicht wie ich engagiert hast, wäre ich an deiner Stelle abgehauen.« Nun war ich überrascht. Er wollte das nicht weiter erklären; ich dachte, er sei nur verbittert wegen seines bloßen Unteroffizierranges. Aber das alles war viel ernster. Zwei andere Kameraden der Universität, die ich ein wenig später traf, reagierten in gleicher Weise: »Du hättest weggehen sollen ...« Der eine wurde sogar ziemlich deutlich, nachdem er sich vergewissert hatte, daß niemand ihn hören konnte:

»Glaube mir, es wird schlimmer als vorher. Es sind bornierte Dogmatiker. Man kann überhaupt nicht diskutieren mit ihnen. Sie sind von einer unglaublichen Anmaßung und Ignoranz.«

Diese drei waren schon am ersten Tag des Siegs, *ihres* Siegs, an dem Punkt, den ich erst einige Monate später im Gefängnis erreichen sollte. Sie waren mir sozusagen voraus, weil sie schon konkret die Atmosphäre des neuen Regimes kennengelernt hatten. Aber jetzt konnten sie nicht mehr heraus. Wenn man den Glauben verloren hat, ist es besser, auf seiten des Hammers als des Ambosses zu sein. In den folgenden Tagen fand ich in vielen Nuancen die gleiche Bitterkeit bei zahlreichen Front-Mitgliedern, die aus dem Untergrund kamen. Manche glaubten noch, daß die FNL ein unabhängiges Südvietnam aufrechterhalten könnte. Aber andere hatten jegliche Illusion verloren. Einer sagte mir: »Die Front ist ›ihnen‹ jetzt nicht mehr nützlich. ›Sie‹ werden im Süden mit den gleichen Methoden regieren wie im Norden, ›sie‹ haben gar kein Vertrauen in uns.«

»Sie«: die Kommunisten aus dem Norden. Diese enttäuschten Bemerkungen störten mich zutiefst. Aber ich konnte mich nicht entschließen, das Land zu verlassen, was damals noch relativ leicht war. Eine andere Idee beschäftigte mich: mit meiner Familie aufs Land, ins Delta, gehen, friedlich ein wenig Land bebauen, angeln, die Zeit abwarten, bis man klarer sehen könnte. Vielleicht war es ein alter bäuerlicher Instinkt, der mich vor nahenden Unannehmlichkeiten warnte.

Während einer Woche bleibt die Saigoner Bevölkerung abwartend, das Leben geht verlangsamt weiter, die neuen Behörden richten sich gemächlich ein. Nun wird die Stadt von einem Militärausschuß unter der Leitung von General Tran Van Tra (Mitglied des Zentralkomitees der KP, was damals verheimlicht wurde) verwaltet. An den öffentlichen Gebäuden prangen rote Transparente mit den neuen Losungen: »Nichts ist kostbarer als Unabhängigkeit und Freiheit!«, »Der große Präsident Ho lebt noch immer in unserem Herzen!«, »Hoch das Volk und die Armee, einig im Aufbau des Sozialismus!« Nirgends erscheint das Wort »Kommunismus«, überall ist nur die Rede von Demokratie, Wiederversöhnung, nationaler Eintracht.

Am 5. Mai werden die Bankangestellten aufgefordert, sich in ihre Büros zu begeben. Am Sitz der Nam Do-Bank finde ich einige Kader aus dem Norden, die nicht genau zu wissen scheinen, was man tun muß. Sie fertigen eine Personalliste an, verzeichnen das vorhandene Material, statt die Akten anzusehen. Die Konten bleiben gesperrt, die Tresore sind versiegelt. Im Lauf einer Versammlung wird uns verkündet, daß die hierarchisch Oberen nunmehr unten sind und die Unteren oben. Die einfachen Angestellten sind zunächst begeistert, sie sind es weniger am Monatsende, als sie nämlich feststellen, daß ausnahmslos alle Gehälter radikal gekürzt wurden. Die höchsten Gehälter wurden um neun Zehntel reduziert, die niedrigsten um ein Drittel. So verdient man jetzt monatlich zwischen 10000 und 23000 Piaster, statt vorher zwischen 15000 und 200000. Währenddessen steigen die Preise wahnsinnig schnell. Schon im Juni ist ein Kilo Reis von 80 auf 500 Piaster angestiegen, ein Liter Benzin kostet 1600 statt 200 Piaster vor der Befreiung. Die neuen Bankleiter teilten rasch Autos und Villen unter sich auf. Aber bald vertreiben aus Hanoi gekommene höhere Kader ihre Untergebenen, die ihrerseits sich der Wohnungen bemächtigen, welche weiter Untergeordnete beschlagnahmt hatten. Die neu angekommenen hohen Kader scheinen in Bankfragen nicht kompetenter zu sein als ihre Vorgänger. Überdies vergessen sie die in den ersten Tagen eilig gemachten Versprechen hinsichtlich einer hierarchischen Umwälzung. Angesichts der Komplexität eines Systems, dessen Anfangsgründe sie ignorieren, versprechen sie den früheren Verantwortlichen, darunter auch mir, die Zahlung außergewöhnlicher Gehälter, um die Maschine wieder in Gang zu setzen.

Die Kontrolle des Kulturlebens gehört zu den ersten Aufgaben des neuen Regimes. Von einem Tag auf den anderen verschwinden zehn Tageszeitungen aus der südlichen Hauptstadt. Die Einwohner müssen sich von nun an mit *Giai Phong* (Befreiung) begnügen, die genau dem Hanoier *Nhan Dan* entspricht. Etwas später erscheint als zweites Blatt *Tin Sang* unter der Schirmherrschaft der »Front des Vaterlands«, einer Organisation, die beansprucht, alle Strömungen der vietnamesischen Öffentlichkeit zu vertreten. Alle Buchhandlungen werden geschlossen und ihre Bestände beschlagnahmt. Alle unter dem alten Regime erschienenen Bücher gelten als dekadent, genauso wie alle ausländischen Bücher oder die Übersetzungen ausländischer Autoren. Die Maßnahme richtet sich sowohl gegen Sartre wie gegen Solschenizyn. Die besten Schriftsteller Südvietnams, denen es um den Preis tausendfältiger List gelang, kritische Bücher gegen die Militärdiktatur zu veröffentlichen, kommen auf den Index. Bald geht man noch weiter. Kommandos der Patriotischen Jugend durchsuchen Häuser, beschlagnahmen private Bibliotheken und verbrennen sie manchmal auf der Straße. Darunter kostbare, alte unersetzliche Bände. Später verschont man zumindest die Wörterbücher. Natürlich verschwinden auch alle westlichen Filme aus den Kinos, sie werden durch erbauliche Streifen aus den kommunistischen Ländern ersetzt. Verbot, den Saal vor Beendigung des Films zu verlassen. Dies gilt als eine Verachtung der neuen Kultur. Die neue Kultur greift alle Symbole der kapitalistischen Fäulnis an, einschließlich der breiten Hosenbeine, der langen Haare und offenen Kragen. An allen Straßenecken halten Posten der Patriotischen Jugend unter Leitung eines *Can Bo* junge Leute an, deren Aussehen nicht vorschriftsmäßig ist. Sie schneiden die breiten Hosen ab, verkürzen die Haare und zwingen sie, die Hemdkragen zu schließen.

Paradoxerweise bemühen sich im gleichen Moment zahlreiche kommunistische Kader und Soldaten, die Saigoner Mode zu imitieren. Sie veranstalten auch eine wahre Razzia auf im Norden unauffindbare Konsumgüter. Wagen, Motorräder, Fernseher, Kühlschränke, Kofferradios, Kameras, Uhren verschwinden aus den Läden und vom berühmten »Diebesmarkt«. Später versorgen sich die *Bo Doi* und *Can Bo* beim Einwohner, der verkaufen muß, um zu essen. Wer über eine gewisse Macht verfügt, beginnt sie auszunutzen, um sich diese Gegenstände ohne Zahlung zu beschaffen. Ein Freund sagt mir: »Sie sind gekommen, um uns zu reinigen, und wir sind im Begriff, sie zu verderben.« Tatsächlich ist der Süden auf gewisse Weise dabei, den Norden umzuerziehen. Diese Menschen, die aus einem Land kommen, wo eine Uhr ein Luxusobjekt ist und eine Nadel Seltenheitswert hat, reißen die Augen auf vor den Warenmengen in Saigon und sogar in den südvietnamesischen Kleinstädten. Auch wenn man ihnen sagt, mit seinen »Geschenken« habe der Kapitalismus die Gunst der Bevölkerung gewinnen wollen, beginnen sie doch, sich einige Fragen zu stellen. Wie kommt es denn, daß ein einfacher Arbeiter nicht nur eine Uhr besitzt (in Nordvietnam ein Privileg der Kader), sondern auch solche unerreichbaren Güter wie ein Motorrad, einen Kühlschrank, einen Fernseher? Wie kommt es, daß ein Bauer einen Traktor besitzt, ein Fischer ein Motorboot?

Natürlich lebte Südvietnam über seine Verhältnisse. Dennoch hatten die ausgeschütteten Dollarmilliarden, von Kriegsgewinnlern teilweise entwendet, letztlich auch die breite Masse der Bevölkerung erreicht und ihr einen vom Norden vollständig verschiedenen Lebensstandard und Lebensstil verschafft. Die »Prosperität« des Südens war künstlich und ungesund. Aber die Bevölkerung Nordvietnams lebte seit dreißig Jahren in einer unglaublichen Unwissenheit, in einem wirklichen Getto. Nicht allein in ständiger

Armut, sondern in fortdauernder Lüge. Das unaufhörliche Hämmern der Propaganda hatte den Glauben erweckt, daß die unglücklichen Landsleute im Süden als hungernde Sklaven unter der Fuchtel amerikanischer Söldlinge schmachteten. So wurde Jahre hindurch Südvietnam den Kämpfern beschrieben, die es befreien sollten. Man versteht deren Erstaunen beim Entdecken der Wirklichkeit. Und man versteht auch die Eile, mit der sie, nach jahrelangen Entbehrungen, die neuen Vorteile für sich wahrnahmen.

Anfang Juni wird die Schraube der Macht plötzlich enger. Die einstigen Beamten, Militärs, Mitglieder politischer Parteien sind aufgefordert, sich bei den Behörden für einen kurzfristigen Umerziehungskurs zu melden. Für einfache Soldaten sind nur drei Tage vorgesehen, und jeden Abend sollen sie nachhause gehen können. Unteroffiziere und untere Beamte müssen mit einer Woche rechnen. Für Offiziere, Polizisten, Beamte, vom Dorfältesten an aufwärts, für Parteimitglieder ist ein Monat vorgesehen. Nach einem Monat ist niemand zurückgekehrt; aber ich bin nicht mehr da, um dies feststellen zu können.

Der ehemalige Vorsitzende des Studentenverbandes Tan Mam und Van Day, den ich vor fünf Jahren im Chi Hoa-Gefängnis sah, als wir für die Freilassung der verhafteten Studenten kämpften, schlugen mir Mitte Juni vor, einen für die Intellektuellen zuständigen hohen Funktionär zu treffen. Ich hatte umso weniger Grund, dies abzulehnen, als dieser bedeutende Mann, Tran Ngoc Hien, mich bei mir zuhause besuchen wollte, was man als schmeichelhaft ansehen konnte. Er kam gegen acht Uhr abends, begleitet von Mam und Day sowie mehreren Leibwächtern.

Tran Ngoc Hien ist ein Mann in den Fünfzigern, mager, bleich, kalt. Physisch geprägt vom schweren Aufenthalt in den Thieu-Gefängnissen, wo er gefoltert wurde. Er ist ein überzeugter Revolutionär, aber kein Fanatiker, er läßt einige Meinungsnuancen gelten. Gewiß aus diesem Grund erhielt er den Auftrag, den Verband patriotischer Intellektueller in Südvietnam zu errichten. Offenkundig ist es für den Genossen Hien schwierig, Mitglieder zu bekommen, wenn er sich mit so großem Bahnhof bis in mein bescheidenes Heim begeben muß.

»Wir haben Ihre Aktion im Laufe der letzten Jahre verfolgt. Die Genossen Mam und Day konnten es bezeugen. Wir denken, es ist nun notwenig, daß Sie an der Revolution aktiv teilnehmen.«

Hien drückt sich feierlich aus, er ist steif, ganz von seiner hohen Verantwortung getragen. Er nimmt nichts von den angebotenen Getränken. Mam und Day sagen kein Wort und sehen wie kleine Schuljungen aus, auch sie trinken keinen Tee. Ich habe den Eindruck, daß ich einer Prüfung unterworfen werde. Aber ich beginne das Spiel zu durchschauen.

»Die Revolution hat gewiß meine Eigenschaften überschätzt«, antworte ich. »Meine Fähigkeiten sind keineswegs so groß, wie Sie meinen. Aber ich bin bereit zu arbeiten, wenn ich mich nützlich erweisen kann. Was könnte ich Ihrer Ansicht nach tun?« Hien tastet mich ab:

»Sie hatten viele Verbindungen mit Politikern. Zum Beispiel könnten Sie uns diejenigen nennen, die Thieus Marionettendiktatur gegen das Volk unterstützt haben.«

Spitzel der Revolution! Herrliche Aktivität. Als ob man meiner bedürfte, um die Kreaturen des alten Regimes zu entdecken! Meine Worte genau abwägend, antworte ich mit demselben Ernst wie Hien:

»Die Amerikaner und die Marionetten sind überstürzt weggegangen. Die Archive sind voller guterhaltener Dokumente. Ich denke, sie sind aufschlußreicher und genauer, als ich es selbst sein könnte. Die Revolution ist vollständig imstande, alle Verantwortlichen aufzufinden.«

Hien wechselt das Thema:

»Sie haben lange für die Nam Do-Bank gearbeitet ... Ja, ja, ich weiß (mit einer Handbewegung bedeutet er, daß ich, obwohl »Bankier«, dennoch in der Opposition war), Sie wurden in Phan Rang verhaftet und halfen der Front in Qui Nhon. Aber was uns interessiert, sind Ihre Kenntnisse der Bankmechanismen. Jetzt muß die Revolution eine schwierige Übergangsphase in diesem Bereich gewährleisten. Ihre Ratschläge wären nützlich, vielleicht könnten Sie einen Bericht erstellen.«

»Einen Bericht über was?«

Hien überlegt einen Augenblick, dann zählt er methodisch auf:

»Erstens: Was wissen Sie von den amerikanischen Zielen in Südvietnam unter dem ökonomischen und finanziellen Aspekt? Zweitens: Was wissen Sie von den Fallen, die die Amerikaner hinterlassen haben, um die sozialistische Revolution in Südvietnam zu blockieren? Drittens: Welche Lösungen würden Sie vorschlagen, um die ökonomischen und finanziellen Probleme der Demokratischen Republik zu meistern?«

Die Revolution muß in einer recht peinlichen Lage stecken, wenn sie gezwungen ist, sich an die Weisheit eines ehemaligen Apothekerstudenten zu wenden, der einmal eine kleine Provinzfiliale einer drittrangigen Bank geleitet hat. Ich versuche das diplomatisch auszudrücken.

»Warum solche Fragen nicht wirklichen Finanz- und Wirtschaftsexperten stellen? Zum Beispiel den Spezialisten der Staatsbank, den hohen Beamten des Wirtschaftsministeriums. Sie sind nicht alle abgereist. Und sie kennen die Probleme sehr genau, viele wurden in den Vereinigten Staaten ausgebildet. Von der hohen Finanz, Nationalökonomie, vom internationalen Handel verstehe ich nicht viel.«

Plötzlich belebt Hien sich:

»Wie, Sie verstehen nicht viel? Aber Sie haben doch dies geschrieben, und dieses hier.«

Er zitiert Auszüge aus meinen in *Tu Quyet* veröffentlichten Artikeln, kategorische Thesen über die Finanzen, die Wirtschaft, den Handel des Landes. Tatsächlich hatte ich mich umso selbstbewußter ausgedrückt, als meine Sachkenntnis in diesem Bereich äußerst begrenzt war. Aber offenkundig reichte das aus, um mir in den Augen der neuen Machthaber das Ansehen eines Experten zu verleihen.

»Ich erwarte Ihren Bericht in vier Tagen«, sagte Hien beim Aufstehen, wobei er zum erstenmal ein mattes Lächeln andeutete, das sowohl ein Versprechen wie eine Drohung sein konnte. Nun hatte ich nur noch meine Hausarbeit zu schreiben.

In vier Tagen füllte ich dreißig Seiten, wobei ich mich bemühte, die den Kommunisten vertraute Sprache zu benutzen. Die erste

Frage über die ökonomischen Ziele der USA in Vietnam war nicht kompliziert. Ich schrieb, daß für die Amerikaner Vietnam ein Markt ausschließlich für Konsumgüter war – und zwar für den am meisten entfesselten Konsum: den Krieg. Die Dollarmilliarden der »amerikanischen Hilfe« dienten nur dem Kauf amerikanischer Waren, nicht der Schaffung von Grundlagen einer ökonomischen Entwicklung Vietnams. Der Krieg war folglich ein künstlicher Anreiz für die amerikanische Wirtschaft.

Die Antwort auf die zweite Frage über die »ökonomischen Fallen«, welche die Amerikaner zurückgelassen haben sollten, verlangte eine größere Geschicklichkeit. Die Kommunisten waren überzeugt, daß die USA vor ihrem Aufbruch teuflische Ränke ausgeheckt hatten, um die Revolution ins Verderben zu stürzen. Man durfte jedoch solche Furcht nicht lächerlich machen. Ich schrieb, daß die hauptsächliche »Falle« die Konsumgewohnheiten der Südvietnamesen seien, insbesondere ihre Abhängigkeit von den Erdölprodukten. In diesem Bereich und noch in vielen anderen (kriegsbedingte Arbeitsplätze, importierte Nahrungsmittel und Haushaltsapparate) lebten die Vietnamesen weit über ihre Verhältnisse, in einer durch den Dollarzustrom hervorgerufenen künstlichen Prosperität. Die Rückkehr zur ökonomischen Wahrheit könnte in der Bevölkerung Unzufriedenheit bewirken. Was die dritte Frage der Bankprobleme angeht, so entsprachen meine Antworten den Vorstellungen meiner »Prüfer«. Ich schlug drakonische Maßnahmen vor: Kontensperrung, Vermögensbeschlagnahme usw. Die revolutionäre Dampfwalze. Meine kurze Bankerfahrung sagte mir dennoch, daß dies nicht das Mittel wäre, um eine Wiederaufnahme der Wirtschaftsaktivität zu begünstigen. Aber was ich von den Kommunisten wußte, legte den Gedanken nahe, daß sie diese Lösung auf jeden Fall wählen würden. Und ich war nicht darauf aus, mich vorzeitig unter die Volksfeinde, Verteidiger des kapitalistischen Eigentums, einstufen zu lassen. Mein Verhalten in dieser Affäre zeigt, warum es in den kommunistischen Staaten so schwierig ist, die ganze Wahrheit zu enthüllen. Der Druck seitens der Macht ist so groß, die Furcht so bedrückend, daß jeder einzelne sehr rasch lernt, genau das zu sagen, was man von ihm erwartet; so zu tun »als ob«, um in Frieden gelassen zu werden.

Auf diese Weise scheinen alle mit der Partei einverstanden zu sein, und alle lügen.

Mein Bericht – eine Mischung aus Kühnheit und Vorsicht – fand eine ausgezeichnete Aufnahme. Einige Tage nach der Überreichung kam Tran Ngoc Hien mit seiner Begleitung wieder zu mir. Diesmal war er freimütig, freundlich, fast freundschaftlich. Sichtbar hatte ich das Examen erfolgreich bestanden. Er machte auch keine Umstände, um zu trinken und zu essen. Hien berichtete jetzt, daß die gleichen Fragen etwa vierzig Spezialisten gestellt wurden und daß meine Antworten ganz besonders befriedigt hätten. Noch mehr als die so berühmter Experten wie Professor Van Hao.

»Sie gehören zu den Wenigen, die geistig nicht vom Kapitalismus angesteckt zu sein scheinen. Ich beglückwünsche Sie dazu. Ihre Ideen entsprechen der Wirtschafts- und Finanzpolitik, die wir anwenden wollen, vor allem in bezug auf die Beschlagnahme der Bankguthaben. Doch möchten wir, daß Sie Ihr Projekt noch genauer entwickeln. In drei Tagen komme ich wieder.«

Und tatsächlich kam er wieder, diesmal von Vuong Ky Hiep begleitet, der vorübergehend die Rolle eines südvietnamesischen Finanzministers spielte. Heute ist er verschwunden, ich weiß nicht, was aus ihm geworden ist. Hiep schlug mir sogleich zu, dem Finanzausschuß der FNL-Regierung beizutreten. Seit seinem letzten Besuch hatte ich ein Angebot solcher Art erwartet und mich darauf vorbereitet. Ich lehnte das ab. In der kurzen Zeit meiner Zusammenarbeit mit den neuen Leitern der Bank hatte ich ihre totale Unfähigkeit ermessen können. Sie verstanden weder etwas vom Banksystem noch von der Politik ihrer Regierung.

Natürlich gab ich andere Gründe an: ich sei zu jung, ohne Wirtschaftsstudium, ein Bauernsohn, der wieder aufs Land zurückmöchte. Hiep entfaltete eine erstaunliche Energie, um mich umzustimmen. Natürlich zitierte er Onkel Ho, aber das war mehr rhetorisch; seine wesentliche Argumentation beruhte auf der Formel: »Du bist aus dem Süden.« Das war damals die beherrschende Idee der FNL-Führer, die jeden Tag mitansehen mußten, wie ihre Autorität von den Abgesandten Hanois reduziert wurde: Südländer finden, um ein Gegengewicht zu bilden, eine autonome Macht zu bekunden. Aber schon war es zu spät. Die militärischen FNL-Kader wurden in der selbstmörderischen Tet-Offensive 1968 vernichtet, und die politischen Kader waren fast ganz der KP angegliedert. Seit langem war die Provisorische Revolutionsregierung nur noch eine Fassade. Und jetzt hatte die Säuberung begonnen. Überall nahmen die Leute aus dem Norden die Schlüsselstellungen ein, die Südländer wurden wie Verdächtige behandelt. Das fühlte ich, mehr intuitiv als bewußt.

So war ich schließlich bereit, an der ersten Sitzung des Finanzausschusses teilzunehmen. Es waren dort etwa vierzig Personen unter dem Vorsitz eines nördlichen Kaders, der einen unerträglichen Dünkel mit einer bemerkenswerten Unkenntnis der internationalen Wirtschaftsverhältnisse verband. Er sprach nur von den triumphalen Erfolgen Nordvietnams und der UdSSR, der Ausschuß solle einen präzisen Verstaatlichungs- und Kollektivierungsplan ausarbeiten: »Wir müssen, entsprechend dem Parteibeschluß, so schnell wie möglich dem Sozialismus entgegenmarschieren.« Ich erlaubte mir dagegen zu bemerken, daß auf der 24. Session des Zentralkomitees der Partei der stellvertretende Minister in Hanoi, Le Thanh Nghi, erklärte, das sozio-ökonomische System des Nordens müsse sich noch lange von dem des Südens unterscheiden, die Vereinigung des Landes würde viel Zeit erfordern. Die gegenwärtige Losung sei: »Sozialismus im Norden, Demokratie im Süden.« Mit einem etwas verächtlichen Lächeln erläuterte der Funktionär, daß die Worte von Le Thanh Nghi nur das Ziel hatten, die Bevölkerung zu beruhigen: »In Wirklichkeit müssen wir den Sozialismus hier genauso realisieren wie im Norden, und zwar so schnell wie möglich.«

Es gab einige Bewegung unter den Anwesenden. Die Professoren Van Hao und Tam Luan zeigten sich überrascht, aber nur mit gedämpfter Stimme. Schon begann die Gewohnheit, vor dem Parteivertreter zu kapitulieren. Sehr zornig und naiv überzeugt, der Funktionär hätte die wahre Parteipolitik falsch verstanden, ergriff ich von neuem das Wort. Ich entwickelte die These, daß eine zu schnelle Umwälzung des Wirtschaftssystems im Süden zur Katastrophe führen würde. Man sollte nur den Besitz der Profiteure des alten Regimes beschlagnahmen und alle anderen in Ruhe lassen. Der Kader äußerte, daß meine Ansicht »nicht fortschrittlich« sei: »Im Sozialismus gibt es kein Privateigentum, alles gehört der Nation.« Und um auch jedes Mißverständins zu beseitigen, fügte er hinzu: »Die Partei hat das zu erreichende Ziel bestimmt. Ihre Aufgabe als Spezialisten besteht darin, die Mittel für die Erreichung dieses Ziels zu definieren, nicht zu diskutieren.«

Ich ging zu Hiep und berichtete ihm über das Vorgefallene. Dort war noch der ehemalige FNL-Vertreter in Paris, Pham Van Ba, der mir versicherte: »Wenn der Norden seine Politik dem Süden aufzwingen will, werden wir uns dem widersetzen. Wir haben Freunde in der ganzen Welt. Aber ich glaube nicht, daß es so weit kommen wird. Die Parteiführer haben uns präzise Zusicherungen gemacht.« Diese Behauptungen überzeugten mich nur halb. Ich bat Hiep um einige Tage Bedenkzeit, bevor ich einen Beschluß faßte: aktiv an der Etablierung des neuen Regimes mitwirken oder mich in meine heimatliche Provinz zurückziehen. Man ließ mir keine Zeit, darüber noch lange nachzudenken. Zwei oder drei Tage später war ich im Gefängnis. Dort sollte ich meine letzten Illusionen verlieren.

Der vietnamesische Gulag

Über der Tür an einer trostlosen Mauer hängt ein rotes Transparent mit gelben Buchstaben: »Nichts ist kostbarer als Unabhängigkeit und Freiheit.« Ho Chi Minhs Losung, die alle Gefängnisse, alle Umerziehungslager kennzeichnet, erinnert an die Aufschrift der Nazi-KZ »Arbeit macht frei«. Bis 1975 wußten die meisten Saigoner nichts vom Le Van Duyet-Gefängnis, das immerhin schon die Franzosen vor drei Jahrzehnten erbaut hatten. Dies kommt daher, daß sogar während der schärfsten Repression unter Thieu sich dort nie mehr als 200 Häftlinge befanden, während das Chi Hoa-Zentralgefängnis bis 8000 zählte. Als ich am 6. September 1975, vier Monate nach dem kommunistischen Sieg, in Le Van Duyet eingeliefert wurde, gab es dort fast 2000 Gefangene und in Chi Hoa 40000. Viele Leute, die durch jenen belebten Stadtteil kommen, haben sich nie gefragt, was es hinter der Tür wohl gibt, vor der nur zwei Wachtposten stehen wie vor so vielen anderen Gebäuden. Das Gefängnis ist von Häusern umgeben, eine Mauer trennt es von einer Oberschule und eine andere vom Bürgermeisteramt. Gegenüber findet täglich ein Markt statt, daneben ist eine Mädchenschule.

Die Gemeinschaftszelle Nr. 2, in die ich auf den Fersen meines Freundes Hien, dem Mann mit den Goldzähnen, gekommen bin, befindet sich in der sogenannten Zone A, die vorher das gesamte Gefängnis bildete. Sie umfaßt noch acht weitere Gemeinschaftszellen mit je sechzig Häftlingen und zehn Einzelkerker. Die vom neuen Regime geschaffenen Zonen B und C enthalten je fünf Gemeinschaftszellen und zwanzig Kerker die eine, sechzehn Gemeinschaftszellen und fünfzig Kerker die andere. Diese neuen Gebäude wurden auf dem alten Gefängnishof gebaut. So gibt es jetzt keinen Hof mehr, folglich auch keine Spaziergänge für die Gefangenen. Während der zweiundzwanzig Monate meines Aufenthaltes in Le Van Duyet konnte ich frische Luft nur während einiger Arbeiten einatmen, viele Gefangene hatten nie solches Glück. Einen starken

Anteil der Insassen bilden ehemalige Kommunisten und FNL-Mitglieder, die sich der Thieu-Regierung im Lauf der Kampagne »Offene Arme«, nach dem Scheitern der Tet-Offensive 1968, angeschlossen hatten. Das ist der Fall bei unserem Zellenältesten Dich Nha. Bei einem Attentat auf ein amerikanisches Gebäude in Saigon wurde er vor zehn Jahren gefaßt. Zum Tode verurteilt, begnadigt, nach Con Son geschickt, was kaum ein besseres Schicksal war. Er zog sich aus der Affäre durch seinen Anschluß an das Saigoner Regime. Nach seiner Freilassung hatte er sich verheiratet und einen Laden eröffnet. Durch diesen Verrat befand er sich unter den ersten Verhafteten der kommunistischen Machthaber. Nha ist sehr klein, in den Fünfzigern, gehässig zu den Mitgefangenen und ängstlich vor den Wärtern, denen er alles zuträgt. Die Gefängnisleitung bedient sich gern solcher Leute zur Kontrolle der Gemeinschaftszellen. Da die Überläufer ein schlechtes Gewissen haben, versuchen sie oft, ihren Fehler durch Spitzeldienste wieder gutzumachen. Verachtet werden sie sowohl von den Gefangenen, die Furcht vor ihnen haben, wie von den Wärtern, die sie benutzen. Die Gefangenen einer Gemeinschaftszelle sind in vier bis sechs Gruppen zu je zehn bis fünfzehn Mann eingeteilt, die ihren »Vertreter« bestimmen. Dieser Delegierte ist für die Führung seiner Gruppe und die Essensausgabe verantwortlich; er ist außerdem das Bindeglied mit dem Zellenchef, der grundsätzlich allein berechtigt ist, mit den Wärtern zu sprechen.

Dieses System zielt darauf ab – und bewirkt es oft genug –, die Gefangenen zu spalten durch Eifersüchteleien, Rivalitäten, Streitigkeiten zwischen den Gruppen, was sowohl die Schiedsrichterrolle des spitzelnden Zellenchefs wie die Autorität der Wärter verstärkt. Die Römer nannten es *divide et impera,* wir bezeichneten es grober als »Hundedressur, um andere Hunde zu beißen«. Die neuen Herren verstanden ausgezeichnet, eine einheitliche Gefangenenfront, wie sie häufig in den Thieu-Gefängnissen bestand, zu verhindern. Ich hörte von vielen Fällen unter dem alten Regime, wo die von den kommunistischen Funktionären organisierten Häftlinge den Wärtern so zusetzten, daß sie es nicht wagten, allein in die Zellen zu kommen. Ein ehemaliger Gefangener des KZ in Phu Quoc (einer der kambodschanischen Küste vorgelagerten Insel) erzählte mir, wie in seiner Zelle ein Spitzel buchstäblich zerstückelt und an der Decke aufgehängt wurde. Die Wärter mußten mit Tränengas stürmen, um sich der Leiche zu bemächtigen. Die Untersuchung über die Verantwortlichen dieses Vorfalls ergab nichts: noch nach sechs Monaten hatte niemand gesprochen. Solch eine Revolte, solch eine Solidarität sind heute einfach undenkbar. Und das ist nicht allein die Folge der Kunst, die Gefangenen zu spalten. Wir haben darüber oft gesprochen, ich sagte: »Es scheint mir, daß vorher die Feigsten stolz waren, eingekerkert zu sein. Denn man verachtete das Marionettenregime und idealisierte die FNL, Nordvietnam. Heute ist nichts mehr zu idealisieren. Und dennoch schämt man sich zugleich ein wenig, sucht wider Willen nach seiner Schuld, so sehr ist der Mythos der ›reinen und harten Revolution‹ in unserem Geist verwurzelt.«

»Es ist nicht nur das«, meinte der Ehemalige von Phu Quoc. »Es ist auch die Isolierung. Unter Thieu gelang es den Gefangenen, mit draußen einigermaßen in Verbindung zu bleiben. Sie wußten, daß ihre Familien sich mit ihnen beschäftigten, daß Anwälte Schritte unternahmen. Sie fühlten sich von der Front und vom Norden unterstützt. In Saigon gab es Hunderte ausländischer Journalisten, die Artikel über die Repression publizierten. Abordnungen gelang es mitunter, Lager und Gefängnisse zu besuchen. In Phu Quoc habe ich mehrfach Vertreter des Internationalen Roten Kreuzes gesehen. Natürlich zeigte man ihnen nur das, was man wollte. Und dennoch war es ein Schutz und unterstützte unsere Moral. Vergeßt nicht, daß die Tigerkäfige in Con Son von einer amerikanischen Delegation im Lauf eines Besuchs entdeckt wurden und daß dies einen internationalen Skandal hervorgerufen hat. Thieu und seine Bande waren zu einer gewissen Vorsicht gezwungen. Heute gibt es keine internationalen Abordnungen mehr, keine ausländischen Korrespondenten in Saigon, keine Anwälte, keine oppositionellen Abgeordneten, keine halbwegs unabhängigen Zeitungen. Die Öffentlichkeit ist total geknebelt. Unsere Familien wissen gar nicht, wo wir stecken, noch nicht einmal, ob wir leben oder tot sind. Man kann uns beseitigen, ohne daß irgend jemand etwas erfährt. So nehmen sich also die Mutigsten in acht, bevor sie den Mund auftun. Jeder ist für sich, Solidarität ist unmöglich, denn man kann mit keiner äußeren Hilfe rechnen.«

Neben ehemaligen Vietcong und einigen Kriminellen findet man bei uns vor allem etwas: einstige Beamte, drittklassige Politiker, wohlhabende Bürger, die das Land verlassen wollten, und vor allem »Verdächtige«, zu denen ich wahrscheinlich auch gehöre. In dieser Kategorie ist auch ein Vierzehnjähriger, der auf der Straße beim Spiel mit einem Pfeil auf ein Bild Onkel Hos schoß. Unter Tränen versicherte er, daß er als Zielscheibe auch ein Foto Thieus benutzt hätte, wenn eins dagewesen wäre. Es war zwecklos. Es gab auch den sehr bekannten Komiker Thanh Viet. In einem Sketch hatte er seine Partnerin, die einem üblen Verführer ins Garn lief, gemahnt: »Vertrauen Sie nicht seinen Worten, aber schauen Sie auf seine Taten!« Das war fast die wörtliche Formel, die Thieu eines Tages in bezug auf die Kommunisten gebraucht hatte. Die Zuschauer lachten, doch einer denunzierte den Komiker, der verhaftet wurde. Begründung: »Verbreitung konterrevolutionärer, von den amerikanischen Marionetten inspirierter Losungen.«

Unter dem scharfen Blick des Zellenchefs Nha ist die Atmosphäre bei uns gespannt. Nha verbringt seine Zeit, indem er aus seiner Ecke die Handlungen jedes einzelnen beobachtet. Die Skala unserer Tätigkeit ist äußerst begrenzt. Vom Aufstehen um sechs Uhr früh bis zum Schlaf um zehn Uhr abends ist es uns verboten zu lesen, zu schreiben, zu schlafen, uns hinzulegen, in Gruppen zu sprechen. Die einzigen Momente der »Entspannung« sind die Mahlzeiten, während denen wir etwas freier schwatzen dürfen. Obwohl stets hungrig, schlucken wir daher den elenden »roten Reis«, den wir um elf Uhr morgens und um vier Uhr nachmittags bekommen, so langsam wie möglich herunter. Ich bin immer an der Seite Hiens, des Mannes mit den Goldzähnen, mit dem ich lange Vertraulichkeiten austausche. Seine natürliche Autorität, die Gefangene und sogar Wärter beeindruckt, ärgert den kleinen Nha. Aber er wagt es nicht, den ehemaligen kommunistischen Funktionär direkt anzugreifen, der vielleicht noch gute Beziehungen hat. Daher richtet er seine Wut mit Vorliebe gegen mich; doch auf Hiens Rat bemühe ich mich, so gut es geht, sein Gekläff zu überhören.

Heute morgen hat man Häftlingskleidung an uns verteilt. Zum erstenmal seit vier Monaten kann ich meine Kleider wechseln. Seit meiner Verhaftung trage ich das gleiche Hemd, die gleiche Unterwäsche. Zerfetzt, wasche ich sie, so oft es möglich ist. Ich empfinde eine Art physischen Vergnügens beim Anziehen der ganz neuen Häftlingskleidung. Die Wärter sind aufgeregt, rufen in den Fluren einander etwas zu, öffnen und schließen die Zellentür zur Kontrolle der Sauberkeit, verweisen auf die disziplinarischen Vorschriften:

»Jeder muß an seinem Platz schweigend sitzen.«

»Da ist eine Inspektion in der Luft«, sagt Hien mit komischem Lächeln. Eine Art Fieber bemächtigt sich der Häftlinge, schlummernde Hoffnungen erwachen:

»Und wenn es das Internationale Rote Kreuz wäre?«

»Wenn sie kommen, muß man ihnen sagen, daß wir vor Hunger verrecken!«

»... und daß wir unseren Familien nicht schreiben dürfen.«

»Daß wir keine Anwälte haben.«

»Daß man noch nicht einmal weiß, ob man vor ein Gericht kommt.«

»Ist es das Rote Kreuz, dann sage ich alles, was nachher immer auch folgen mag. Ich habe nichts mehr zu verlieren.«

»Ruhe!« brüllt Nha, der ängstlich auf das Nahen der Delegation wartet. »Alle aufstehen!«

Die Tür öffnet sich. Es erscheinen die Inspektoren – leider alle Vietnamesen. Nichts zu erhoffen. An der Spitze der Gefängniskommandant Tu Tuan, den wir noch nie gesehen haben, er hat die Rangabzeichen eines Obersts der nordvietnamesischen Armee. Hinter ihm ein Major und vier Zivilisten.

»Stillgestanden!«

Wir erstarren, die Arme steif am Körper. Als gut dressierter Zellenchef meldet Nha:

»Zelle Nummer 2: 63 Mann.«

Diese Militärparodie ist sowohl grotesk wie ekelhaft. Ich entsinne mich, in jenem Augenblick gedacht zu haben: Menschen werden mehr erniedrigt als Affen im Käfig, die man nicht zwingen kann, Besuchern Achtung zu erweisen. Sie können diesen sogar ihren Hintern zeigen. Einer der Zivilisten schreitet rasch nach vorn, er hat Hien wiedererkannt:

»Du im Gefängnis?«

»Seit drei Monaten«, antwortet Hien ruhig.

Der Partei-Inspektor ist offenkundig bestürzt. Später erfahre ich, daß sie vor Jahren Kampfgefährten in Hanoi gewesen sind. Als er Hien gefangen sah, vermochte der Mann nicht, seine Emotion zu unterdrücken. Aber schon hat er sich gefaßt. Er hütet sich, Hien nach dem Grund seiner Verhaftung zu fragen. Die Partei weiß, was sie tut. Doch ein wenig Menschlichkeit schimmert durch:

»Weißt du, daß dein Vater gestorben ist?«

»Ich weiß es«, antwortet Hien mit unbewegtem Gesichtsausdruck.

»Soll ich deiner Mutter schreiben?«

»Sie wird es wahrscheinlich schon wissen, und sonst ist es besser, daß du ihr nichts sagst.«

Der Partei-Inspektor hat keine Lust, sich hier lange aufzuhalten. »Nun gut«, meint er mit falscher Ungezwungenheit, »wenn du etwas brauchst, läßt du es mich wissen. Nicht wahr?«

Die Tür wird geschlossen. Alle setzen sich schweigend hin, man hört Seufzer der Enttäuschung. Hien blickt auf seine Hände. Dann hebt er den Kopf, man sieht Falten, die eine Art bitterer Zufriedenheit ausdrücken:

»Da hast du einen wahren karrieretüchtigen *Can Bo* gesehen, der einen von der Partei verstoßenen Freund trifft. Keine ungestüme Neugier! Keine kompromittierende Intervention! Und der gehört noch zu den Mutigsten. Es gibt welche, die würden noch nicht einmal ihren eigenen Vater erkennen – ganz besonders ihren eigenen Vater nicht! –, wenn sie ihn im Gefängnis fänden.«

Hien versinkt wieder in langes Schweigen. Seine selbstkritische Reflexion fortsetzend, gesteht er mir etwas später: »Immerhin müßte ich wissen, was das ist. Ich selber habe seinerzeit das Hoa Lo-Gefängnis in Hanoi inspiziert. Das war natürlich rein administrativ, ich sah keine Gefangenen. Aber ich zweifelte nicht im geringsten an der Schuldigkeit der dort Einsitzenden. Ein wahrer Revolutionär muß ein absolutes Vertrauen in die Richtigkeit der Beschlüsse der Partei haben, die unfehlbar ist. Stimmt es nicht?«

Ich sehe die Goldzähne glänzen, mit seiner Ironie hatte Hien die Selbstbeherrschung wiedergefunden.

Seit der Inspektion hatte Hiens Ansehen bei den Insassen der Zelle noch zugenommen, Nhas Wut auf mich war umso größer. Jeden Morgen dürfen einige Häftlinge (einer von jeder Gruppe) die Zelle verlassen, um gewaschene Kleidungsstücke zu trocknen. Eine lang erwartete Gelegenheit, um draußen, alle zehn oder fünfzehn Tage, etwas frische Luft zu atmen. Eines Morgens überläßt mir Hien seinen Platz:

»Du bist jung, du mußt dich etwas bewegen.«

Nha keift mich böse an:

»Toai, du hast einen schweren Fehler begangen.«

»Welchen Fehler?«

»Du bist ohne Erlaubnis des Zellenchefs hinausgegangen.«

Nun bricht es aus mir heraus. Die Geduld, zu der ich mich bisher gegenüber diesem Kläffer gezwungen habe, ist zuende: »Wessen Erlaubnis? Des Zellenchefs? Von dir? Du bist doch auch nur ein Gefangener wie ich, wie die anderen. Und du piesackst alle, damit du bei den Kadern gut ankommst. Aber die Kader verachten dich.«

Lebhaft getroffen, reagiert Nha: »Du widersetzt dich dem von der Revolution ernannten Zellenchef, folglich widersetzt du dich der Revolution!«

Ich lache laut, auch andere. Diese Art Sophismus im üblichen Parteistil ist in unserer Lage zu komisch: »Die Revolution! Das ist ein sehr großes Wort im Munde eines kleinen Spitzels wie du!«

Etwas spät fühlt Nha die allgemeine Feindseligkeit der Gefangenen, er verzichtet auf einen weiteren Vorstoß und bricht den Kampf ab. Ohne auf die Beleidigung einzugehen, sucht er über den Zwischenfall zu lächeln:

»Gut, gut. Es stimmt ja, wir sind alle Gefangene. Es ist besser, Streit zu vermeiden. Letztlich sagt man dabei noch Blödsinn.«

Einmal bloßgestellt, wird Nha auf Rache sinnen – das weiß ich. Aber es ist gleich. Im Augenblick hat er nicht mehr genug Autorität, uns zum Schweigen zu bringen. Und das nutzen wir aus, stundenlang sprechen wir leise miteinander. In der kleinen Gruppe um Hien – ehemalige Kommunisten, Mitglieder und Sympathisanten der Front – nehmen die Berichte über unsere verschiedenen Lebensläufe natürlich einen großen Raum ein.

Obwohl aus dem Süden stammend, ist Oberst Van Hieu ein reines Produkt des nordvietnamesischen Regimes. Als Zehnjähriger kam er mit seiner Familie nach Hanoi. Sein Vater war Mitglied des Zentralkomitees der Partei. Er selber erhielt die beste Erziehung, die Kindern der Würdenträger vorbehalten ist: Studium in der chinesischen Volksrepublik, in Prag und Moskau. Dann übernimmt er die Leitung eines der wichtigsten Rüstungsbetriebe in Nordvietnam. Bei der berühmten Tet-Offensive 1968 kommandiert er eine Eliteeinheit im Angriff gegen Saigon. Nach zwei mörderischen Kampfwochen bleibt er mit sechzehn Mann zurück und rettet knapp sein Leben. Sieben Jahre später, im April 1975, marschiert er von neuem, an der Spitze eines Regiments, auf Saigon. Kein Luftangriff, nicht das geringste Gefecht. Sich der einstigen Heftigkeit des feindlichen Widerstands erinnernd, beunruhigt ihn diese Stille. Je weiter er vordringt, um so mehr ist er überzeugt, in eine Falle zu geraten. Diese Offensive würde der Tod der nordvietnamesischen Armee sein, ohne daß er sein Leben retten könnte. Da beschließt er zu desertieren und flieht in sein heimatliches Delta-Dorf. Und dort erfährt Hieu erstaunt, daß seine Kameraden in Saigon einmarschiert sind, daß der Südstaat zusammengebrochen und der kommunistische Sieg total ist. Für diesen Sieg hatte er sich stets eingesetzt, sein Leben riskiert – und jetzt gehört er ihm nicht mehr, weil er im letzten, unpassenden Moment gezweifelt hatte. Hieu sucht nicht ins Ausland zu fliehen und stellt sich selbst den Behörden. Angesichts seiner Vergangenheit, der Funktion seines Vaters bleibt er noch einen Monat in provisorischer Freiheit; dann wird er verhaftet. So lernte ich Hieu im Gefängnis kennen, wo er mir seine Geschichte erzählte mitsamt einiger Erklärungen, die seine Desertion auf eigenartige Weise beleuchten:

»Schon lange empfand ich die Verachtung der Kommunisten aus dem Norden für die Südvietnamesen, selbst wenn sie der Partei angehörten. Seit 1963 war ich im Krieg gegen die Saigoner Truppen. Ich gehörte einem in Kambodscha stationierten Stab an, der die Operationen koordinierte. Damals gab es noch nicht viele Nordvietnamesen in den Verbänden der Front, aber sie übten leitende Funktionen aus, mit solcher Arroganz, daß die Südländer verärgert waren. Zwischen seiner südlichen Abstammung und seiner Eigenschaft als Kader Hanois schwankend, wohnte Hieu betroffen dem von Marx nicht vorhergesehenen Klassenkampf bei. Manchmal ging die Feindseligkeit bis zum Mord. In den FNL-Kampfverbänden stand neben dem südlichen Kommandeur stets ein nördlicher »Berater«, dessen Ansicht galt und der im allgemeinen verhaßt war. Manchmal wurde der Berater im Lauf einer Schlacht getötet – nicht vom Feind. Oft mußte ich darüber Untersuchungen anstellen. Ich befragte die Jungen, und weil ich aus dem Süden war, sagten sie mir einige Dinge. Sie wollten eine wirklich autonome FNL, ohne Kontrolleure aus dem Norden. Sie wollten nicht für den Marxismus-Leninismus kämpfen, sondern für das Volk, gegen die kolonialistische Fäulnis in Saigon. Natürlich bewunderten sie Ho Chi Minh, aber sie lehnten es ab, Lektionen zu bekommen.« Hieu seufzte: »Was konnte ich antworten? Seit meinem achtzehnten Lebensjahr war ich Mitglied der Partei, von ihr geschult, zutiefst loyal. Und was konnten schließlich die südlichen Widerständler ohne Unterstützung aus dem Norden tun gegen die Saigoner Generäle und besonders die amerikanischen Waffen?«

Im Kontakt mit seinen Landsleuten im Untergrund des Südens stellte Oberst Hieu sich allmählich Fragen, an die er vorher nie gedacht hatte: »Ich fragte mich, ob man erdrückende Opfer vom Volk unendlich rechtfertigen konnte im Namen eines künftigen Glücks. Während nämlich die Opfer von Jahr zu Jahr zunahmen, wurden die Freiheiten des Volkes geringer. Die Intervention der amerikanischen Imperialisten erklärte sehr viel, aber nicht alles. Vor allem nicht die Tatsache, daß das Volk immer mehr von der Teilnahme an den Entscheidungen ausgeschlossen wurde. In Südvietnam war die Demokratie eine Karikatur, aber im Norden war sie ein Betrug. Davon bleiben nur noch Worte übrig: »Das Volk will ... Das Volk proklamiert ...« Aber das Volk will nichts, proklamiert nichts, es erleidet. Eine Handvoll keiner Kontrolle unterworfener Menschen diktiert, was es wollen und sagen muß. Die Wahlen funktionieren automatisch. Wer von der Macht nicht zur Führung berufen wird, scheidet im voraus aus.«

Hieu zögert ein wenig, bevor er sich auf dieses für ihn, den vom Historischen Materialismus Geschulten, gefahrvolle Gebiet begibt: »Und dann scheint es mir, daß die marxistische Theorie das spirituelle Leben nicht berücksichtigt.«

Schweigen. Hieu versenkt sich in eine andere Dimension. Ich habe den Eindruck, daß er an alle jene Menschen denkt, die er in so vielen Kämpfen hat sterben sehen und die ihr Leben nicht für ideologische Abstraktionen hergaben, sondern für ganz konkrete Freiheiten und noch für viele andere Dinge, die weder Marx noch Lenin noch Ho Chi Minh erklären. »Doch«, meint Hieu jetzt spaßig, »Ho Chi Minh selbst hat die Existenz einer anderen Welt, eines anderen Lebens anerkannt. Schrieb er in seinem Testament nicht, daß er zu Marx und Lenin hingeht?« Hieus scharfes Lachen verbirgt kaum seine Verzweiflung.

Wenn das neue Regime die Zellen und Kerker vermehrt hat, so kümmerte es sich nicht um eine verstärkte Wasserversorgung. Die einst für zweihundert Häftlinge bestimmte Anlage muß jetzt zehnmal soviel versorgen. Der einzige Wasserhahn gibt zumeist nur einen hauchdünnen Strahl. Will man sich waschen, muß man um vier Uhr aufstehen; seine Wäsche säubern, ist eine Glanzleistung. Die Reinigung der einzigen Toilette ist fast unmöglich. Was geschehen mußte, geschieht: die Toilette ist verstopft. Unsere kläglichen Anstrengungen, dem abzuhelfen, verschlimmern das Übel noch mehr. Das mit Schmutz vermischte Wasser fließt in die Zelle. Die benachrichtigten Wärter tun nichts. Wir waten wie Schweine im Dreck, die Luft ist verpestet. Wir bedrängen Nha, damit er etwas unternimmt. Das währt nun schon sechs Tage, ich kann das nicht mehr aushalten und frage den ängstlichen Zellenchef:

»Warum wagst du denn nichts zu sagen? Schon eine Woche leben wir in der Scheiße. Aber vielleicht hast du das gern!«

»Toai, von dir habe ich keine Lehre zu empfangen. Seit du in dieser Zelle bist, willst du Unordnung schaffen und mir Ärger bereiten.«

Außer mir, schleudere ich ihm entgegen:

»Ich schere mich einen Dreck um deine Person, du bist nur ein Schuft. Aber ich habe genug, und auch die Kameraden. Wenn du nicht sprichst, dann werde ich verlangen, mit dem Kader zu reden.«

Am Nachmittag verlangt Nha den für die Zone A verantwortlichen *Can Bo*. Bald wird er gerufen, eine halbe Stunde später ist er zurück mit einem Kader, den zwei Polizisten, die Maschinenpistole schußbereit, begleiten.

Leutnant Van Kieu ist ziemlich groß, schlank, etwa dreißig. Im Unterschied zu den meisten seiner Kollegen zieht er Zivilkleidung vor. Er tut so, als habe er den Gestank nicht bemerkt und als sehe er nicht, worin er wate. »Kritische Sitzung für die Zelle«, kündigt er trocken an. Sogleich spricht der kleine Nha, offenkundig nach erfolgter Absprache:

»Als Vertreter der Gemeinschaftszelle Nummer 2 muß ich dem *Can Bo* Kieu melden, daß die bisher sehr ordentliche Zelle seit einigen Tagen Unordnung kennt. Besonders Doan Van Toai weigert sich, die Autorität des Zellenchefs anzuerkennen und beachtet die Gefängnisvorschriften nicht.«

Der Leutnant blickt auf die Gefangenen:

»Wer ist Toai?«

Ich stehe auf. Mit einer Handbewegung läßt Kieu mich wieder hinsetzen. Nha setzt seine Anklagerede fort:

»Neulich ist er ohne meine Erlaubnis rausgegangen, um Wäsche zu trocknen. Er weigert sich, dem Zellenchef zu gehorchen. Heute früh hat er mich einen ›Schuft‹ genannt.«

Innerlich jubilieren die Gefangenen. Ich hebe die Hand, Kieu erteilt mir das Wort:

»Ich bin anstelle eines anderen hinausgegangen, der mir seinen Platz abtrat. Habe ich damit die Gefängnisvorschriften verletzt? Aber warum bin ich denn im Gefängnis? Bis zur Stunde weiß ich es noch nicht, ich stand vor keinem Richter, bin nicht verurteilt. Tatsächlich habe ich Herrn Nha einen ›Schuft‹ genannt, weil wir seit einer Woche unter menschenunwürdigen Bedingungen leben und weil der Zellenchef seine Pflicht nicht erfüllt. Was ich gesagt habe, wiederhole ich. Niemand kann mich zwingen, einen Nichtachtenswerten zu achten. Ist es ein Fehler, eine verächtliche Person zu verachten, so will ich gern bestraft werden.«

Ich bin aufs Schlimmste gefaßt. Aber Leutnant Kieu hat keine Lust, das von mir aufgeworfene Problem zu behandeln: die Schuld der hier Einsitzenden. Überdies hat er offensichtlich wenig Achtung für den Spitzel Nha. Und schließlich will er unsere stinkende Zelle möglichst rasch verlassen. Nachdem er mich verwarnt hat, zieht er sich zurück. Am übernächsten Tag bin ich einige Meter weiter in die Gemeinschaftszelle 5 verlegt. Ich komme billig davon. Hien, mein Freund mit den Goldzähnen, drückt mir lange die Hand:

»Du hast recht getan aufzumucken. Aber paß auf: sie haben das nicht gern. Sie glauben, immer rechtzuhaben, und geben nicht zu, daß auch andere Wahrheiten existieren. Versuche, am Leben zu bleiben, um eines Tages zu sprechen. Für mich ist es zuende. Ich habe keine Begeisterung mehr, ich will nur noch meine Würde bewahren.«

Nie werde ich den Blick vergessen, der Hiens letzte Worte begleitete, der geheimnisvollste meiner Haftgefährten. Ein von der Partei Verstoßener, der sich im Namen seines Ideals weigerte, sie zu verurteilen. Er glaubte an das Vietnam, für das er gekämpft hatte, und das die Sieger von 1975 schändlich verraten.

»Es gibt keinen anderen Weg als den der Partei«

Die andere Gefängnisse kennengelernt haben, sagen, daß Le Van Duyet ein »Paradies« sei. Zone A ist die beste, und Zelle 5 ist am meisten privilegiert: sie wurde nie durchsucht und viele ihrer Insassen können in der gegenüberliegenden Küche arbeiten. Die Bevorzugung ist dem Zellenchef Huynh Cu zu danken, einem großen Burschen mit lauter Stimme, in den Fünfzigern, der mit den jungen Wärtern spricht, als seien sie seine Soldaten. Tatsächlich ist er befehlen gewöhnt: er war Offizier in der nordvietnamesischen Armee. Vom Regime enttäuscht, schloß er sich Saigon an und arbeitete im Informationsministerium. Nicht lange. Seine Vorgesetzten verachtete er, ganz besonders seinen Minister Hoang Duc Nha, einen jungen Mann, der Thieus Neffe ist. In den USA ausgebildet, wollte der Minister den Amerikanern ähneln. »Aber er war unfähig«, meint Huynh Cu, »und wußte nicht, was im Land geschah. Interesse hatte er nur an Geld und Frauen. Soviel Geld und soviel Frauen wie möglich.« Angewidert tritt Huynh Cu zurück und eröffnet in einer Saigoner Vorstadt ein kleines Restaurant, wo er bald nach der kommunistischen Machteroberung verhaftet wird.

Alle acht oder zehn Tage kommen vier, fünf *Bo Doi* in die Gemeinschaftszellen. Die Häftlinge müssen in Unterhosen hinaus. Dann werden alle Ecken, Kleider genau durchsucht, alles, was einem Stück Papier, einem Bleistift, Geld, einer Rasierklinge als Versteck dienen könnte. Die *Bo Doi* entziffern Inschriften an den Wänden, fahnden nach den Urhebern. Wie stellte es Huynh Cu an, die Wärter zu überzeugen, daß bei uns nichts zu finden sei? Noch heute frage ich mich. Aber es ist eine Tatsache, daß die Zelle 5 nie durchsucht wurde. Auch lieferte sie fast die ganze Mannschaft (ungefähr dreißig Mann) für die Küchenarbeit – natürlich eine sehr begehrte Gunst.

In normaler Zeit ißt ein vietnamesischer Städter täglich 500 g Reis, ein Bauer 700 g. In den ersten Monaten der kommunistischen Macht betrug die amtliche Monatsration 21 kg für Soldaten und

Beamte, 15 kg für die übrige Bevölkerung, 9 kg für die Gefangenen, d.h. 300 g täglich. Mitte 1976 fallen die jeweiligen Rationen auf 15,9 und 6 kg, in den folgenden Jahren werden sie noch geringer. Huynh Cu ist Chef der in der Küche arbeitenden Gefangenen, in dieser Eigenschaft füllt er die für die verschiedenen Zellen bestimmten Kessel. Natürlich hat er für Zelle 5 immer eine etwas schwerere Hand. Das sichert seine Popularität bei uns. Eines Tages hält er eine kleine, diesbezüglich sehr klare Ansprache:

»Wenn sich je ein Spitzel in dieser Zelle versteckt, möchte ich ihn warnen. Zunächst verliert er seine Zeit, denn zum Dank wird er keinen Tag vorher freigelassen. Und dann: wenn ich ihn entdecke, bringe ich ihn um. Ich habe nichts zu verlieren. Da ich ›die Partei verraten‹ habe, weiß ich, daß ich lebenslänglich hier bleiben muß.«

»Toai, wach auf, damit man öffnen kann!«

Ich schlafe auf dem Boden neben der Tür, Huynh rüttelt mich und flucht:

»Scheiße! Sie bringen noch Neue mitten in der Nacht.«

Verdutzt und verschlafen stehe ich auf:

»Neue – wo denn das?«

»Hör mal hin. Sie öffnen die Zellen und verteilen Neue.«

Dann kreischt der Schlüssel in unserer Tür. Ein Wärter nimmt die schwarze Binde von den Augen zweier Jugendlicher und stößt sie ins Innere der Zelle. Mit einem Papier in der Hand wendet der Aufseher sich an Huynh Cu:

»Zwei Neue für eure Zelle. Wieviel insgesamt?«

Huynh Cu protestiert:

»Mit diesen beiden sind wir zweiundsiebzig, und schon jetzt haben wir nicht Platz genug zum Schlafen. Die in der Küche arbeiten, sind müde und können sich nicht ausruhen.«

»Beklagt euch nicht, ihr seid privilegiert. Nebenan in Nummer 4 sind sie einundachtzig.«

Die Gruppe zieht weiter. Wir haben noch gerade Zeit, ein Dutzend Gefangene zu sehen, die eine Binde über den Augen haben. Alle sehr jung, höchstens zwanzig, wie unsere beiden neuen Pensionäre, die erschrocken mit den Augen blinzeln. Huynh Cu fragt sie ironisch:

»Woher kommt ihr Kinder denn? Ich wette, auch noch Spaßvögel von *Phuc Quoc*?«

Die beiden senken die Köpfe, ohne zu antworten. Seit einiger Zeit vergeht kaum ein Tag, ohne daß Jugendliche eintreffen, die der Bewegung *Phuc Quoc* (»Das Land zurückerobern«) angehören. Über diesen »neuen Widerstand«, der seine Anhänger hauptsächlich in der Jugend findet, lachen die alten Hasen der FNL und der Partei. Tatsächlich besitzen die Mitglieder eine von einem gewissen Nguyen Hoang unterzeichnete Karte, die bestätigt, daß sie *Phuc Quoc* angehören. Das ist sozusagen der Ausweis eines Opponenten! Nur sehr junge Leute können soviel Naivität zeigen. Übrigens ist Huynh Cu überzeugt, daß es sich um eine von den Kommunisten gelegte Falle handelt, um junge Gegner zu fangen. Wirklich gehören die beiden zu *Phuc Quoc*, der eine ist achtzehn, der andere sechzehn.

Beim Essen bilden die ehemaligen Kommunisten und Sympathisanten stets einen Kreis um Huynh Cu. Es ist die Stunde der Vertraulichkeiten, die man nicht mit jedem austauscht. Than Hai gehörte als Leutnant zum »Zentrum R«, Kodewort für das FNL-Oberkommando, wo er sich mit der Versorgung beschäftigte. Von einem Karren überfahren, wurde er schlecht behandelt, litt seitdem an heftigen Kreuzschmerzen. Ein nordvietnamesischer Kommandeur hörte eines Tages sein Stöhnen und wie er dabei den Namen Buddhas anrief, etwa wie wenn man hier sagt: »Mein Gott, wie leide ich!« Der Kommandeur kritisierte das:

»Wie kannst du als Kommunist zu Buddha beten?«

Die dumme Bemerkung ärgerte Hai:

»Mein ganzes Leben habe ich der Partei gewidmet. Mein Vater fiel im Kampf, meine Frau und meine Kinder starben unter amerikanischen Bomben, ich habe fürchterliche Schmerzen. Das alles weißt du, und doch wagst du es, mir solchen Vorwurf zu machen?« Der Kommandeur reagiert überheblich, die Diskussion wird heftiger. Blindwütig stürzt Hai sich auf seinen Vorgesetzten.

Natürlich wird er verhaftet; seine Vergangenheit, sein schlechter Gesundheitszustand bewirken keine Milde. Er gehört zu den ersten Insassen des Le Van Duyet-Gefängnisses nach dem kommunistischen Sieg.

»Als ich hierherkam, sah ich die Liste der einige Tage vorher entlassenen Häftlinge der Marionettenregierung. In den Gemeinschaftszellen gab es 20 bis 22 Mann, nicht mehr. Dagegen waren wir im Anfang schon 36, und jetzt sind wir doppelt soviel.«

Da sein Zustand sich verschlimmerte, wurde Hai 1977 entlassen, zwei Monate später starb er. Auch Van Tang wurde direkt von einem Front-Gefängnis nach Le Van Duyet überführt. Er ist dreiundsechzig, seit dreißig Jahren KP-Mitglied, unter der französischen Herrschaft verbrachte er zehn Jahre im Gefängnis. 1972 leitete er die Untergrund-Behörde im Binh Chanh-Bezirk, zwanzig Kilometer südlich Saigons. Einer der Mitarbeiter Tangs steckt mit Thieu-Leuten unter einer Decke. Er fällt im Kampf. Die FNL findet bei ihm Dokumente, aufgrund deren ein Politkommissar Tang verdächtigt, mit dem Feind in Verbindung zu stehen und den Mord organisiert zu haben, um sich eines Komplizen zu entledigen. Trotz seines empörten Abstreitens landet Tang in einem Untergrund-Gefängnis:

»Das war so schrecklich, daß ich mich hier fast wohlfühle. Das ›Gefängnis‹ war ein zwei Meter tiefer, mit Zweigen bedeckter Graben. Die Einrichtung blieb stets die gleiche, denn, je nach dem Kampfverlauf, wurden wir woanders hingebracht. Die FNL-Gefangenen wurden mit den anderen vermischt: gegnerische Soldaten, entführte Beamte, der Spionage verdächtige Bauern. Wir wurden genauso behandelt. Für mich als alten Kämpfer war das schon sehr erniedrigend. Vor jedem Ortswechsel fanden einige Erschießungen statt, um die Kolonne zu verkleinern. Man liquidierte jene, die alle Auskünfte gegeben zu haben schienen, und die körperlich Schwachen. Es gab Verhöre, aber kein Gericht. Einige Gefangene wurden ganz einfach beiseitegeführt. Wer zum Tod verurteilt war, bekam noch einen Napf Reis, während andere sein Grab schaufelten. Der Unglückliche war so hungrig, daß er seinen Reis noch verschlang, obwohl er genau wußte, was ihn erwartete. Vor allen anderen wurde er erschossen. Reis erhielten wir nie, tagsüber bebauten wir ihn unter scharfer Bewachung. Unsere Nahrung war nichts weiter als etwas Maniok und Salz. Fleisch natürlich nie. Es war ein Glücksfall, wenn man kleine Frösche fand, die man lebend aß. Wir hatten solchen Hunger, daß wir sogar Wurzeln und Baumrinde aßen. Die Disziplin war grausam. Ein Streit unter Gefangenen, ein Protest konnten den Tod bedeuten. Die Posten schossen ohne Warnung. Nachts, unter der Erde, wurden die Füße der Gefangenen an eine Eisenstange bis zum nächsten Morgen gefesselt. Natürlich konnte man nicht aufstehen. Wenn nötig, mußte man seine Bedürfnisse, wie Tiere, an Ort und Stelle verrichten. Und unter den Männern gab es auch Frauen, die genauso behandelt wurden.«

Nach dem Fall Saigons entdeckte man unter den erbeuteten Dokumenten, daß Tangs Mitarbeiter ein Agent des gestürzten Regimes war; aber man entdeckte nicht den Beweis, daß Tang davon nichts wußte. Das genügte, um ihn im Gefängnis zu behalten: unmöglich, einen einmal Verdächtigen freizulassen, selbst wenn alles für ihn zu sprechen scheint. Tang bemühte sich, alles mit der Disziplin und Würde eines Funktionärs zu ertragen. Lange Zeit glaubte er, die Partei würde ihren Irrtum anerkennen und ihm Recht widerfahren lassen. Stoisch ertrug er die furchtbare Strafe, manchmal stimmte er noch eine Apologie der Partei an:

»Es stimmt, die Methoden sind zu brutal und zu blind. Aber welcher Partei kannst du vertrauen außer der KP? Keiner. Keine ist so ehrlich, so unnachgiebig, selbst wenn sie bisweilen ungerecht ist. Es gibt keinen anderen Weg als den der Partei.«

Ich versuchte zu debattieren: »Wir könnten doch auf dem Boden der gleichen Doktrin eine neue Revolution machen. Vor dreißig Jahren wart ihr auch nicht sehr zahlreich um Ho Chi Minh. Und heute ist es, dank dem Opfer der Anhänger, eine machtvolle Bewegung, die den Krieg gewann. Aber die Methoden sind unannehmbar. Ho Chi Minh ist tot, und seine Erben sind mehr an der Macht als am Ideal interessiert. Pham Van Dong, Vo Nguyen Giap haben eine historische Revolution vollbracht. Heute brauchten wir, vor allem im ganz anders gestalteten Süden, einen neuen Stil, einen Kommunismus mit menschlichem Antlitz, wie es die Tschechoslowaken 1968 wollten.«

Hai Tang schüttelt lächelnd den Kopf:

»Toai, du hast gute Absichten, aber du bist fast so naiv wie die *Phuc Quoc*. Auf welche Doktrin willst du dich denn stützen, um eine ›neue Revolution‹ zu machen? Ein Sozialismus nach deinem Geschmack? Es gibt den Kapitalismus, den Kolonialismus, und dem entgegen steht, trotz ihrer Irrtümer, nur eine einzige Kraft: die Kommunistische Partei. Nenne mir doch nur einen Führer, dem es gelungen wäre, irgendwo deinen humanistischen Sozialismus zu schaffen. Nenne mir nur ein Land, wo die Kommunistische Partei die von ihr eroberte Macht verloren hat.«

Tang prahlte stolz: Zwar hatte die Partei ihn irrtümlich verstoßen, aber die Partei war *stark*. Die Gespräche mit dem alten Tang waren umso bedrückender, als er immer mehr die Hoffnung verlor, eines Tages rehabilitiert zu werden. Dennoch wollte er sich keinen neuen Ideen öffnen. Indem er die Partei weiter verteidigte, setzte er sich selbst herab:

»Ich bin alt, ich habe zu viele Leute sterben sehen. Das vietnamesische Volk hat viel gelitten, es benötigt Frieden. Allein die KP kann ihn bringen. Ich bin nicht mit allem einverstanden, was sie tut, aber vielleicht kann man im Anfang nicht anders handeln. Vielleicht verstehe ich die objektiven Bedingungen nicht gut, die die Partei so zu handeln zwingen. Aber es ist gewiß notwendig zum Schutz der Revolution.«

Allmählich hatte sich Tang an den Gedanken gewöhnt, daß er ein Opfer der Revolution sein *müßte*. Eines Tages erzählte er mir die Geschichte des Hauptmanns Nam Thanh, der ein FNL-Regiment im Saigoner Gebiet befehligte. Unter dem Verdacht der Ermordung eines Offiziers wurde Thanh drei Jahre lang in einem Front-Gefängnis festgehalten. Dann stellte sich seine Unschuld heraus, der Politkommissar des Gebiets bestellte ihn zu sich:

»Nach einer Partei-Untersuchung haben wir jetzt den Beweis für deine Unschuld. Folglich *verzeiht* dir die Partei. Deine Zeit im Gefängnis wird als Dienst für die Partei betrachtet. Du bist frei.«

Man gab dem Hauptmann seine Rangzeichen und seinen Revolver zurück. Er hat sie nicht angenommen und ist zurückgetreten.

»Er hat recht getan«, sagt Tang. »Ein von der Partei selbst zu Unrecht Verdächtigter findet nie mehr das Vertrauen der Partei.«

Als ich das Le Van Duyet-Gefängnis verließ, sprach der Alte kaum noch. Er beantwortete sogar nicht einmal Fragen und sagte nur noch, daß er dort sterben werde. Er hatte alle Hoffnung verloren, nahm sein Schicksal an. Zerbrochen und treu, fuhr er fort, der Partei zu dienen. Als Gefangener.

Februar 1976. Wir achten gespannt auf ein Geräusch, das in uns Erinnerungen wachruft: den Lärm der Knallkörper auf den Straßen. Das ist der Anfang des Tet-Festes, des neuen Mondjahres. Oft hatte ich davon geträumt, was ich, einmal wieder im Frieden, während der Tet-Woche tun würde. Ich plante eine große Reise im ganzen Land, in Gebiete, die der Krieg mich zu sehen verhinderte. Ich würde nach Dalat gehen, um die frische, von Tannenduft erfüllte Luft zu atmen. Ich würde mit meinen Kindern zum Sa Huynh-Strand gehen, wo das Wasser so durchsichtig und flach bis weit hinaus ins Meer ist. Ich würde mit meiner Frau in Hué in den romantischen Parks, die die Kaisergräber umgeben, spazierengehen. Und dann sähe ich endlich Hanoi, diese so nahe und so ferne Hauptstadt, die man uns wie eine fremde Stadt zu betrachten lehrte. Ich empfand sehr lebhaft den Wunsch, endlich einmal das ganze Land kennenzulernen, seine Dimensionen zu erfassen, seinen Einwohnern zu begegnen. Viele Vietnamesen empfanden das ähnlich, überdrüssig des engen, durch zahllose Einschränkungen gefesselten Lebens. Die Freiheit, dahin und dorthin zu gehen, sich niederzulassen, wo man will, ohne Genehmigung noch Passierscheine, ist ein wesentliches Recht des Menschen. Die Bewohner im Westen genießen es, ohne besonders darauf zu achten, weil sie nicht wissen, was sein Verlust bedeutet. Als ich das Knallen des ersten Tet-Festes im Frieden vernahm, stiegen in mir diese Träume auf, und ich ermaß erst ganz, was in Vietnam vorging. Ich ermaß es zunächst, indem ich mein eigenes Schicksal betrachtete. Wenn ich nur eine Ausnahme gewesen wäre, das einzelne Opfer eines teuflischen Mißverständnisses. Aber nein. Was ich in Le Van Duyet sah, was Häftlinge uns erzählten, die von anderswo kamen, zeigte deutlich, daß die Kerker noch nie so voll waren – voller Menschen, die zumeist nicht hätten da sein sollen. Viele hätten amnestiert sein müssen, die Mehrzahl hätte höchstens eine Geldbuße oder Verwarnung verdient. Manche waren ganz einfach Unschuldige, von einer Kafkaschen Mechanik ergriffen, fragten sie sich, wie betäubt, welches Verbrechen sie wohl, ohne es zu wissen, begangen haben könnten. Ich war nicht Opfer eines Irrtums, sondern eines Systems.

Einige Tage vor dem Tet-Fest durften wir das erstemal unseren Familien schreiben. Als er uns diese unglaubliche Nachricht mitteilte, hatte der *Can Bo* hinzugefügt:

»Ihr könnt schreiben, was ihr wollt. Aber ich denke, das Beste wäre es, Nachrichten über eure Gesundheit zu geben und eurer Familie Wünsche zu übermitteln. Ihr könnt auch verlangen, daß man euch ein Paket schickt – nicht mehr als ein Kilo –, Süßigkeiten, Zigaretten oder Kleidung.«

Jeder hat die Andeutung verstanden. Wer über etwas anderes schreibt, hat keine Aussicht, daß der Brief je ankommt. Jeder erhält ein Viertel eines Schulheftblattes, ein Bleistift dient der ganzen Zelle. Man darf nur eine Seite des kostbaren Blättchens beschreiben, das uns mit der übrigen Welt verbinden wird. Nach einiger Zeit hat niemand einen Brief bekommen, auch nicht das erhoffte Paket. Ein Gefangener hat sich erdreistet zu fragen, ob die Briefe wirklich abgeschickt worden seien. Offizielle Antwort:

»Die Briefe werden von der Post befördert. Die Gefängnisverwaltung ist nicht befugt zu sagen, ob sie verteilt oder empfangen worden sind.«

Das habe ich erwartet; später wird meine Frau mir bestätigen, daß sie nie einen Brief erhalten hat. Ich bin überzeugt, daß keines der zweitausend Blättchen, die in jenen Tagen in Le Van Duyet (und sicher auch in anderen Anstalten) geschrieben wurden, je den Empfänger erreichte. Sie sind bestimmt in Akten eingeordnet worden, die das kommunistische Regime sorgfältig hütet. Wenn ich an die Emotion, die Hoffnung denke, mit denen wir die paar Worte an unsere Nächsten erfüllten, entrüstet mich noch immer der Betrug, dessen Opfer wir gewesen sind.

Die Hoffnung wachhalten und den kritischen Geist einschläfern, ist natürlich die Sorge aller Mächte. Doch keine bedient sich der Betäubung sowie der doppelten Sprache mit solcher Beständigkeit, mit solcher Heuchelei wie das kommunistische Regime. Bei der Übermittlung seiner Neujahrsgrüße wünschte das Politbüromitglied Xuan Thuy »starken Mut den Frauen und Kindern der Militärs und Beamten des alten Regimes, die von ihren Gatten und Vätern noch getrennt sind. Bei den nächsten Tet-Festen werden die Familien wieder zusammen sein«.

Xuan Thuy erklärte nicht, warum hunderttausende Menschen, die man vor acht Monaten zu einem einmonatigen Umerziehungskurs bestellt hatte, sich noch immer in den Lagern befanden. Er besaß noch die Dreistigkeit hinzuzufügen, daß es für die Familien tröstlich sein müsse zu wissen, daß ihre Angehörigen nicht mehr in Todesgefahr lebten wie während des Kriegs. Was die »nächsten Tet-Feste« angeht, so fragt man sich, wann sie kommen werden. Obwohl die Regierung behauptet, nur noch 50000 Personen in Umerziehungslagern zu haben, wissen die Vietnamesen sehr genau, daß Freilassungen nur tropfenweise erfolgen. 1979 waren Lager wie Gefängnisse noch immer überfüllt.

Obwohl ich das alles durchschaute, ließ ich mich wie alle anderen einfangen. Am Morgen des ersten Tet-Tages besuchte ein Hauptmann, von drei Oberwärtern begleitet, die Gemeinschaftszellen und hielt dort jeweils eine kleine ermunternde Ansprache:

»Als Vertreter der Revolution, der Partei und der Regierung wünsche ich euch ein Jahr des Glücks und der guten Gesundheit. Verhaltet euch so, daß ihr so früh wie möglich entlassen werdet. Beim nächsten Tet will ich euch hier nicht mehr sehen!«

Das Bedürfnis zu hoffen ist im Menschen so groß, daß alle Gefangenen lachten und klatschten. Der Zellenchef Huynh Cu überbrachte seinerseits in unserem Namen die besten Wünsche den Kadern. Der Hauptmann sprach dann noch einmal:

»Ich habe eine gute Nachricht für euch. Anläßlich des Tet-Festes werdet ihr Fleisch bekommen. Nicht viel. Ich weiß, zur Zeit der Marionetten gab es mehr, ich bin selbst Gefangener gewesen. Aber damals lebte das Regime wie eine Dirne von den ›Geschenken‹ der amerikanischen Neokolonialisten. Heute sind wir arm aber unabhängig, wir schulden niemandem etwas und teilen das, was wir haben.«

Nach dieser stolzen Proklamation zogen der Hauptmann und die Wärter ab, um die frohe Botschaft in den benachbarten Zellen zu verkünden. Um das Glück vollkommen zu machen, hatte der Hauptmann befohlen, die Türen offenzulassen. Natürlich durfte man nicht hinaus, bewaffnete Posten standen im Flur. Aber die offene Tür war eine Art Symbol, ein Versprechen. Man konnte von Zelle zu Zelle miteinander sprechen, man begann zu singen. Eine eigenartige Fröhlichkeit herrschte im Gefängnis. Neues Jahr, neue Hoffnung. Manche behaupteten mit Überzeugung: »Viele werden dieses Jahr entlassen, das ist klar! Der *Can Bo* hat doch gesagt, er will uns hier beim nächsten Tet nicht mehr sehen. Er konnte nicht mehr sagen, aber das ist deutlich genug!«

An Fleisch hatten die Köche ein 60 kg wiegendes Schwein bekommen. Für das gesamte Gefängnis. Das bedeutete 30 gr pro Häftling. Mit der bescheidenen Zuteilung vollbrachten die Köche wahre Wunder. Am ersten Tag gab es eine Bouillon, die wir wollüstig verzehrten. Am zweiten Tag gleiches Menü; die Bouillon war schon dünner, aber wir fanden sie noch köstlich. Schließlich am dritten Tag kam die Apotheose: jeder bekam einen schmalen Streifen Fleisch. Über dieses Festmahl sprach man noch viele Tage. Ich glaube, daß nie ein unglückliches Schwein den Geist so vieler Menschen während so langer Zeit beschäftigt hat.

Die Kerker der Revolution

In der Küche ist ein Platz frei, den mir der Zellenchef anbietet. Diese Gelegenheit darf man sich nicht entgehen lassen. Etwas hinauskommen, sich bewegen, die Langeweile der endlosen Tage töten. Ich arbeite so eifrig, daß mir der Aufseher nach zwei Wochen einen vertraulichen Auftrag erteilt: die Reisausgabe in den anderen Abteilungen, den Zonen B, C1 und C2, die während der letzten Monate im alten Gefängnishof errichtet wurden.

Jeden Tag, um 11 und um 16 Uhr, schleppe ich mit einem anderen Häftling die großen Reiskessel zu den Wärtern der anderen Gebäude. In der C-Zone tragen wir sie bis zu den Zellen, wobei wir einige Worte mit den Gefangenen sprechen können. Wir bemerken, daß diese Zellen noch schlechter als die in der A-Zone sind. Halb so hoch, Luft kommt nur durch eine schmale Öffnung in der Tür, kein fließendes Wasser. Dennoch sind dort häufig genauso viele Gefangene: zwischen vierzig und sechzig. Jeden Morgen teilt uns der Aufseher peinlich genau die vorschriftsmäßige Reismenge aus: 150 gr pro Essen und Gefangenen.* So können wir den gesamten Bestand wie auch die Belegschaft in den einzelnen Zellen errechnen. Auf dieser Grundlage kann ich behaupten, daß es in Le Van Duyet Anfang 1976 mindestens zweitausend Häftlinge gab.

Bald bemerke ich, daß die B-Zone ein besonderes Gebiet ist. Wir dürfen das Gebäude nicht betreten, in dem eine besonders eindrückliche Stille herrscht. Immerhin stellen wir dort einige Dutzend Rationen ab. Für die Wärter kann das nicht sein, denn sie haben ihren eigenen Eßsaal in der A-Zone, und ihre Nahrung besteht überdies nicht nur aus Reis und Salz. Es ist mir auch nicht entgangen, daß die in das Gebäude eintretenden Kader dem Wachtposten am Eingang einen Ausweis vorzeigen. Mein Gefährte Nghe glaubt, es handele sich um eine Sonderabteilung für wichtige, isoliert gehaltene Häftlinge. Andere, die wir ins Ver-

* Das ist 1976 die Ration. Später wird das Gewicht zwar beibehalten, aber dem Reis werden weniger nahrhafte Stoffe wie Maniok oder Süßkartoffeln beigemischt.

trauen ziehen, meinen, es seien Büros, wo sich vertrauliche Akten befinden. Aber weshalb dann die Reisausgabe?

Nach einigen Tagen weiterer Beobachtung verabrede ich mit Nghe ein kleines Manöver, das uns vielleicht erlauben wird, darüber mehr zu erfahren. Wir haben bemerkt, daß Punkt zwölf der Posten am Eingang der B-Zone seinen Platz verläßt, um in die Wachtstube zu gehen. Der ihn Ablösende kommt erst einige Minuten später. Mit unseren Küchenkameraden haben wir ein handfestes Alibi vereinbart (keinen Brennstoff mehr, ärgerliche Nachlässigkeit!). Wir kommen gerade nach dem Weggang des Postens vorbei. Ich stolpere so natürlich wie möglich, und mein Gefährte tut das Nötige, damit der dampfende Reis sich über dem Boden ergießt. Zwei Meter weiter ist ein Guckloch, sicher eine Zelle. Nghe schreit mich laut an:

»Dummkopf! Du hast den Reis umgeworfen. Durch deinen Fehler können wir jetzt bestraft werden.«

»Nun wenn schon! Wir sind doch im Knast. Was kann man uns denn noch tun? Niemand sieht uns, der Posten ist weg.«

Wenn jemand hier ist, muß er uns hören. Wir nehmen den Reis mit den Händen auf, so langsam wie möglich und doch Eile vortäuschend. Dann vernehmen wir Stöhnen, undeutliche Worte: »Freunde ...« Nghe und ich sehen einander an, einen Moment unseren Reis vergessend. Ohne den Kopf zu wenden, richte ich meine Stimme zum Guckloch:

»Wer bist du?«

»Van Tai aus Go Vap. Sie haben mich gefoltert. Drei Tage habe ich nichts gegessen und nichts getrunken. Ich habe Durst ...« Die Stimme eines Sterbenden.

»Bist du schon lange hier? Weshalb?«

»Seit zehn Tagen. Ich habe Durst, Schmerzen. Ich werde sterben.«

Weiter erfahren wir nichts.

»Achtung!« flüstert Nghe.

Der ablösende Posten eilt wütend herbei:

»Was macht ihr da?«

Zutiefst bestürzt weise ich auf die Spuren des Desasters am Boden:

»Ein Fehltritt ... Der Reis ...«

»Haut ab und schnell!« brüllt der *Bo Doi.*

Unsere Entdeckung wirkte sensationell. Wichtige Nachrichten zirkulieren rasch, sogar in den strengsten Gefängnissen: *In der B-Zone wird gefoltert!* Alle Gefangenen liegen auf der Lauer, um darüber mehr zu erfahren. Zunächst entdecken wir, daß Van Tai einige Tage in einer anderen Zelle war, daß er als »Reaktionär« verhaftet wurde. Es handelte sich um einen kleinen Frisör aus der Saigoner Vorstadt. In den letzten Tagen des alten Regimes hatte er sich einen Revolver zum Schutz vor herumstreunenden Plünderern besorgt. Er beging den Fehler, ihn zu behalten, nachdem die Behörden die Bevölkerung aufgefordert hatten, alle Waffen abzuliefern. Sein fünfzehnjähriger Sohn hatte die Stelle gezeigt, wo er lag. Die Verhaftung erfolgte wegen »bewaffneten Komplotts« oder irgendeiner ähnlichen Ungeheuerlichkeit. Der arme Frisör verstrickte sich in seine eigene Erklärungen; je mehr er seine Unschuld beweisen wollte, umso verdächtiger wurde er.

Der Häftling, dem er während seines kurzen Aufenthalts in einer Gemeinschaftszelle von seinem Unglück erzählt hatte, brauchte einige Tage, um zu begreifen, daß es sich um »den Gefolterten aus Zone B« handelte. Der Zufall wollte es, daß ein anderer Gefangener, sechs Tage nach unserer Entdeckung, sah, wie man den Körper Van Tais zu einem Jeep brachte, er erkannte ihn wieder. Und so ergaben die Puzzleteile ein Ganzes.

Tais Tod bewirkte eine von den Wärtern gewiß nicht vermutete Emotion. Ein Häftling, der ihn gekannt hatte, erzählte in der Küche, die eine Nachrichtenbörse war:

»Als ein *Bo Doi* Tai mit seinen Sachen aus der Zelle holte, glaubte man, er sei freigelassen. Wir sagten uns: Dieser Glückspilz. Er war nur zwei, drei Tage bei uns, sah nicht sehr bedeutsam aus. Was konnte man anders mit ihm tun, als ihn freilassen? Übrigens ging an jenem Tag sonst keiner weg, weder bei uns, noch nebenan. Kommt man in ein anderes Gefängnis oder in ein Lager, sind es immer mehrere. Er wurde gefoltert! Der arme Kerl. Unglaublich!«

Von nun an nahmen Einzelabgänge eine beunruhigende Bedeutung an. Nachforschungen ergaben, daß mehrere Häftlinge, die wir befreit oder in eine andere Anstalt überführt glaubten, ganz einfach in der Zone B waren. Wer von dort herauskam, wurde nie wieder in die Zelle verlegt, wo er vorher gewesen war. Lebten sie noch, kamen sie in ein anderes Gefängnis, ohne daß sie jemanden in Le Van Duyet wiedersahen, der sie kannte. Allein bei der Überprüfung der Essensverteilung konnten wir an manchen Tagen sagen:

»Aus Zelle 3 kam gestern einer weg. Es gab keinen Gefangenentransport. Niemand wurde anderswo eingeliefert. Der arme Teufel wird im Ba Dinh-Palast sein.«

Ba Dinh war Ho Chin Minhs Residenz in Hanoi, diesen Namen gaben wir der Zone B.

Ich selber erlitt nie die Folter, weder unter dem alten noch unter dem neuen Regime; ich habe nur ihr Vorhandensein unter beiden konstatiert. Unter der Marionettenregierung war ich entrüstet, unter der sozialistischen schäme ich mich. Außer dem Fall des Frisörs Tai, dessen Zeuge ich war, habe ich viele Berichte über Folterungen mitangehört, die die kommunistischen Behörden Vietnams belasten. Ich will hier nur ein Beispiel anführen, das einen anderen Aspekt der Machthaber enthüllt: ihre Heuchelei.

Van Ngoc war Hauptmann einer südvietnamesischen Spezialtruppe. Nach dem Zusammenbruch gefangengenommen, wurde er in eine Saigoner Villa gebracht, wo er mit vier schwer mißhandelten Gefangenen zusammenkommt. Alle vier wurden furchtbar gefoltert. Ein Fischer liegt im Sterben, er steht unter dem Verdacht, antikommunistische Guerilleros versorgt zu haben. Ngoc, der täglich seinen Abtransport in ein Umerziehungslager erwartet, weiß, daß er dort lange wird bleiben müssen, wenn er überhaupt zurückkommen kann. Er bittet mich, die Familie des Fischers Vinh zu benachrichtigen. Nach meiner Freilassung gehe ich zu seiner Frau, sie hört mißtrauisch zu und sagt dann: »Was ist denn das für eine Geschichte? Mein Mann wurde von der Revolution nie verhaftet, noch weniger gefoltert. Ich habe sein Verschwinden gemeldet. Die Polizei hat eine Untersuchung eingeleitet und mir nach einem Monat mitgeteilt, daß ihn eine Bande von Marionettensoldaten, die in der Gegend herumstreifte, getötet hat. Ich weiß, wo er beerdigt ist. Warum erzählst du denn solche Märchen?«

Ich fürchtete, die Frau würde die ganze Nachbarschaft auf mich hetzen. Ohne ein Wort zu sagen, machte ich mich auf und davon. Die Spitzelei ist keine kommunistische Erfindung, aber ich denke, daß kein Regime diese Waffe so systematisch benutzt. Jeder fühlt sich in jedem Augenblick überwacht, und niemand hat in irgendjemanden Vertrauen. Die Eltern nehmen sich vor ihren Kindern in acht, Freunde zögern, aufrichtig miteinander zu sprechen. Da ist es nur zu natürlich, daß einem Unbekannten, der plötzlich in einem Dorf aufkreuzt, Mißtrauen entgegenschlägt. Diese Frau war gewiß von meinen Worten beeindruckt, aber es war zu gefährlich, es zu zeigen. Ich hätte ja ein konterrevolutionärer Agent oder ein Polizeiprovokateur sein können. In beiden Fällen war es unvorsichtig, mir zuzuhören.

Die Atmosphäre des Verdachts, die im täglichen Leben der Bürger herrscht, ist natürlich noch weit bedrückender in der geschlossenen Gefängniswelt. Unaufhörlich spielen die Kader Gefangene gegeneinander aus, um Informationen oder Geständnisse zu bekommen. Sogar die Spitzel leben in der Furcht, bespitzelt zu werden. Hier das Schema, dessen Wirken ich mehrfach beobachtet habe: Ein Spitzel belastet den Gefangenen X. Nach einiger Zeit läßt man Y kommen, der X kennt, aber man befragt ihn über etwas ganz anderes. Sofort nach der Rückkehr von Y wird X geholt, man bedient sich der vom Spitzel gelieferten Informationen. Natürlich ist X überzeugt, daß Y ihn belastet hat, und rächt sich (oder glaubt, sich zu verteidigen), indem er alles berichtet, was er über diesen weiß. So werden zwei Freunde in Spitzel verwandelt.

Das gleiche System wird bei den in Freiheit befindlichen Bürgern benutzt. Manchmal treffen X und Y im Gefängnis zusammen, wo sie entdecken, daß sie einander denunziert haben in der Überzeugung, der eine hätte den anderen verraten. Die berühmten »Lebensbeschreibungen«, die jeder mehrere Male verfassen muß und die sorgfältig nachgeprüft werden, sind oft die Grundlage solcher

Machinationen. Es genügt, daß X unschuldig berichtet, daß er Y bei diesem oder jenem Anlaß gekannt hat. Hat Y dieses Detail in seinem eigenen Bericht vergessen, genügt es, daß man ihn auffordert, dazu Stellung zu nehmen. Das führt nicht zwangsläufig ins Gefängnis oder ins Lager, aber es schafft in den persönlichen Beziehungen ein bedrückendes Klima von Zurückhaltung, sogar von Mißtrauen.

Unter den Wärtern, die die Küchenarbeit überwachen, bemerke ich einen dreißigjährigen Nordländer, der schon eine goldene Armbanduhr besitzt und ständig von seinem Motorrad spricht. Nam Luu hat sich aus gutem amerikanischem Stoff eine Hose nach Saigoner Mode schneidern lassen. Solche Anzeichen sind untrüglich: Wie viele seiner Kameraden, die in unglaublicher Armut aufgewachsen sind, wurde Nam Luu vom Konsumdämon ergriffen. Und da er nicht sehr hell ist, kann ich mich vielleicht seiner bedienen. Eines Nachmittags frage ich ihn, wieviel er verdient.

»Nur fünfundzwanzig Dong.«

Das sind 12500 alte Piaster. Unter dem ehemaligen Regime kostete ein Motorrad 40000 Piaster, aber jetzt ist der Preis mächtig hochgeklettert (1978 erreichte er eine Million alter Piaster). In sechsmonatiger Revolutionszeit hat sich Genosse Nam Luu nicht schlecht durchgeschlagen. Sehr gelassen frage ich ihn:

»Haben Sie schon eine Spezialbrille, durch die man direkt in die Sonne sehen kann, ohne verbrannt zu werden?«

»Was? Solche Brillen gibt es?«

»Klar, ich hatte sogar zwei. Wenn ich freigelassen werde, gebe ich Ihnen eine.«

Nam Luu ist gierig auf den Leim gekrochen:

»Wieviel kostete denn das vorher?«

»Na, so ungefähr 10000 Piaster, 20 Dong.«

Die ungewöhnliche Summe beeindruckt ihn nicht, solche »Spezialbrille« muß natürlich sehr teuer sein.

»Und du würdest mir eine geben?«

»Gewiß, ich brauche doch nicht zwei. Vor allem nicht hier.«

»Wo ist denn diese Brille? Bei dir? Ist das weit?«

Jetzt habe ich ihn: »Nein, ganz nahe. Wenn Sie wollen, können Sie sie holen. Ich muß nur meiner Frau ein Wort schreiben, damit sie sie Ihnen gibt.«

Nam Luu hat begriffen. Er reagiert mit einer List, die ich von ihm nicht erwartet habe, gibt mir offen ein Paket Zigaretten und sagt laut:

»Hier Toai, einige Zigaretten für dich.«

Ich bedanke mich herzlich. Die Zigaretten beglücken meine Zellengefährten, aber mich interessiert die Zigarettenschachtel, worauf ich meiner Frau einige Worte schreibe: sie solle mir Geld schicken und dem Überbringer meine Sonnenbrille geben. Zwei Tage später reicht Nam Luu mir wieder ein Zigarettenpaket. Im Innern ein Brief meiner Frau, die mich verloren glaubte. Im Tran Hung Dao-Gefängnis hatte man ihr gesagt, ich sei nicht auf der Liste, und man wisse nicht, wo ich mich befinde. Sie hatte an alle Gefängnistore der Stadt geklopft, mit Ausnahme von Le Van Duyet, von dessen Existenz sie nichts wußte. »Vielleicht ist er in einem Lager im Norden«, hat man ihr einmal gesagt. Zuhause herrschte Verzweiflung, so wurde Nam Luu mit Freude empfangen. Und er ist sehr stolz mit seiner Sonnenbrille. Einige Tage danach bittet mich ein Häftling, als Vermittler zu wirken, um Nam Luu eine Schweizeruhr anzubieten. Ein Spitzel erfuhr das, so kam ich in den Karzer wegen »versuchter Bestechung eines Wärters«.

Die dort verbrachten zwanzig Tage gehören nicht zu meinen besten Erinnerungen. Der Karzer ist ein enges Loch, an dessen Wänden Wasser herunterläuft und das vollständig dunkel ist. Meine linke Hand ist an den rechten Fuß gefesselt, die rechte Hand an den linken Fuß. Unmöglich, aufzustehen oder sich hinzulegen. Nur einmal am Tage werden die Fesseln fünf Minuten gelöst, um die natürlichen Bedürfnisse zu befriedigen und den einzigen Napf Reis – die Hälfte der gewöhnlichen Ration – herunterzuschlingen. Ich bekomme nur einen halben Liter Wasser täglich zum Trinken; es ist nicht die Rede davon, sich zu waschen.

Nach etwa zwölf Tagen spüre ich Fieber. Bald weiß ich nicht mehr, ob ich schlafe oder wach bin, ich habe Halluzinationen, wobei meine Mutter und Onkel Ho vorüberziehen. Ich deliriere. Später erzählt mir ein Gefangener, der mir den Reis brachte, daß der Wärter mich für einen Simulanten hielt. Doch eines Tages findet er neben mir unangerührt den Reis vom Vortag. Ich erinnere mich undeutlich, daß man die Fesseln entfernte, mich stützte, damit ich aufrecht stehen konnte. Meine steifen Beine versagten, ich schüttelte mich im Fieber, das Licht tat meinen Augen weh und alles drehte sich um mich. Ich fühle, daß ich auf Schultern hinausgetragen werde. Die frische Luft belebt mich ein wenig. Ich höre Schlüsselgeräusch. Ein fürchterlicher Gestank schlägt mir entgegen. Ich werde ohnmächtig. Es scheint, daß ich bald wieder zu mir kam, einige zusammenhanglose Wörter sprach und wieder einschlief.

Zwei Wochen lang pflegten mich meine neuen Zellengefährten mit beispielhafter Hingabe. Natürlich ist »pflegen« ein sehr großes Wort: trotz wiederholter Bitten erhalten sie kein Medikament, noch nicht einmal Aspirin. Und selbstverständlich kommt weder ein Arzt noch ein Sanitäter, obwohl sich Beriberi-Symptome zeigen. Aber man sorgt für mich, hilft mir beim Waschen, sammelt etwas Reis zur Aufbesserung meiner Ration.

Ich weiß nicht, wie es mir nach einem Dutzend Tagen gelang, wieder auf den Füßen zu stehen, mich selbst zu waschen. Wahrscheinlich war allein der Wille, mich meinen Kindern zu erhalten, in meinem Geist noch wach und hat mich gerettet. Und auch das »Testament« der Gefangenen, das ich besitze und das ich, falls ich hier herauskomme, der Weltöffentlichkeit bekanntmachen muß. Denn mein Körper ist schon fast am Ende. Im Karzer hatte ich mehr als fünf Kilo verloren, und die Krankheit hat meine letzten Kräfte erschöpft. Später erfahre ich, daß die Küchenhelfer, die mich fortgetragen hatten, überzeugt waren, ich würde es nicht überleben, denn die Zelle in der C-Zone war viel schlechter. Während ich mich langsam erhole, verbreitet sich in der A-Zone das Gerücht, ich läge im Sterben oder sei sogar schon tot.

War ein Häftling durch den Aufenthalt im Karzer zu kaputt, schickten ihn die *Can Bo*, um die Verbreitung von Gerüchten zu begrenzen, nie in seine alte Zelle zurück. Die C-Zone, wo ich landete, war für eine Rekonvaleszenz nicht gerade geeignet. Der Gestank, der mich Halbbewußtem fast ersticken ließ, erfüllte die Zelle 7: sechzig Mann auf einer gleich großen Fläche wie in der A-Zone, nur war der Raum halb so hoch (drei statt sechs Meter), Luft kam nur durch eine 20 cm lange und 15 cm breite Öffnung. Es ist sozusagen unmöglich zu atmen. Der Zugang zur Luftöffnung ist streng reglementiert. Jeder darf dort nur eine Minute bleiben, Alte und Kranke zwei Minuten. Da wir keine Uhr haben, zählen die Wartenden bis 100 (oder 200), und das ist ein ständiges Streitobjekt: »Der zählt zu schnell, jener zu langsam für seinen Kumpel!« Der eingeatmete Sauerstoff wird bei dem Geschrei rasch verbraucht, dann muß man wieder eine Stunde warten, um an die privilegierte Stelle heranzukönnen.

Schließlich gibt es in den vom kommunistischen Regime erbauten neuen Zellen keinen Wasserhahn. Die die A-Zone kennen, sprechen mit Wehmut vom ständig laufenden Wasser, das immer zu trinken und sogar sich zu waschen erlaubte. Hier wird Wasser durch einen Gummischlauch nur eine Viertelstunde am Tag verteilt; dabei muß ebenfalls streng auf die Reihenfolge geachtet werden, damit kein Tropfen verlorengeht.

Luft, Wasser. Welches Strafsystem wagt, diese beiden Lebenselemente zu rationieren, die in Vietnam so überreichlich vorhanden sind? In den von der Revolution neuerbauten Zellen in Le Van Duyet fehlt es verzweifelt an Luft und Wasser, ohne von allem übrigen zu sprechen. Alle Männer über ein gewisses Alter, fünfzig und mehr, sind krank. Erscheint ihr Fall als hoffnungslos, werden sie woandershin überführt oder manchmal entlassen – gerade noch rechtzeitig genug, damit sie bei sich zuhause sterben können und man nicht sagt, sie seien im Gefängnis umgekommen. Oft genug kommen solche verspäteten »Gnadenbeweise« zu spät. In Karzern wie jenem, in dem ich zwanzig Tage verbrachte, sterben alte Gefangene nach drei Tagen. Kräftige hielten es länger als zwei Monate aus.

In der Zelle 7, Zone C, schlief ich zwischen einem Dreißigjährigen und einem Sechzigjährigen. Letzter, Van Dien, war einer jener Bauern, wie man sie in allen Ländern findet: hinter einer einfachen und rauhen Art verbirgt sich viel Weisheit und Menschenkenntnis. Er berichtete über seine Verhaftung mit einer leicht humorvollen Philosophie: »Als der Friede da war, habe ich gedacht, man könnte sich aufmachen, um ohne Furcht seine Freunde zu sehen. Siebzig Kilometer von mir entfernt wohnte mein Freund, den ich schon viele Jahre nicht mehr gesehen hatte. Soldaten waren gerade dabei, sein Haus zu durchsuchen. Ich fragte, was sie dort tun. Da haben sie mich verhaftet. Ich weiß nicht, was sie von meinem Freund wollten; ich weiß nur, daß ich unschuldig bin. Aber wessen unschuldig?«

Dien konnte aus der Hand lesen, die Häftlinge drängten sich um ihn, damit er ihnen ihr Schicksal sage. Er tat es nur, um Hoffnung zu verbreiten:

»Ah, ich sehe, du hast noch Glück vor dem nächsten Tet-Fest. Doch, doch, da steht geschrieben, daß du frei sein wirst.«

Ich weiß nicht, ob es in seiner Hand geschrieben stand; aber wie dem auch sei, Cao Van Dien starb im neunten Monat seiner Haft, ohne je zu erfahren, warum man ihn verhaftet hatte. Er starb an meiner Seite, ich vernahm seinen letzten Atemzug.

Do Duc Vu dagegen kannte den Grund seiner Verhaftung im August 1975, da er »verdächtigt« worden war, mit seiner Familie in einem Schiff aus dem Land zu fliehen. Glaubt man der Menschenrechts-Charta, so ist das Verlassen seines Landes nicht nur keine Straftat, sondern ein von allen Signatarmächten anerkanntes Recht. Darunter befindet sich die Sowjetunion, die das neue Vietnam aus der UN-Taufe gehoben hat. Dennoch betrachtet die UdSSR den Wunsch auszuwandern als Verrat. Vietnam ist noch einen Schritt weiter gegangen: der Verdacht allein, auswandern zu wollen, genügt, um verhaftet zu werden.*

* Das galt während der ersten drei Jahre der kommunistischen Ära. Nachdem der Beschluß gefaßt war, sich der vietnamesischen Chinesen zu entledigen, ließ die Regierung fast offen jene Emigranten ausreisen, die in Gold bezahlen konnten.

Das war die Lage von Do Duc Vu, ein sechzigjähriger Kleinindustrieller, ehrlich, höflich, zurückhaltend. Er kümmerte sich nicht um Politik und hatte sich nicht in Kriegsgeschäften bereichert. Er war weder mit dem alten noch mit dem neuen Regime zufrieden. Aber er war bereit, sich anzupassen, weil er überzeugt war, daß sachkundige, ernsthafte und arbeitsame Leute wie er dem Lande stets nützlich wären. Da irrte er sich. Ein »wohlwollender Freund« schrieb der Polizei, er beabsichtige auszureisen. Die ganze Familie wurde verhaftet, Frau und Töchter kamen nach einem Jahr frei; aber der Familienvater blieb, ebenso wie sein Sohn, in Haft. Stellen Sie sich diesen alten bescheidenen Bürger in der Zelle vor. Für Leute, wie ich, jung und mit Gefängniserfahrung, für ehemalige Partisanen, an ein hartes Leben gewöhnt, war es schon schwer zu überleben. Für ihn war es die Hölle. In der stickigen und stinkenden Gefängnisatmosphäre brach er schon am ersten Tag zusammen, er erwachte aus dem Schlaf nur, um zu stöhnen:

»Ich werde sterben.«

Tatsächlich ist der alte Vu im Begriff zu sterben. Erfolglos spricht der Zellenchef mit den Wärtern, die antworten:

»Was können wir denn tun? Auch wir haben keine Medikamente.«

»Dann entlassen Sie ihn doch, statt ihn hier verrecken zu lassen!«

»Wir haben nicht über Entlassungen zu befinden.«

»Aber Sie können wenigstens Ihren Chefs sagen, daß Menschen im Sterben liegen. Es wäre besser, sie einfach hinzurichten, statt sie tagelang sterbend liegen zu lassen.«

»Wir müssen viele Fragen lösen, nicht nur Ihre.«

Klassische Antwort der Wärter, die wir schon oft gehört haben und die fast automatisch kam, sobald eine ernste Frage gestellt wurde. Wahrscheinlich hat man die gleichen Sprüche ausgetauscht, als ich fast bewußtlos den Abhang hinunterglitt, den ich wie durch ein Wunder wieder emporgeklettert bin.

Vus Agonie, inmitten seiner Zellengefährten, dauerte eine ganze Woche; und trotz der Fürsprache bei den Wärtern erhielt er keine ärztliche Hilfe. Die einzige außergewöhnliche Vergünstigung war ein wenig warmes Wasser, um den Durst des Unglücklichen zu stillen. Die Gefängnisdirektion wußte Bescheid, vermerkte sie doch: »Vu wurde an seinem Todestag entlassen.« Mit einem Gefährten wurde ich beauftragt, die Leiche auf einer Bahre bis ans Gefängnistor zu tragen, wo Frau Vu und ihre beiden Töchter weinend standen. Ein Kader übergab der Witwe den Entlassungsschein ihres Mannes ... Die Heuchelei ging noch weiter. Der im gleichen Gefängnis, aber in einer anderen Zelle internierte Sohn Hung wurde über den Tod seines Vaters nicht informiert. Durch Vermittlung eines meiner Freunde aus der Küche gelang es mir, ihn zu verständigen. Einige Zeit danach wurde Hung zum Verhör bestellt, in seiner Einleitung sagte der *Can Bo:*

»Dein kranker Vater wird entlassen. Natürlich wirst auch du eines Tages entlassen, wenn du mir die ganze Wahrheit sagst. Die Regierung führt eine Politik der Milde und Wiederversöhnung aus.«

Hung konnte nicht antworten, daß ihm der Tod seines Vaters bekannt sei. Das hätte eine Untersuchung zur Folge gehabt und eine strenge Bestrafung seiner Informanten. So wandte er eine List an:

»Ich bin sehr beunruhigt. Vor einigen Tagen habe ich geträumt, mein Vater sei gestorben. Bitte erlauben Sie mir, ihn zu sehen.«

»Nach den Vorschriften ist das verboten, aber ich werde deine Bitte an den Gefängnisdirektor weiterleiten.« Unnütz zu sagen, daß nie eine Antwort kam.

Ich weiß, daß es in Argentinien oder in Uganda noch schlimmere Gefängnisse gibt als Le Van Duyet, das tatsächlich nicht zu den schlimmsten Gefängnissen Vietnams zählt. Aber ich bin nicht stolz, daß mein Land, das sich sozialistisch und zivilisiert nennt, den finstersten Diktaturen näher steht als sogar den traurigen Volksdemokratien Osteuropas. Sprechen wir nicht von den demokratischen Ländern, wo Straftäter zu jeder Mahlzeit Fleisch bekommen, die Möglichkeit haben, Rundfunk zu hören, zu schreiben, zu lesen, zu studieren, Besuche, Pakete und sogar Urlaub erhalten. Natürlich ist kein Gefangener glücklich, weil er nicht frei über seine Zeit verfügen kann. Aber ich kenne Millionen Vietnamesen, die nicht im Gefängnis sind und ihr Los gern mit dem eines Insassen in einem französischen, englischen oder amerikanischen Gefängnis vertauschen würden. Sie würden sich nicht allein satt essen, sie hätten mehr Freiheiten und vor allem würden sie genau wissen, wie lange sie sich gedulden müßten, bis sie endlich *die* Freiheit wiederfänden.

»Willst du deine Familie wiedersehen?«

Um jeden Preis aus dieser Zelle heraus, wo die Menschen mangels Luft und Licht zugrundegehen. Versuchen, draußen irgendeine Arbeit zu bekommen. Ich habe erfahren, daß der Gefängnisarzt Dr. Quang ist, den ich ehemals als Studentenaktivisten kannte. Durch Bestechung des mit der Wasserverteilung betrauten Häftlings gelingt es mir, Quang ein Notsignal zu geben. Kurz danach bestellt mich der für unseren Sektor verantwortliche Aufseher, Leutnant Ban, zu sich:

»Dr. Quang braucht sachkundige Helfer; es scheint, daß du Pharmazie-Student gewesen bist. Ich habe deine Akte geprüft und konstatiert, daß du mit der Revolution zusammengearbeitet hast. Dein Fall ist nicht allzu ernst. Ich will dir vertrauen und Gelegenheit geben, dich nützlich zu machen. Ab Morgen 8 Uhr bis 5 Uhr nachmittags stehst du den Ärzten zur Verfügung. Wenn du gut arbeitest, wird man dies berücksichtigen und dich früher entlassen.«

Ich weiß, daß der letzte Satz eine rituelle Formel ist. Die Kader appellieren ständig an die freiwillige Mitarbeit der Häftlinge und versprechen, daß die Haftdauer nach ihrer Folgsamkeit berechnet wird – was falsch ist. Dennoch ist entscheidend, daß ich neun Stunden am Tag der ekelhaften Zellenluft entgehen kann. Atmen! Im ursprünglichen Sinn des Wortes, ich verlange nichts mehr. Um zu verstehen, was das bedeutet, muß man zwölf- oder fünfzehn Mal täglich auf die eine Minute gewartet haben, während der man seine Lunge mit ein wenig frischer Luft füllte.

Jeden Morgen um 8 Uhr werde ich ins Gefängnislazarett geführt. Dr. Quang, dem ich dieses Privileg verdanke, vermeidet sorgfältig zu zeigen, daß er mich kennt, und spricht nur in sehr »dienstlichem Ton« zu mir. Zuerst beauftragt man mich mit einfachen Säuberungs- und Ordnungsarbeiten. Dann etikettiere ich Arzneimittel und sterilisiere Spritzen, chirurgische Instrumente. Schließlich erhalte ich die Aufgabe, angesichts des Mangels an qualifizierten Sanitätern, unteren Beamten, Soldaten und Wärtern Spritzen zu geben. Kader und Offiziere werden von den Ärzten selber behandelt. Wie man bereits gesehen hat, können die Häftlinge solche üppigen Vorrechte nicht beanspruchen.

Hätte ich mich nicht selbst überzeugt, hätte ich nie geglaubt, daß im medizinischen Bereich die unterschiedliche Behandlung solch einen Grad erreichen kann. In der hinter uns liegenden kapitalistischen Gesellschaft gab es zwei medizinische Systeme: für die Reichen, die zahlen konnten, und für die Armen, die warten mußten. Aber in dringlichen Fällen erlaubte eine gewisse ärztliche Pflicht auch den Armen, sofortige Hilfe, ohne Rücksicht auf die Bezahlung, zu erhalten. Die Rettung eines Lebens war ausschlaggebend, das lehrte man die Ärzte, und sie behielten diesen Reflex: zuerst den am meisten Gefährdeten behandeln.

In der klassenlosen Gesellschaft, die jetzt angeblich im Aufbau begriffen ist, muß der Arzt zuerst, wenn nicht sogar ausschließlich, Führer, Kader, Parteimitglieder behandeln. In Südvietnam sind die besten, von den Amerikanern eingerichteten Krankenhäuser den höheren politischen und militärischen Kadern (vom Major an aufwärts) vorbehalten. Das ist die A-Klasse. Dann gibt es Krankenhäuser für die Ränge B und C, Soldaten und kleine Beamte sind in der D-Klasse, die übrige Bevölkerung gehört zur E-Kategorie. Die Parias des kommunistischen Regimes, Soldaten oder Beamte der Thieu-Regierung, Gefangene wie wir: sie gehören keiner Kategorie an, existieren nicht, vielleicht pflegt man sie einmal aus Mitleid. Nein, ich übertreibe nicht.

Dr. Quang hat in Hué und Saigon studiert. Er ist Mitglied der FNL, aber nicht der KP. Offenkundig hat er beschlossen, diesen ärgerlichen Mangel zu beheben; denn nie äußert er auch nur die leiseste Kritik an unseren Arbeitsbedingungen. Eines Tages sage ich ihm, daß es in den Zellen Gefangene gibt, die dringend von einem Arzt untersucht werden müßten, weil sie sonst sterben würden. Da gibt Quang mir diese unglaubliche Antwort: »Diese Leute waren schon vorher krank. Hätte man sie nicht verhaftet, wären sie auf die gleiche Art gestorben.«

Konnte Quang überhaupt glauben, was er sagte? Natürlich tat er so, indem er sich sagte, er handele in strenger Übereinstimmung mit der neuen Ordnung. Dennoch zweifle ich, ob er ruhigen Gewissens war und sich heute in seiner Haut wohlfühlt. Die den Eid auf Hippokrates geleistet haben, bewahren eine unauslöschliche Spur. Quang war nicht der Chef der ärztlichen Abteilung, über ihm war die Ärztin Dr. Tam, die in Hanoi studiert hatte – und Parteimitglied war. In ihrem Fach hatte sie bescheidene Fähigkeiten, noch mehr auf dem Gebiet allgemeiner Kultur. Wie alle in Nordvietnam geschulten Kader ignorierte sie, daß die Wissenschaft und überhaupt die Gesellschaft in den westlichen Ländern seit den dreißiger Jahren beträchtliche Fortschritte gemacht hatte. Für sie waren das Länder, wo Arbeitslose täglich mit bewaffneten faschistischen Banden kämpften. Aber Dr. Tam war eine echte, einwandfreie kommunistische Aktivistin. Wäre nur die Hälfte der Kader des Regimes so ehrlich und unbestechlich wie sie, dann könnte man an die Revolution glauben, ungeachtet ihrer Ignoranz und ihres Konformismus.

»Warum haben die Gefangenen keinen Anspruch auf ärztliche Pflege, selbst wenn sie im Sterben liegen?«

Auf diese Frage, die ich einmal zu stellen wagte, gab Dr. Tam mir folgende beschämende Antwort:

»Ich habe den Auftrag, Kader zu behandeln. Ich weiß nicht, was man mit den Häftlingen tun muß; das ist nicht meine Aufgabe.«

Wenn ich ihr den Fall eines Schwerkranken beschrieb, gab sie mir manchmal einige Tabletten, harmlose Beruhigungsmittel. Antibiotika, Vitamine waren den Kadern vorbehalten, sogar Soldaten behandelte man mit zerriebenem Knoblauch, der in die Nase eingeführt wurde. Spritzen, von den »amerikanischen Imperialisten« übernommene Medikamente wurden nur in schweren Fällen verwendet.

Oft entnahm ich einige Pillen, um Kameraden zu helfen. Am Ende jedes Nachmittags kam ich wieder in meine Zelle, wo ich immer einen Bedrängten vorfand. Meine Pillen hatten eher einen psychologischen als therapeutischen Zweck. Die elende Ernährung, die bedrückende Zellenatmosphäre verurteilen erkrankte ältere Häftlinge praktisch zum Tode. Jeden Tag werden Leichen aus der Abteilung C fortgeschafft. Beim Durchsuchen der Kleider eines Verstorbenen entdecken die Wärter eine Aspirin-Tablette, natürlich fällt der Verdacht sofort auf mich. Leutnant Ban läßt mich kommen:

»In Anerkennung deiner Vergangenheit wollte ich dir vertrauen. Heute sehe ich, daß du es nicht verdient hast. Du hast schon einmal versucht, einen Wärter zu bestechen; jetzt stiehlst du Medikamente, die den Kadern vorbehalten sind. Du bist ein schlechtes Element und arbeitest heimtückisch gegen den Klassenkampf.«

In manchen Ländern wird man verurteilt, wenn man einer gefährdeten Person nicht beisteht. Im heutigen Vietnam geschieht das Gegenteil, falls derjenige, dem man hilft, nicht auf der richtigen Seite der Revolution steht. Nur knapp entging ich einem neuen Aufenthalt im Karzer. Selbstverständlich durfte ich meine verbrecherische Tätigkeit in der Krankenstation nicht mehr fortsetzen. Soviel ich weiß, unternahmen weder Dr. Tam noch Dr. Quang etwas für mich. Ich mußte mich wieder daran gewöhnen, vierundzwanzig Stunden am Tag in der stinkenden Zelle zu leben. Trotzdem konnte ich während der Monate, die ich draußen verbracht hatte, mich etwas erholen, vielleicht sogar einer fatalen Krankheit entgehen.

»Pst! Pst!« Der am Luftloch gerade atmende Kamerad dreht sich um und warnt uns. Ein *Bo Doi* nähert sich. Die diskutierenden Gruppen trennen sich, jeder ist unbeweglich und schweigsam an seinem Platz. Jetzt sieht man den *Bo Doi* in der Türklappe: »Doan Van Toai?«

»Das bin ich.«

»Zieh dich an und komm raus zur Arbeit!«

»Arbeiten«: das bedeutet die Wiederaufnahme meines Verhörs. Manche Gefährten sehen mich besorgt an, dagegen flüstern andere: »Du wirst freigelassen!« Ich knurre: »Freigelassen oder verurteilt, alles ist besser als hier zu verfaulen.« Der Wärter öffnet die Tür. »Zieh dich langsam an«, flüstert mir jemand zu. In der Zelle tragen wir nur eine Unterhose, unser Oberkörper ist nackt. Wenn ein Häftling hinaus muß, zieht er sich so langsam wie möglich an, damit die Tür einen Moment offen bleibt. Alle Schliche sind gut, um etwas Luft zu bekommen. Bei der Essensausgabe oder beim Einlassen eines Häftlings stellt immer jemand dem *Bo Doi* einige Fragen, was zwei oder drei Minuten frische Luft einbringt.

»Beeile dich!«, schreit der Wärter, der ungeduldig zusieht, wie unbeholfen ich mein Hemd zuknöpfe. Er ist noch ganz jung, kaum sechzehnjährig, mit der neuen gelben Uniform bekleidet, die seit kurzer Zeit die Polizisten tragen. Er versucht, sein Alter durch eine martialische Gebärde zu überspielen, Maschinenpistole an der Hüfte und schneidiger Ton:

»Geh voran! Los! Links! Rechts! Stehenbleiben, nicht bewegen!« Er öffnet die Tür eines Büros, meldet meine Ankunft und gibt mir ein Zeichen zum Eintreten.

Es ist ein ganz kleines Zimmer. Hinter einem Metallschreibtisch *made in USA* sitzt ein etwa fünfzigjähriger Kader. Etwas abseits ein viel jüngerer *Can Bo,* der den Mund nicht öffnet, wahrscheinlich ein Inquisitor-Lehrling, der einen praktischen Kursus absolviert. Der Offizier begrüßt mich, befragt mich nach meinem Befinden, nennt mich »Bruder«.

»Bist du gut behandelt worden? Oder hat man dich schlecht behandelt? Beklagst du dich über irgendetwas? Willst du deine Familie wiedersehen?«

An solche Zuvorkommenheit bin ich gar nicht mehr gewöhnt. Der Mann stammt aus dem Süden, vielleicht erklärt das seine Herzlichkeit, die bei den Leuten aus dem Norden äußerst selten ist. Es kann natürlich auch reine Heuchelei sein. Deshalb hüte ich mich, Klagen zu äußern; aber nichts sagen, wäre genauso ungeschickt. Ich versuche, die beiden widersprüchlichen Erfordernisse zu vereinbaren und achte auf meine Worte:

»Man kann nicht behaupten, daß es einem als Gefangener gut geht; meine Familie fehlt mir sehr. Doch vor allem möchte ich den Grund meiner Verhaftung kennen. Nennen Sie mir meine Schuld, damit ich darüber nachdenken und mich bessern kann.« »Nun, gerade das wollen wir uns aufzuklären bemühen«, sagt der *Can Bo.* Darauf folgt eine lange Rede, aus der hervorgeht, daß die

Revolution sehr bedauert, die Freiheit einiger hunderttausend Vietnamesen hat einschränken müssen. Aber es mußte geschehen, um sie vor dem Zorn des Volkes zu schützen, das die Verbrechen der Marionettenclique nicht verziehen hat. »Was dich betrifft«, schließt der Offizier, »gibt es einige unklare Punkte. Du mußt im einzelnen alle deine Kontakte mit der Befreiungsfront und deine Auslandsreisen beschreiben.« Man gibt mir einige Blatt Papier, einen Bleistift und setzt mich in einem Nebenzimmer an einen Tisch.

Ich war schon darauf gefaßt, mich noch einmal dem gleichen Pensum zu unterziehen wie im Tran Hung Dao-Gefängnis. Die Kommunisten haben eine wahre biographische Manie. Seit 1975 mußten alle Vietnamesen mehrfach ihren Lebenslauf beschreiben, einmal für die Organisation ihres Stadtbezirks oder ihres Dorfes, einmal für ihre Arbeitsstätte, für die Jugend- oder Frauenorganisation, für die Gewerkschaft. Natürlich landen alle Schriftstücke bei der Polizei, wo tausende Beamte sie prüfen und vergleichen mit den Berichten von Verwandten, Freunden, Bekannten, Vorgesetzten und Untergebenen.

Die Leute, die im politischen und wirtschaftlichen Leben des alten Regimes eine gewisse Rolle gespielt haben, sind selbstverständlich einer besonderen Aufmerksamkeit sicher. Wehe dem, der sich von einer zur anderen Biographie widerspricht! Wehe dem, der eine Episode seines Lebens vergißt, die die Polizei im Bericht eines Dritten entdeckt! Die Inquisition stürzt sich auf ihn, die Verhaftung ist nicht mehr fern. Es versteht sich von selbst, daß die Berichte der Verhafteten Zeile für Zeile geprüft werden und daß es zur teuflischen Freude der Verantwortlichen gehört, unter verschiedenen Vorwänden, die Betreffenden immer wieder schreiben zu lassen.

Ich beschreibe also von neuem meine Beziehungen zu Mitgliedern der Front und der KP; diesmal füge ich einen genaueren Bericht über meine Auslandsreisen bei, die ich in meiner letzten Biographie wenig behandelt hatte.

Als stellvertretender Vorsitzender des Saigoner Studentenverbandes mit den auswärtigen Beziehungen betraut, reiste ich im Dezember 1970 nach Frankreich und den Vereinigten Staaten, um unsere Aktion bekanntzumachen. In Paris sprach ich auf einer Versammlung vietnamesischer Studenten, die für die FNL waren, damals die große Mehrheit. Aber ich wünschte auch einen direkten Kontakt mit der nordvietnamesischen Delegation, die damals mit den Amerikanern verhandelte.

Eine Reihe höchst geheimnisvoller Mittelsmänner machte es schließlich möglich. Die Frau eines Arztes, Mitglied der KPV, brachte mich mit einem gewissen Tran Son zusammen, der mich eines Abends in einem Auto abholte, das nach einer halben Stunde anhielt, damit ich in einen anderen Wagen umstieg. Ganz Spionageroman. Wir fuhren in eine Vorstadt hinaus, in westlicher Richtung, schien es mir, aber ich kannte die Stadt nicht, und es war stockfinster. Wir hielten vor einem großen modernen Haus und kamen in eine ganz banale Wohnung. Weder Panzertür noch Leibwächter. Der Bewohner stellte sich unter dem Namen Nguyen Phuong vor, ein junger schmaler Mann, dessen Frau zwei Kinder zu Bett brachte.

Aber im Aufenthaltsraum erwarteten mich zwei Mitglieder der nordvietnamesischen Delegation bei der Pariser Konferenz. Einer davon war der Pressesprecher Thanh Le, ein kleiner Mann mit Brille, um die Vierzig, ziemlich häßlich und nie lächelnd. Von der Geheimnistuerei angesteckt, stellte ich mich nur unter dem Namen Doan vor, und am Schluß der Unterredung gab ich die Adresse eines Saigoner Freundes an. Das Gespräch war für mich ziemlich enttäuschend. Thanh Le sprach mit vorfabrizierten Klischees wie auf seinen Pressekonferenzen, die, wie man mir erzählte, westlichen Journalisten, die mit Robotern nicht zu sprechen gewohnt wären, tödlich langweilten. Man sprach über »die Entwicklung der fortschrittlichen Kräfte« in Südvietnam, »die wachsenden Schwierigkeiten der amerikanischen Imperialisten und der Marionettenregierung«: nichts Neues, nichts Unvorhergesehenes, nichts Vertrauliches. Ich war nur ein junger sympathisierender Student, und die Parteileute sprechen allein mit Parteileuten. Man beglückwünschte mich zum Studentenkampf für den Frieden, übergab mir einige Schriftstücke (darunter das Parteiprogramm und in Saigon unauffindbare Texte von Ho Chi Minh) und geleitete mich hinaus.

Die Reise nach den Vereinigten Staaten, wo mich das Studentenkomitee gegen den Krieg eingeladen hatte, in mehreren großen Universitäten wie Berkeley und Stanford zu sprechen, verlief noch enttäuschender.

Zunächst überraschte mich freudig die Feststellung, daß fast alle amerikanischen Studenten den Vietnamkrieg ablehnten. Aber bald empfand ich wirkliches Unbehagen, als ich die Simplizität und den Egoismus ihrer Argumentation entdeckte. Weil sie die Politik ihrer Regierung verurteilten, glaubten sie sich verpflichtet, die der anderen Seite ohne jede Kritik zu billigen. Das war sozusagen ihr Patent für Fortschrittlichkeit.

Sie trugen Abzeichen mit den Bildnissen von Ho Chi Minh oder Mao Tse-tung, geschmückt mit der Losung *Victory for NLF!* Sie verteidigten sogar noch radikalere Ansichten als die Befreiungsfront. Zwar führte ich in Saigon einen echten politischen Kampf, aber hier, im amerikanischen Campus, erschien meine Haltung eher zaghaft. Fast hätten diese jungen langhaarigen Burschen, diese überschwenglichen Jane Fondas, die mich umarmten, mir zugerufen: »Alle in den Untergrund! Es lebe die Revolution!« Natürlich alle Vietnamesen – nicht sie.

Sie verstanden nichts von der Komplexität der Lage. Die am besten Informierten, im allgemeinen auch die Professoren, stellten nach meinen Darlegungen idiotische Fragen in bezug auf bedeutungslose Gestalten wie Frau Ba Thanh oder General Van Minh, in denen sie mögliche Retter sehen wollten. Mit wütendem Masochismus schienen sie nur eins zu wünschen: den Sieg der FNL. Das konnte ich noch verstehen. Die Amerikaner hatten ein schlechtes Gewissen angesichts des Verbrechen dieses Kolonialkriegs. Ein Reflex puritanischer Selbstbestrafung ließ sie den Sieg des Guten über das Böse wünschen, den Sieg der FNL über den amerikanischen Kolonialismus.

Aber wie konnte ich, der in den Aulas von Berkeley und Stanford akklamiert wurde, ihnen erklären, daß die Dinge nicht so einfach waren? Wie ihnen darlegen, daß ein Gegner der Thieu-Diktatur und des amerikanischen Imperialismus nicht notwendig ein Anhänger der kommunistischen Parteidiktatur sein mußte? Oft brach ich entmutigt das Gespräch ab, ohne alle Punkte abzuklären. Über ihren Fanatismus verärgert, dachte ich noch, mit der FNL ein tolerantes und liberales Südvietnam schaffen zu können. Und ich sah auch sehr deutlich bei vielen Amerikanern, jenseits des antikolonialistischen Reflexes, eine rein egoistische Motivation: dieser Krieg sollte aufhören, weil er zu viele amerikanische Menschenleben und Dollars kostete. Anhänger des Kriegs oder des Friedens, waren die Amerikaner zumeist an ihrem Land und an sich selbst interessiert, nicht an Vietnam und den Vietnamesen.

Bei meiner Rückkehr in Saigon Ende 1970 fand ich bei dem Freund, dessen Adresse ich während meiner Begegnung mit den nordvietnamesischen Delegierten in Paris angegeben hatte, einen Brief mit der Aufschrift »Doan«. Zwei maschinengeschriebene Zeilen ohne Unterschrift, im Chinesenviertel Cholon aufgegeben. Eine bloße Warnung: »Vermeide Untersuchungen durch die Saigoner Geheimpolizei«. Immer die Lust an geheimen Methoden, aber auch eine Art, um mich wissen zu lassen, daß »man« meinen Besuch in Paris vermerkt habe, daß »man« mich nicht aus den Augen verliere und sowohl schützend wie aufmerksam über mich wache.

Ein Gong ertönt im Gefängnis, es ist mittag. Seit einigen Minuten lese ich, was ich geschrieben habe. Der *Can Bo* kommt ins Zimmer:

»Wieweit bist du?«

»Ich bin damit fertig.«

Natürlich habe ich meinen Bericht nicht mit den gleichen Worten geschrieben. Aber doch ist es dasselbe, nur in einer »fortschrittlichen« Version. Es ist nichts Falsches in meinem Bericht, aber ich bediene mich darin der Worte der offiziellen Ideologie, um nicht den geringsten Zweifel zu erregen. Dieses Regime erlaubt keinen Zweifel. Es kennt allein Wahrheit und Irrtum, es selbst besitzt die Wahrheit. Wer zögert, ist im Irrtum, muß folglich umerzogen werden. Weil das Regime die Wahrheit besitzt, ergibt sich daraus zwangsläufig, daß der Verhaftete in irgendeiner Weise schuldig ist. Seine vollständige Unschuld beweisen wollen, ist äußerst gefährlich: es heißt, die Revolution infragestellen.

»Nun, Toai, was ist geschehen?«

Jeder, der von einem Verhör kommt – seltenes Ereignis –, wird von den Kameraden bestürmt. »Was wollten sie denn wissen? Haben sie dir etwas über deine Zukunft gesagt? Glaubst du, daß sie dich freilassen?«

Ich weiß genau, wie es mit mir steht. 477 Tage bin ich jetzt hinter Gittern. Seit meiner Einlieferung ins Tran Hung Dao-Gefängnis habe ich mehr als fünfhundert Häftlinge kennengelernt, davon wurden nur sechs entlassen. Aber vier waren schon vor der Befreiung 1975 in Haft, die beiden anderen waren Frauen. Ich mache mir keine Illusionen. Die Kameraden, die gewöhnlich mit mir zusammen essen, haben auf meine Rückkehr gewartet. Nun schütteln sie den Kopf. Tatsächlich ist es besser, keine Geschichten zu erzählen. Wir sind für lange Zeit noch hier.

In unserer kleinen Gruppe ist auch der Journalist Dang Giao, der immer zu einem Spaß aufgelegt ist:

»Also, eßt mal. Ich weiß, daß die Speisekarte heute mittag nicht famos ist, aber heute abend führe ich euch ins *Maxim.* Einverstanden? Und dann gehen wir tanzen!«

Die »Speisekarte« ist tatsächlich immer elender. Jetzt bekommen wir nur noch 50 Gramm »schwarzen Reis«, den die Bergbauern in Mittelvietnam für die Viehzucht benutzen. Dazu gibt es mehr oder weniger gekochtes Weizenmehl, gewiß aus amerikanischen Beständen. Wenn man uns das noch als Brot gäbe! Aber mit dem schwarzen Reis gemischt, ist es ein ekelhafter Brei. Dennoch verschlingen wir mit gutem Appetit zweimal am Tag den ekelhaften Fraß. Dong holt aus seinem Versteck ein kleines Stück Zucker und besteht darauf, daß ich es esse:

»Sie verhören dich, da mußt du kräftig sein. Nimm es! Du mußt hier rauskommen. Ich bin schon zu alt, mit mir ist es aus.« Dong ist ein Fischer aus Vung Tau, vierundfünfzig. Er besaß ein Zwanzig-Tonnen-Schiff. Vor sechs Monaten unter der Anklage verhaftet, Vietnam illegal verlassen zu wollen.

»Aber ich hatte nie die Idee, das Land zu verlassen. Und jetzt bedauere ich es«, vertraut er mir an. »Da ich weder Beamter noch

Militär war, weshalb sollte ich denn fortgehen? Ich hatte drei Kinder, und meine Frau erwartete ein viertes. Wie konnten sie mich nur beschuldigen, daß ich flüchten wollte? Ich weiß es nicht. Vor allem auch darum, weil ich vorher mein Schiff oft benutzt hatte, um den Vietcong zu versorgen. Nachher sah der Ortskommandant weg, wenn er mich traf – kein Wort, keinen Gruß. Warum? Das weiß ich nicht. Ich glaube, sie wollten mir ganz einfach mein Schiff klauen. Deshalb mußte ich verdächtig sein. Man hat mich denunziert und beschuldigt, eine illegale Flucht vorzubereiten. Ich bin ein Trottel. Hätte ich das gewußt, wäre ich wirklich abgehauen.«

Am frühen Nachmittag holt mich der junge *Bo Doi* von neuem zur »Arbeit«. Der Kader beendet die Lektüre der von mir am Morgen beschriebenen Blätter, läßt mich dann hinsetzen. Unzufrieden runzelt er die Stirn:

»Was du da aufgeschrieben hast und was du vorher geschrieben hast, erklärt nicht, warum du nie bereit warst, der Front beizutreten, obwohl man es dir vorgeschlagen hat.«

»Ich habe mit der Front zusammengearbeitet. Wenn es ein Verbrechen ist, nicht Mitglied gewesen zu sein, dann sind fast alle Südvietnamesen Verbrecher. Aber da ist noch etwas anderes.« Ich will eine ziemlich gefährliche Karte spielen und gebe mir den Anschein zu zögern. Der *Can Bo* sieht mich aufmerksam an. »Etwas anderes?«

»Um die Wahrheit zu sagen, interessierte mich die FNL weniger als die Partei. Ich wußte natürlich, daß die Front nur eine provisorische Organisation ist, die Partei dagegen die wirkliche, dauerhafte Kraft. Ich dachte, eines Tages Gelegenheit zu haben, direkt mit der Partei in Kontakt zu treten.«

Der Offizier lächelt. Die Erklärung scheint ihm brauchbar zu sein, wenigstens im Augenblick. Er greift an einer anderen Stelle an:

»In deiner Biographie hast du einige wichtige Dinge verborgen. Zum Beispiel deine Beziehungen zur Geheimpolizei der Marionettenregierung.«

»Meine Beziehungen zur Marionettenpolizei! Man müßte eher

von meinen Unannehmlichkeiten sprechen. Ich wurde nicht allein mehrmals verhaftet, aber häufig beobachtet, ausspioniert. Wie oft mußte ich bei Freunden übernachten, um den Nachstellungen der CiO-Bullen* zu entgehen!«

»Du bist ihnen nicht immer entgangen. Eines Abends hast du im Restaurant Dong Khanh mit einem ihrer Agenten gespeist.«

»Ja, tatsächlich haben sie mich zu kaufen versucht. Und ich wollte ihr Spiel kennenlernen. Aber Sie wissen doch ganz genau, daß ich nicht deren Spiel gespielt habe. Sie besitzen die Archive, die sie keine Zeit hatten zu zerstören. Es ist leicht nachzuprüfen, daß ich nie mit ihnen zusammengearbeitet habe. Dagegen habe ich mich ihres Agenten bedient, mit dem ich im Restaurant zusammen war.«

»Wir werden das nachprüfen. Vorher wirst du diese Affäre in allen Einzelheiten erzählen.«

Der Kader reichte mir einen Bleistift und einige Blatt Papier. Wieder begann ich zu schreiben.

Ich war mehr verwirrt, als ich es erscheinen ließ. Tatsächlich bin ich in jener Affäre, die sich 1970 ereignete, die Katze gewesen und der CiO-Agent die Maus. Ausführlich sprach ich darüber nur mit To Thi Tuy, meiner Mitarbeiterin im Sekretariat des Studentenverbandes. Sie war FNL-Mitglied und in mich verliebt. Die Front verlangte den Abbruch der im übrigen platonischen Beziehungen mit mir. Sie heiratete dann einen Studenten, zu dessen Entlassung aus dem Gefängnis ich beigetragen hatte. Er war auf mich eifersüchtig. Kam die Indiskretion von dieser Seite? Wie auch immer, es war ein Fehler, daß ich diese Geschichte bisher nicht erzählt hatte, die den Verdacht der Untersuchungsbeamten hervorrief. Anläßlich einer Kundgebung gegen die Militarisierung der Studenten bemerkte ich neben mir einen jungen Mann mit Brille, der eine besonders heftige und mit starkem Beifall bedachte Ansprache hielt. Er nannte sich Van. Vorher hatte ich ihn nie gesehen. Aber in

* Um Thieus Geheimdienst lächerlich zu machen, bezeichneten die Vietnamesen ihn, in Anspielung auf die amerikanische CIA, als CiO.

der Aufregung jener Zeit war das nicht erstaunlich, und ich fragte auch nicht, welcher Fakultät er angehörte. Zwei Wochen später konstatierte ich, daß mein Haus ständig und ganz offen von zwei Polizisten in Zivil überwacht wurde. Schäbige Bullen, immer die gleichen. An einem sehr heißen Tag lud ich sie ironisch ein, bei mir ein Glas Wasser zu trinken. Zu meiner Überraschung nahmen sie an und baten mich, wegen der Nachstellung ihnen nichts nachzutragen. Sie führten nur Befehle aus. Dann klagten sie über die Schwere ihres Berufes, und ich bedauerte sie höflich. Kurz darauf kam einer zu mir:

»Der Chef möchte Sie sehen.«

»Ihr Chef? Warum denn?«

»Das wird er Ihnen selbst sagen. Er ruft heute Abend um elf Uhr an.«

Elf Uhr abends ist sogar in Saigon, wo man die relative Nachtkühle so lange wie möglich genießt, eine späte Stunde – eine Zeit für zweifelhafte Subjekte. Tatsächlich klingelte das Telefon um elf Uhr. Zunächst überhäufte mich der Sprecher mit Schmeicheleien, die selbst das Mißtrauen eines Naiven erweckt hätten. Ich wäre ein ungewöhnlicher Führer und hätte eine glänzende politische Zukunft vor mir. Ich ließ ihn reden, auf die Stimme achtend, die ich schon gehört hatte. Manche Einzelheiten, die der Mann über meine Tätigkeit kannte, erlaubten mir allmählich, einen gewissen Eindruck von ihm zu bekommen. Er sprach weiter:

»Jemand hat behauptet, Sie seien von den Kommunisten beeinflußt; aber ich kann das nicht glauben.«

Ironisch entgegne ich:

»Sie möchten vielleicht, daß ich Ihnen den Beweis liefere, damit Sie mich einbuchten können.«

»Lassen wir diese Märchen, ich möchte Sie nur sehr gern kennenlernen. Könnten wir nicht zusammen essen?«

Jetzt weiß ich genau, woran ich bin. Ich habe die Stimme wiedererkannt. Der unbekannte Bulle ist der brillentragende Student Van, der bei der Kundgebung die Militärregierung scharf angegriffen hat. Ich sage es ihm auf den Kopf zu. Er ist von keiner großen Klasse, zögert einen Moment, bevor er auflacht:

»Nun gut. Sind Sie einverstanden?«

Dong Khanh ist ein Nachtklub im Chinesenviertel, Tanz, *Strip tease,* diskrete Geschäftsdiners. Van erwartete mich an einem reservierten Tisch, offenkundig war er hier Stammgast. Unter dem Vorwand, das Schauspiel besser sehen zu können, doch in Wirklichkeit aus Furcht vor einer möglichen »Wanze«, schlug ich vor, den Tisch zu wechseln. Zunächst überrascht, willigte Van dann ein. Das Essen verlief trostlos. Verwirrt rückte Van erst zum Schluß mit der Sprache heraus:

»Warum sollten wir nicht von Zeit zu Zeit Informationen austauschen? Sie sind ein Studenten-Aktivist, in der Opposition. Sehr gut, Sie brauchen weder an ihren Ansichten noch an ihrem Leben irgendetwas zu ändern. Sie halten mich nur ein wenig auf dem laufenden über das Geschehen, und ich meinerseits könnte Ihnen auch mal einen Wink geben. Eine Hand wäscht die andere.« Dann bot er mir 20000 Piaster monatlich an, das Gehalt einer Fremdsprachensekretärin oder eines Hauptmanns, zusätzlich versprach er mir die Freistellung vom Militärdienst und eine politische Karriere. Die Freistellung von der Armee brauchte ich nicht, weil ich sie ohnehin schon hatte, das Geld konnte ich mit gutbezahlten Nachhilfestunden bei Neureichen verdienen. Den Treff hatte ich aus Neugier, auch als Herausforderung angenommen. Jetzt schleuderte ich Van entgegen:

»Sie sollten ein wenig über die Geschichte Vietnams nachdenken. Nach Diems Sturz verhaftete man alle Leute, die für die Geheimpolizei gearbeitet hatten. Nach Thieus Sturz, der eines Tages eintreten wird, werden alle Leute wie Sie verhaftet. Ich denke an die Zukunft des Landes, aber Sie wissen genau, daß Sie keine Zukunft haben.«

Der Kerl schrumpfte sichtbar in sich zusammen und markierte nicht mehr James Bond. Er war nur ein kleiner, drittrangiger Bulle, der mir gestand, diese Spitzelarbeit, die ihn anekelte, nur aus Furcht vor dem Militärdienst zu tun. Großzügig – vor allem auch, um einen Schlußstrich unter die Affäre zu ziehen – bezahlte ich die Rechnung. Der kleine CiO-Agent war mir so dankbar, daß er mich in der Folge über Gefahren verständigte, denen dieser oder jener Kamerad ausgesetzt war, oder auch über den besten Zeitpunkt für das Abhalten einer Kundgebung. Dafür verlangte er von mir nie irgendeine Auskunft. Ich weiß nicht, was aus ihm nach dem kommunistischen Sieg geworden ist. Vielleicht wurde er in einem Gefängnis »bearbeitet«, so daß er von seinen Verdiensten für die Revolution berichtete, dabei meinen Namen und unsere Begegnung im Restaurant Dong Khanh nennend.

Am späten Nachmittag führt man mich wieder ins Vernehmungszimmer. Der Can Bo nimmt die Blätter und entläßt mich, ohne eine Frage zu stellen.

Die Suppe von Le Van Duyet

Es ist schwer, nach einem Verhör einzuschlafen. Ich wälze die mir gestellten Fragen und die gegebenen Antworten in meinem Kopf herum. Ich überdenke die hundert oder hundertzwanzig Blätter, die ich seit meiner Einlieferung im Gefängnis geschrieben habe zur Befriedigung der unersättlichen kommunistischen Inquisition. Habe ich nicht eine Einzelheit angegeben, eine Beurteilung, die mir schaden kann? Werden sie nicht im Bericht eines anderen, der mich kennt, eine Episode ausfindig machen, die ich bewußt oder unbewußt zu erzählen unterließ? Dong, der Fischer, den ich nach vietnamesischer Art »Onkel« nenne, tröstet mich auf freundliche, einfache Weise. Auch mein anderer Nachbar, der Journalist Dang Giao, schläft nicht und beteiligt sich an unserem Geflüster. Mit schwarzem Humor – seine Art, sich gegen die Verzweiflung zu verteidigen – bringt er uns zum Lachen. Das tut gut. Noch lange flüstern wir über die Methoden der KP, die sich zur Erlangung des Siegs nicht allein der FNL bedient hat, sondern auch tausender Friedenskämpfer wie ich.

»Erinnert ihr euch des *Buchs der drei Königreiche* in der Geschichte Chinas?« frage ich. »Das eine Land verbündet sich mit dem schwächsten, um das dritte zu schlagen. Dann beseitigt der mächtigste der siegreichen Könige seinen Verbündeten. Das ist die gleiche Geschichte.«

»Ja«, sagt Dong im Ton eines freundschaftlichen Vorwurfs. »Leuten wie dir sind die Augen sehr spät aufgegangen.«

»Ich war blöd«, meinte ich.

»Du stehst nicht allein, auch ich und Millionen andere verhielten sich so«, erwidert Dong. »Nun, Toai, versuch zu schlafen. Vielleicht ruft man dich morgen wieder zur Arbeit.«

Tatsächlich werde ich am Morgen wieder zum *Can Bo* bestellt. Als unerwartete Gunst bietet er mir eine Tasse Tee an. Aber die Fragen, die er mir dann stellt, bezeugen entweder sektiererische Ignoranz oder provokatorische List.

»Jemand hat mir berichtet, daß du an antikommunistischen Kongressen asiatischer Studenten in Hongkong und Manila teilgenommen hast.«

»Antikommunistisch? Das ist eine freche Lüge. Als Vertreter des Studentenverbandes habe ich an Sitzungen der Vereinigung asiatischer Studenten (ASA) teilgenommen, die der in der UNESCO vertretenen internationalen Studentenbewegung angehört. In Hongkong schlug ich selbst die Einladung der Delegationen aus Nordvietnam und China vor, was mit Beifall aufgenommen wurde. Nach der Befreiung 1975 hat die ASA eine Erklärung zugunsten der vietnamesischen Revolution veröffentlicht. Ich hatte nichts gemein mit der vietnamesischen Organisation antikommunistischer Studenten, die nichts darstellte und die Ngo Vuong Toai leitete. Bei meiner Verhaftung fragte man mich, ob ich jener Toai sei. Ich glaubte, dies wäre seit langem klar.«

Der Offizier hat meine Antwort sorgfältig notiert; sie scheint ihn interessiert, aber nicht überzeugt zu haben.

»Die UNESCO«, urteilt er scharf, »ist ein Produkt des Kapitalismus. Und auch die asiatischen Länder, die an dieser ASA teilnehmen, sind von der CIA kontrollierte kapitalistische Länder. Aber vielleicht wirst du mir auch weismachen wollen, daß du in den amerikanischen Universitäten den US-Imperialismus angegriffen hättest?«

»Ja, natürlich. Die Studenten und zahlreiche Professoren fanden sogar, daß ich manchmal nicht weit genug ging. Doch verurteilte ich die neokolonialistische Politik ihrer Regierung sehr scharf.«

Der *Can Bo* sieht mich skeptisch an. Natürlich hatte er in den Parteizeitungen gelesen, das amerikanische Volk bekämpfe »jeden Tag stärker den imperialistischen Krieg«. Doch kannte er den Abstand zwischen den Worten und der Wirklichkeit. Und so konnte er sich nicht vorstellen, daß ein vietnamesischer Student in amerikanischen Universitäten die USA anklagte, ohne daß ihm irgendetwas geschah. Wie die Meinungsfreiheit einem Menschen erklären, der seit Jahren in einer Welt lebt, wo jegliche Information kontrolliert wird?

»Wer kann deine Behauptungen nachprüfen? Vielleicht möchtest du, daß wir die Ansicht der amerikanischen Regierung einholen«, meint ironisch der Kader.

Ich fühle mich entmutigt angesichts dieses absurden Dialogs. Wenn ich nachweisen muß, daß ich während meiner Auslandsreisen ein Gegner des alten Regimes blieb – was sogar leichter war als in Saigon –, erwarten mich noch mehrere Jahre Gefängnis. »Damalige Studentenführer wie Tan Mam und Van Day, heute Kader der Revolution, waren genau über meine Reden in Hongkong, Paris und in den Vereinigten Staaten informiert. Wenn Sie den geringsten Beweis für meine antikommunistische Tätigkeit im Ausland finden, bin ich bereit, hier lebenslänglich zu bleiben.«

Ich kann nicht mehr sagen und habe alle meine Argumente erschöpft. Jetzt weiß ich, wie die kommunistische Inquisition arbeitet. Es ist nicht ihre Aufgabe, jemandem eine Schuld nachzuweisen; sie gibt einem auch nicht die Mittel, um seine Unschuld zu beweisen. Es genügt noch nicht einmal, seine Unschuld darzulegen. Ist man im Gefängnis, dann ist man schuldig, denn die Revolution kerkert keine Unschuldigen ein. Folglich muß der Häftling gestehen, seine Selbstkritik üben, sühnen. An jenem Tag endet der *Can Bo* das Verhör mit einer kleinen Predigt, die mich endlich die Verbrechen begreifen läßt, die ich begangen habe:

»Die patriotische Aktion muß von der Partei geführt werden, sonst ist sie wirkungslos und wertlos. Du hast stets als Individualist gehandelt, ohne die kollektive Disziplin anzunehmen. Es gibt keinen privaten Patriotismus. Die Patrioten müssen sich zusammenschließen unter der Führung der Partei, die die richtige Linie und die wirksamen Methoden kennt. Durch Vermittlung der Front hat die Partei mit dir Verbindung aufgenommen, aber du wolltest ihre Autorität nicht annehmen. Hättest du die objektiven Bedingungen des Kampfes gegen den Imperialismus und gegen die Marionettenregierung verstanden, dann hättest du auch erkannt, daß man in Übereinstimmung mit den Parteidirektiven kämpfen muß. Nach der Befreiung haben wir dich von neuem aufgefordert, mit der Revolution zusammenzuarbeiten, und wieder hast du gezögert. Warum? Weil du dich der Parteiautorität widersetzt, weil du nicht an die von der Partei definierte Linie glaubst! Das ist unverständlich, denn ohne die Partei wären die Amerikaner und ihre Marionetten noch immer da.«

Allmählich sprach der Offizier lauter. Dann hält er ein, die

Hände auf den Tisch, als erwarte er meine Zustimmung. Ich sage nichts. Er blättert in den Akten:

»Übrigens wußtest du es sehr gut. Du hast einen Artikel geschrieben unter dem Titel ›Reform oder Revolution der Erziehung‹, darin liest man dies: ›Mit den Saigoner Führern ist eine Revolution der Erziehung unmöglich. Man muß diese Führer, die im Dienst ausländischer Interessen stehen, stürzen und sie durch wahre revolutionäre Führer ersetzen.‹ Und dann hast du auch dies geschrieben ...« Dabei sucht der *Can Bo* in seinen Papieren, holt einen Artikel heraus, fuchtelt damit vor mir herum und liest dann vor: »›Man muß zuerst gegen die amerikanische Aggression kämpfen, denn sie ist fremd, während die Kommunisten ein Bestandteil unseres Volkes sind.‹« Leider hast du hinzugefügt: »›Wenn sich die Kommunisten als schlimmer erweisen sollten als die jetzigen Führer, werden wir wieder in die Opposition gehen.‹« Hochmütig lächelt er: »Nun, sind die Kommunisten schlimmer oder besser als die Marionetten im Dienst der Vereinigten Staaten?«

Was soll man auf solch eine Frage antworten, wenn die Antwort lange Kerkerjahre einbringen kann? Weder ein Held noch ein Schmeichler, antworte ich:

»Ich weiß nicht. Zwei Monate nach der Befreiung wurde ich verhaftet und seitdem lebe ich im Gefängnis.«

Nicht gerade zufrieden, entläßt mich der Kader mit einigen süßsauren Sprüchen:

»Hättest du die Notwendigkeit anerkannt, dich hinter der Partei zu vereinen, wärst du nicht hier. Die Parteilosung heißt: ›Diktatur für die Feinde, Toleranz für die Freunde.‹ Du bist kein Feind, aber du bist auch kein Freund. Gegenwärtig haben wir noch viele Feinde. Wer nicht unser Freund ist, ist folglich gefährlich, denn wir können ihm nicht vertrauen. Schade, daß du es nicht rechtzeitig verstanden hast. Aber vielleicht ist es noch nicht zu spät.«

Ich bemerke diesen letzten Satz, ohne zu antworten. Sie wollen mich also wiedergewinnen. Heute früh habe ich eine unsichtbare Schranke überschritten. Während ich gesenkten Hauptes hinter dem sechzehnjährigen *Bo Doi,* ganz stolz mit seinem Sturmgewehr und seiner gelben Uniform, zu meiner Zelle gehe, verfolge ich in meinem Kopf die vom Vernehmungsoffizier offenbarte Kette von Syllogismen: Ich bin ein vietnamesischer Patriot. Die Kommunistische Partei verkörpert den Patriotismus. Ich habe eine persönliche Konzeption des Patriotismus und, was besonders schlimm ist, glaube, eine gewisse Idee von dem zu haben, was eine Demokratie sein muß. Also bin ich von der Kommunistischen Partei unabhängig. Wenn ich unabhängig bin, spreche ich ihr die führende Rolle ab, folglich entziehe ich mich der kollektiven Parteidisziplin. Unter diesen Umständen weiche ich vom Patriotismus ab, bin also kein Patriot. Daher bin ich ein Volksfeind, der unschädlich gemacht werden muß. Diese absurde Reflexion entspricht derart der im vietnamesischen GULAG gebrauchten Logik, daß ich darüber lachen muß. An jenem Abend betrete ich lächelnd die Zelle 7.

»Nun, was war los? Wirst du befreit?«

»Ich selber habe mich befreit. Sie halten mich. Für wie lange, das weiß ich nicht. Aber sie werden mich nicht mehr ködern können.«

Meine Gefährten haben wieder auf mich gewartet, um gemeinsam mit mir zu essen. »Oh, heute gibt es Suppe!« rufe ich entzückt. Diese Suppe werde ich so schnell nicht vergessen. Eine magere Bouillon mit einigen grünen Blättern. Viel weniger Blätter, als es Häftlinge gibt. So sind wir übereingekommen, daß dieses kostbare Gemüse nur Kranken und Greisen vorbehalten bleibt. Heute zählt man ganze zwölf Blätter, und wir sind sechsundvierzig in der Zelle. Die Bouillon, für einen wohlgenährten Menschen kaum etwas anderes als warmes Wasser, regt schon Tage vorher unsere Phantasie an. »Morgen gibt es Suppe!« Die ständige Reis- und Mehlernährung mit Salz fügt dem Körper solche Mängel zu, daß er fast mit tierischer Gier die wenigen Vitamine und Proteine der elenden Suppe verschlingt. Und wenn sie an dem erhofften Tag doch ausbleibt, sind wir moralisch am Ende. Schließlich hofft man wieder: »Nächste Woche werden wir sie vielleicht zweimal bekommen.« Geschieht das, ist man direkt glücklich.

Die Macht, Nahrung an Hungernde zu verteilen, ist eine absolute Waffe. Für manche Menschen stellt der Hunger den gleichen Zwang dar wie das fehlende Rauschmittel für den Süchtigen.

Ich erinnere mich eines Ministers der Diem-Regierung, einstigen Dekans einer Saigoner Fakultät, dessen Name ich aus Diskretion verschweige, der sich in den Augen einer ganzen Zelle entehrte, weil er einem anderen einen Löffel *nuoc mam* gestohlen hatte. Er wurde verprügelt. Der Ingenieur Lam Truong Thi, der eine Reisration gestohlen hatte, wurde von seinen Mitgefangenen völlig isoliert. Aus Gram beging er Selbstmord in der Nacht des 14. Juli 1976, indem er sich die Pulsadern durchschnitt.

Bei der Suppenausteilung – ein halber Napf pro Kopf – erinnert der Mathematikprofessor Linh den Studenten Tai, daß er ihm das letztemal sein Teil abgegeben habe und er folglich heute zwei Portionen bekommen müsse. Tai geht darauf nicht ein und führt den Napf an seinen Mund. Linh versucht sich dessen zu bemächtigen, Tai leistet Widerstand, der Napf zerbricht und verwundet seine Lippen. Wütend schleudert er ihn an Linhs Kopf, der seinerseits blutet. Das alles geschah in einigen Sekunden, niemand von uns konnte eingreifen. Das Geschrei alarmiert einen vorübergehenden *Bo Doi,* der Kollegen ruft. Vier Mann kommen mit vorgehaltenem Gewehr in die Zelle.

»Wer hat den Streit begonnen?«

Die beiden beschuldigen sich wechselseitig. Man legt ihnen Handschellen an und führt sie ab. Am nächsten Morgen, gegen neun Uhr, erhalten wir den Befehl, uns anzuziehen. Das kündigt den baldigen Besuch eines Kaders an. Kurz darauf erscheint der Chef der C-Zone, von zwei Wärtern begleitet, um das Urteil zu verkünden:

»Die Gefangenen Van Linh, verbrecherischer Reaktionär, und Tien Tai, der das Land illegal verlassen wollte, haben die Gefängnisdisziplin verletzt und die revolutionäre Ordnung gestört. Entsprechend den Vorschriften bestraft der Rat der Anstaltsleitung sie mit zwei Monaten Karzer. Ihre Nahrungsration wird um die Hälfte gekürzt. Außerdem erhält Tai, der die Prügelei begonnen hat, dreißig Rutenschläge.«

Für einen halben Napf elender Suppe ist das teuer. Zwei Monate Karzer sind eine schwere Prüfung, aber die dreißig Rutenschläge lassen alle Häftlinge erzittern. Denn diese seltene Strafe wird von einem Spezialisten erteilt. Tu Cao, ungefähr fünfundfünfzig, ist sehr stark und soll schon in den französischen Gefängnissen gewütet haben. Natürlich übte er sein Talent auch unter den Regimen Diem und Thieu aus. Bei der kommunistischen Machtergreifung festgenommen, wirkte er bald wieder als Henker. Ein Mensch, der seine Behandlung übersteht, ist im besten Fall halbtot. Er rühmt sich selbst, im Lauf seiner Karriere mehr als zweitausend Gefangene ausgepeitscht zu haben, davon seien fünfhundert gestorben.

Unter Bewachung stellen sich die fünfzig Insassen der Zelle im Hof auf. Tai wird aus dem Karzer geholt, ausgezogen; man befiehlt ihm, sich hinzulegen, das Gesicht zum Boden. Tu Cao prüft mit abscheulich zufriedener Miene die Geschmeidigkeit seines langen Rohrstocks. Er betastet die Schenkel seines Opfers, wahrscheinlich, um deren Widerstand festzustellen und seine Schläge danach einzurichten. Tatsächlich hat der Kader betont, daß nicht zu Tode geprügelt werden darf. Tais Gesicht drückt schreckliche Furcht aus. Die Angst kommenden Leidens ist schlimmer als der Schmerz des Leidens selbst. Allen Häftlingen ist die Kehle zugeschnürt, aber es ist ihnen verboten wegzusehen. Die Lektion muß von allen erlitten werden.

Der *Can Bo* befiehlt: »Anfangen!«

Tu Cao schlägt. Einmal, zweimal, dreimal. Zwischen den Schlägen macht er eine Pause von fast einer halben Minute, bewußt furchtbar lang. Nach dem fünften Schlag kann Tai es nicht mehr aushalten und schreit. Der Kader befiehlt Tu Cao aufzuhören. Meine angespannten Muskeln lösen sich, meine Kameraden atmen laut auf. Vielleicht wird der *Can Bo* sich mit fünf Schlägen begnügen, doch kaltblütig erklärt er:

»Nach der Ordnungsvorschrift darf der Häftling während der körperlichen Strafe nicht schreien. Die fünf ersten Schläge zählen nicht. Wir beginnen wieder.«

Ich habe den Eindruck, das Blut gefriere in meinen Adern. Fünfunddreißig Schläge! Man muß die Peitsche haben pfeifen hören, um das ganze Grauen der Strafe zu ermessen. Der Henker schärft seinem Opfer ein: »Nicht schreien. Verstanden?« Und er fängt wieder an: »Eins!« Dreißig Sekunden. »Zwei!« Dreißig Sekunden. »Drei!« ...

Tai hat die Augen geschlossen, die Zähne zusammengepreßt. Er läßt kein Stöhnen mehr vernehmen. Alle halbe Minute schlägt, mit unerträglicher Langsamkeit, die Peitsche zu. Man möchte aufheulen: »Schneller, damit endlich Schluß ist!« Aber der Henker kennt sein Fach. Ein lange vorbereiteter, lange erwarteter Schlag schmerzt mehr als rasche Prügel. Der *Can Bo* ist unbeweglich. Tai scheint bewußtlos. Ohnmächtig, umso besser.

»Neunundzwanzig! ... Dreißig!«

»Aufstehen!« befiehlt der Kader.

Tai bewegt sich nicht, Blut rinnt aus seinem Mund. Der Kader befiehlt mit noch lauterer Stimme:

»Weigerst du dich zu gehorchen?«

Plötzlich hat sich Tu Cao niedergehockt, ergreift das Handgelenk des reglosen Tai. Jetzt drückt das Gesicht des Henkers Bestürzung aus.

»Das ist ja unglaublich«, stottert er.

»Was ist los?« fragt der Kader.

Tu Cao zögert und fühlt noch den Puls seines Opfers.

»Ich glaube, daß er tot ist«, sagt er schließlich mit entsetztem Blick.

Ich empfinde eine gewisse Erleichterung. Für Tai ist die Qual beendet, er beginnt ein anderes Leben. Hätte er überlebt, dann wäre er gewiß nach tagelangem Leiden im Karzer gestorben.

Angst hat jetzt Tu Cao. Er dreht den Leichnam herum, prüft aufmerksam den Mund, ruft:

»Herr Kader! Er hat Selbstmord begangen. Er hat sich die Zunge abgebissen und sie verschluckt, um zu ersticken. Deshalb hat er Blut im Mund.«

Der Kader nähert sich, prüft ebenfalls den Mund des Opfers, den Tu Cao offenhält. Er stellt das Ausbleiben des Herzschlags fest, richtet sich auf und hat schon eine Rede fertig für die fünfzig vor ihm aufgestellten Häftlinge:

»Er ist freiwillig gestorben, nicht weil die Revolution es gewollt hat. Die Revolution will die Menschen nicht töten, sondern umerziehen. Die Revolution foltert die Menschen nicht wie einst die Marionettenregierung. Wenn sie straft, dann tut sie es, wie ein Vater seinen Sohn straft, um ihn zu erziehen. Wir tun es öffentlich, wie ihr es gesehen habt. Wenn Tien Tai gestorben ist, so hat er es selbst beschlossen, ihr seid Zeugen.«

Nach dieser Demonstration »revolutionärer Umerziehung« fühlt sich der *Can Bo* nicht ganz wohl, aber das Gerüst der offiziellen Phraseologie steht noch aufrecht. In Thieus Gefängnissen waren Tu Caos Schläge Folter, in den Gefängnissen des kommunistischen Regimes ist es Umerziehung. Dennoch läßt Vorsicht den *Can Bo* sofort einen Bericht anfertigen, den eine vom Vertreter der Gemeinschaftszelle unterzeichnete Erklärung begleitet:

»Nguyen Hau Nghi, Vertreter von fünfzig Gefangenen der Zelle Nummer 7, bezeugt, daß der Häftling Tran Tien Tai durch das Verschlucken seiner Zunge Selbstmord beging.«

Ich könnte noch viele Beispiele furchtbarer Streitigkeiten für einen Löffel Reis oder einen Schluck Wasser anführen. In fast allen Fällen waren die Menschen, die ihren Egoismus nicht beherrschen konnten, Privilegierte des Wohlstands oder der Erziehung, unfähig, das Grundgesetz des Elends zu verstehen: die Habenichtse können nur dann überleben, wenn sie das wenige, was sie haben, teilen. Die meisten, die ich im Gefängnis eine wirkliche Generosität und eine echte Würde bekunden sah, waren durch die harte Schule der Armut gegangen. Oft Bauern, manchmal Intellektuelle aus dem Volk. Unter jenen, die auf einen Teil ihrer kärglichen Ration verzichteten, als ich halbtot in die Zelle 7 der Zone C 1 kam, war der Fischer Dong, daneben aber auch ein ehemaliger Abgeordneter. Insgesamt sind nur wenige Menschen fähig, die Entbehrung des geringsten Bissens zu ertragen in einem Gefängnis, wo die Nahrungsration die Mindestgrenze des Überlebens erreicht. Meine Bewunderung für Van Tien, genannt Nhu Phong, ist umso größer.

Meine geringen Yoga-Kenntnisse hatten mir seit meiner Verhaftung schon viel geholfen. Im allgemeinen gelang es mir, ungestört zu schlafen, die mir noch verbliebene Energie, so gut es ging, zu schonen, einen klaren und ruhigen Geist zu bewahren. Ich gab meinen Zellenkameraden sogar Unterricht. Aber der wahre Yoga-Meister in Le Van Duyet hieß Van Tien; mit ihm verglichen, bin ich nur ein Lehrling. Unter dem Namen Nhu Phong war er in Südvietnam ein sehr bekannter Schriftsteller. Im Alter von fünfundfünfzig Jahren hatte er bereits gute zwanzig Jahre Gefängnis hinter sich. Als Nationalist wurde er vor drei Jahrzehnten von den Franzosen verhaftet, dann von neuem unter dem Diem-Regime. Am 26. April 1976 wird er von der revolutionären Regierung festgenommen, am gleichen Tag beginnt er einen Hungerstreik. Nhu Phong ist klein und wiegt gewiß nicht mehr als fünfundvierzig kg. Man bemerkt zuerst seine riesige Brille und dahinter funkelnde Augen, die einen ungewöhnlichen Willen ausdrücken. In den Karzer geworfen, fordern die *Can Bo* ihn heraus:

»Du willst nicht essen, du willst deinen Kopf durchsetzen. Nun, versuch es mal! Bei uns wird sogar das Eisen biegsam. Aus welchem Stoff bist du denn gemacht? Du wirst nachgeben wie alle anderen auch.«

Die Karzer befinden sich gerade den Gemeinschaftszellen der Zone C 1 gegenüber, vier Meter davon. Häftlinge konnten der Szene beiwohnen. Auf die Herausforderung antwortete Nhu Phong mit einem lauten Lachen. Der Gefängniskommandant, Oberst Tu Tuan, sprach einige Tage später selbst zu Nhu Phong. Die Persönlichkeit des Häftlings und die Art seines Protests verwirren offenkundig die Behörde. Auf die Mahnung antwortet diesmal ein noch lauteres Lachen. Jeden Morgen kommt Nhu Phong an die Karzertür und begrüßt die benachbarten Gefangenen. Wie ein Lauffeuer verbreitet sich die Nachricht von Zelle zu Zelle: »Nhu Phong hat gegrüßt.« Sein Schicksal ist unser Hauptthema: Wird er durchhalten? Und wie lange noch? Nach einem Monat erfahren wir, daß Oberst Tu Tuan und vier Soldaten ihm in der Nacht gewaltsam eine Reissuppe eingaben, die er wieder ausbrach. Am nächsten Tag hört man keinen Gruß. Bestürzt glaubt jeder, er sei tot. Aber am übernächsten Tag vernimmt man den Gruß, Nhu Phong ist noch immer da. Er hat uns sogar wissen lassen, daß der Kommandant ihn zu überzeugen versuchte, er hätte nicht das Recht, an Hunger zu sterben, denn er müßte an seine Familie denken.

Aber von einem Gefängnis zum anderen geschleppt, hatte Nhu Phong nie Zeit, eine Familie zu gründen; und seine Eltern waren schon lange tot. Dem kommunistischen Regime setzte er einen Widerstand entgegen, den kein marxistischer Theoretiker vorgesehen hatte. So unwahrscheinlich es auch sein mag, ich kann es bezeugen: Nhu Phongs Hungerstreik dauerte genau hundert Tage, während deren er keine Speise zu sich nahm, nur Wasser trank. Am 101. Tag war er bereit, etwas zu essen. Er hatte nur noch die Haut auf den Knochen, aber die leuchtenden Augen drückten noch den gleichen unbeugsamen Willen aus. Er hatte die Herausforderung des Gefängniskommandanten angenommen und gesiegt. Jetzt sagte er:

»Oberst Tuan war überzeugt, daß ich knieend meinen Reisnapf verlangen werde. Ich habe nie etwas verlangt.« Der Kommandant hat dies in seiner Ansprache anläßlich des Tet-Festes im Februar 1977 anerkannt: »Unter den hundertdreißig reaktionären Schriftstellern und Künstlern des Marionettenregimes hat nur ein einziger uns zu widerstehen gewagt, indem er erklärte, mit uns nicht einverstanden zu sein.« Dieses Phänomen war natürlich Nhu Phong. Keineswegs ein Reaktionär, aber ein instinktiver Gegner aller Diktaturen. Wo er auch sein mag – wahrscheinlich tot –, so möchte ich doch seinen Namen grüßen, der die Namen der Hausdiener der neuen Legitimität genauso überleben wird wie die der alten.

Oft hat man behauptet, ein Häftling könne Widerstandskraft schöpfen aus der Existenz seiner Familie, für die er weiterleben muß. In einem gewissen Ausmaß stimmt es. Aber in einem totalitären Regime werden die Angehörigen für den Häftling auch eine Belastung. Nhu Phongs Widerstand beruhte natürlich auf einem ungewöhnlichen Willen, aber auch auf dem Umstand, daß er allein war, genauso wie der Mönch Thich Thien Hué, über den weiter unten gesprochen wird. Man kann nicht so leicht den Willen eines Menschen brechen, der sein eigenes Leben einsetzt, ohne um seine Kinder, seine Frau, seinen Vater und seine Mutter zu bangen. Unter dem Thieu-Regime ließ die Polizei, wie verdorben sie auch gewesen war, die Angehörigen der Gefangenen in Ruhe. Dagegen wissen heute die Inhaftierten, daß eine »negative Haltung« ihrerseits für die Angehörigen ernste Folgen zu haben droht (keine Arbeit, Entzug der Lebensmittelkarten, Deportation in die neuen Wirtschaftszonen). Im besten Fall gelten die nahen Verwandten eines Häftlings als verdächtig und werden von der Behörde entsprechend behandelt.

Seit einigen Tagen herrscht in der Zone C 1 eine entspanntere Atmosphäre. Der neue Oberwärter ist ein Südländer namens Sau Cau, Mitglied der FNL und der KP, verbrachte er sieben Jahre in Thieu-Gefängnissen, bevor er nach den Pariser Verträgen ausgetauscht wurde. »Ich bin im Gefängnis gewesen, ich verstehe euch«, sagt er uns und befiehlt, die Zellentüren am Tage offenzulassen. Natürlich ist es verboten hinauszugehen, aber wenigstens atmet man besser. Dann läßt der neue Oberwärter Listen mit den Namen jener anfertigen, die seit ihrer Festnahme noch nie verhört worden sind – es ist die überwiegende Mehrheit. »Die Regierung«, erklärt er, »hat noch nicht die Zeit gehabt, jeden einzelnen Fall zu prüfen. Aber vor Jahresende wird das geschehen.« Wir müßten freilich dieses Märchen schon kennen, und dennoch geht wieder einmal die Hoffnung auf. Umso mehr, als der bevorstehende 4. KP-Kongreß im Dezember 1976 den Eifer der Kader anstachelt. »Historische Ereignisse« bewirken periodisch im ganzen Land einen großen Rummel. So etwas kann der Jahrestag der Gründung der Volksrepublik sein, Onkel Hos Geburtstag oder eine wichtige Parteikonferenz. In den vorhergehenden Wochen rackert sich jeder ab; Fabriken, Büros, Dörfer nehmen Entschließungen an, um auf allen Gebieten »die Ziele zu erreichen und zu übertreffen«. Jetzt gilt es, so viel wie möglich »freiwillige« Überstunden zu leisten, auf Ruhetage zu verzichten, um Produktionsrekorde zu schlagen. Der ruhmreiche Tag erhebt sich in einer Apotheose siegreicher Kommuniqués: die Normen wurden zu 105, 125, 150% erfüllt! Und danach wird alles wieder wie vorher. Die Leute konstatieren, daß sie genauso schlecht wie immer leben, der Nutzen ihrer Anstrengungen kam vollständig dem Staat zugute. Einige Monate später beginnt ein neuer Feldzug für die Eroberung neuer Rekorde. Diese Methode ist anscheinend das einzige bescheidene Mittel, das der Kommunismus stalinistischen Typs, der in Vietnam herrscht, gefunden hat, um an der Trägheit des bürokratischen Systems zu rütteln, das individuelle Initiative und Verantwortung ausschließt.

Das Gefängnis ist natürlich in die große Agitprop-Bewegung anläßlich des 4. Parteikongresses eingeschaltet. Reden über nationale Wiederversöhnung; man fordert uns auf, die Vorschriften noch genauer zu beachten, mit den Genossen Wärtern und Untersuchungsbeauftragten in Sachen unserer Umerziehung zusammenzuarbeiten. Wir sollen schriftlich unsere Vorschläge und Wünsche äußern. Ich nutze das aus, um wieder einmal meinen Prozeß oder wenigstens eine Begegnung mit meiner Familie zu verlangen. Zwei Tage später läßt Sau Cau mich zu sich kommen:

»Ich habe deine Akte gesehen. Vielleicht hast du keinen schweren Fehler begangen, vielleicht sind Irrtümer vorgekommen. In den ersten Monaten mußten so viele Dinge gelöst werden, und die Kader waren nicht immer auf der Höhe. Nach der Parteilinie, der Politik der Wiederversöhnung, wirst du eines Tages befreit werden. Aber dein Fall bedarf noch aufmerksamer Prüfung.« Mitgefangene wurden zum erstenmal verhört, manche bekamen wie ich Versprechen möglicher Freilassung. Die tollsten Hoffnungen sprießen üppig.

Sau Cau kommt in die Zelle, reicht mir ein Blatt Papier und Bleistift:

»Schreibe die Adresse deiner Familie auf und zeichne eine Straßenskizze, damit man sie leicht finden kann.«

Das tue ich, und Sau Cau geht, ohne weitere Erklärung, fort.

Was bedeutet das? Gutes Zeichen? Schlechtes Zeichen? Vielleicht gar nichts. Seit dem Beginn der Kampagne für den 4. Parteikongreß eilen die Kader mit geschäftiger Miene hin und her. Plötzlich kreuzen sie in der Zelle auf, ein Papier in der Hand, und fragen:

»Ist X hier?«

»Ja«, antwortet der Betreffende. »Gut«, sagt der *Can Bo* und verschwindet wieder. Tagelang fragt X sich, was diese Frage wohl bedeutet, die ohne jede Folge bleibt. Doch in meinem Fall sollte es eine außerordentliche Überraschung geben. Ins Büro Sau Caus bestellt, traute ich meinen eigenen Augen nicht: meine Frau mit den drei Kindern. Meine Frau mit Tränen über dem Gesicht, im Arm den Jüngsten, die beiden anderen an sie gedrückt, entsetzt auf diesen mageren Mann blickend, der vor lauter Überraschung stumm bleibt: ihr seit mehr als einem Jahr verschwundener Vater.

Auch mir kommen Tränen, denn ich glaubte, sie nie mehr wiederzusehen. Meine Familie ist hinter dem Schreibtisch, an dem Sau Cau sitzt und bedeutsam erklärt:

»Sie können einige Minuten sprechen.«

Ihre Tränen hinunterschluckend, gibt meine Frau mir rasch Nachrichten:

»Deinem Vater und deiner Mutter geht es ziemlich gut, aber deine Mutter macht sich viel Sorge. Meine Eltern sind letztes Jahr *aufs Land gefahren.*«

Den drei letzten Worten hat sie eine besondere Modulation gegeben, unhörbar für den Kader, doch für mich sehr bedeutsam. Es ist eine gute Nachricht. Die Familie meiner Frau gehört zu den paar tausend Vietnamesen, die, zumeist katholisch, die französische Staatsangehörigkeit besitzen. Es besteht kein Zweifel: die »Landpartie« bedeutet, daß sie in Frankreich sind. Ich antworte:

»Auch du mußt zu ihnen hin. Die neuen Wirtschaftszonen sind besser für die Zukunft der Kinder.«

Meine Frau hat natürlich verstanden, daß ich ihr rate, nach Frankreich zu reisen. Der Kader ist begeistert, denn es gibt nicht viele Freiwillige für die neuen Wirtschaftszonen. Daher unterstützt er energisch meinen Rat:

»Dein Mann ist vernünftig, man muß auf ihn hören.«

Meine Frau blickt mich betroffen an:

»Aber ich will auf dich warten!«

Ich bestehe mit Festigkeit:

»Du mußt Saigon verlassen, um so schnell wie möglich zu deinen Eltern zu kommen. Man muß zuerst an die Kinder, nicht an mich denken. Man weiß nicht, wann ich freigelassen werde.«

Von neuem weint meine Frau, der Kader fährt dazwischen:

»Jetzt ist Zeit für die Trennung.«

Ich bitte um die Erlaubnis, meine Kinder zu umarmen. Der zufriedene Chef willigt ein. Ich beuge mich über den Kleinen in den Armen meiner Frau und flüstere ihr zu: »Reise sofort nach Frankreich!« Nach dem Weggehen meiner Familie wird mir ein kleiner Propagandaschlager vorgesetzt:

»Siehst du, Toai, die Partei und die Regierung behandeln dich gut. Du konntest deine Familie sehen, was nur sehr wenigen Häftlingen zugestanden wird. Jetzt mußt du dich dieses Vorrechts auch würdig erweisen, indem du mit uns noch enger zusammenarbeitest.«

Ich sehe genau, was er will: die »Zusammenarbeit« bedeutet Spitzelei. Am übernächsten Tag läßt Sau Cau mich von neuem kommen, mein Verdacht bestätigt sich. Er beginnt mit beunruhigenden Komplimenten:

»Du bist der Vernünftigste der Zelle 7. Du hast eine glänzende Vergangenheit als Studentenführer, Sympathisant der Revolution. Ich weiß, daß deine Ideen im Grunde die gleichen geblieben sind. Du könntest uns helfen und zugleich für deine Freilassung arbeiten. Ich möchte, daß du mir von Zeit zu Zeit über die Stimmung in deiner Zelle berichtest, was die Häftlinge von der Revolution denken, ob manche noch reaktionäre Ideen behalten haben. Zum Beispiel wie der Mönch Thien Hué.«

Das ist also der Preis, den ich für die Begegnung mit meiner Familie entrichten soll. Ich entziehe mich dem, so gut es geht: ich bin nicht sehr vertraut mit den Häftlingen, unter ihnen gibt es wahre Kommunisten, die nur der Partei dienen wollen. Aber Sau Cau ist geschickt:

»Ich habe länger als du im Gefängnis zugebracht und weiß, was du denkst. Du willst kein Spitzel sein, und du hast recht. Ich verachte die Spitzel genauso wie du und benutze sie nie. Ich verlange von dir nicht, deine Kameraden zu denunzieren, sondern mir zu helfen, die Häftlinge besser kennenzulernen, um die Politik der Wiederversöhnung noch besser anzuwenden.«

Das ist die für das kommunistische Regime so kennzeichnende »doppelte Sprache«, welche die Dinge nie bei ihrem Namen nennt. So ist das Gefängnispersonal in zwei Sektionen eingeteilt. Die eine, mit der Überwachung der Häftlinge betraut, heißt »Verwaltung und Erziehung«: Verwaltung der Hungerrationen und Erziehung zur Spitzelei. Die andere Sektion untersucht die Straftaten der Häftlinge und heißt »Verteidigung des Gesetzes«. Denkt man daran, daß viele ohne ordentlichen Befehl verhaftet wurden, daß elementare Verteidigungsrechte ignoriert werden und daß – soviel mir bekannt ist – kein Gefangener je vor ein Gericht kam, dann kann man über diese Gesetzesauffassung nur staunen. Nach denselben Tarnungsmethoden nennt man Zwangsarbeitslager »Umerziehungszentren«, Hunderttausende, in die »neuen Wirtschaftszonen« umgesiedelt, gelten als »Freiwillige«. Um diesen Entschluß herbeizuführen, wird keine direkte Gewalt angewendet, man entzieht einfach die Lebensmittelkarte. Auch mußten jene, die das Land legal verlassen dürfen, eine Erklärung unterschreiben, derzufolge sie »freiwillig« dem Staat ihren Besitz überlassen. Man könnte die Beispiele dieser betrügerischen Sprache vervielfachen, eine schöne Bestätigung der Maxime von La Rochefoucauld: »Heuchelei ist eine Huldigung des Lasters für die Tugend.« Und man denkt auch an die drei Parteilosungen in Orwells *1984:* »Krieg ist Frieden – Freiheit ist Knechtschaft – Unwissenheit ist Kraft.«

Für Sau Cau bedeutet Spitzelei Brüderlichkeit. Der Mönch Thien Hué, für den der Oberwärter sich zu interessieren scheint, stellt der Behörde ein schwieriges Problem: er fürchtet nichts. Ungefähr fünfzig Jahre alt, hielt er sich zumeist abseits, schweigsam und meditierend. Er aß seinen Brei, ohne ein Wort zu sprechen, beklagte sich nie und machte keine vertraulichen Mitteilungen. Dennoch wußte man, unter welchen Umständen er verhaftet wurde, denn er kam nicht allein nach Tran Hung Dao.

Im April 1976 kämpften Soldaten des gestürzten Regimes noch im Gebiet von Song Vinh, siebzig Kilometer von Saigon entfernt. Von Zeit zu Zeit hielten sie Wagen und Busse an, erschossen kommunistische Kader. Bei einer Gegenaktion werden zweihundertachtzig »Verdächtige« verhaftet, darunter mehr als die Hälfte Frauen und Minderjährige. Auch der Mönch Thien Hué, der sich im Bus zu seiner Pagode begibt. Nach zehn Monaten ist die Mehrzahl entlassen. Unter den Bleibenden ist Thien Hué, der sein Los mit einer ruhigen Würde erträgt, die seine Kerkermeister ärgert.

Eines Abends, nachdem es geläutet hatte, damit wir uns alle hinlegen, blieb er allein noch auf, machte seine übliche Gymnastik. Ein Wärter stürzt brüllend in die Zelle:

»Warum liegst du nicht? Wie heißt du? Aha, ein reaktionärer Mönch mit rasiertem Schädel!«

Thien Hué sah ihn ruhig an:

»Sprichst du zu mir? Ich störe niemanden, ich mache keinen Lärm. Aber du schreist und weckst die Schlafenden. Achte ihren Schlaf, du verletzt die Vorschrift!«

Der Mönch redet zu dem jungen *Bo Doi* wie ein Weiser zu seinem Schüler. Wütend, erniedrigt, schreit der Wärter von neuem:

»Dein Name!«

»Thich Thien Hué, geboren 1924 in Go Cong, am 25. April 1976 verhaftet. Aber das alles steht in eurem Papierkram«, antwortet der Mönch friedfertig und setzt seine Gymnastik fort. Von diesem ruhigen Widerstand verwirrt, trollt sich der Wärter davon. In der Zelle tolles Gelächter, Glückwünsche:

»Meister, Sie haben ihm den Mund zugemacht!« Fünf Minuten später wird die Tür von neuem geöffnet, Leutnant Ban mit vier bewaffneten Soldaten:

»Thich Thien Hué herauskommen!«

Der Mönch, noch genauso friedfertig, geht hinaus. Der folgende Dialog findet vor der Zelle statt, uns entgeht kein Wort.

Ban: »Du liegst nicht zur angegebenen Stunde. Du beleidigst den Wärter. Du verweigerst die Gefängnisdisziplin. Lehnst du die Revolution ab?«

Hué: »Ich möchte schon, aber im Gefängnis kann ich nichts tun. So mache ich ein wenig Gymnastik, um meine Gesundheit zu erhalten. Das stört niemanden. Aber dieser Junge hat Lärm geschlagen und die ganze Zelle aufgeweckt.«

Ban: »Du hast nicht das Recht, auf so unverschämte Weise zu sprechen. Du bist ein Gefangener, du hast deine Bürgerrechte verloren. Wir sind die Vertreter der Regierung, der Partei, der Revolution. Du bist hier, um über deine Vergangenheit nachzudenken, deinen Geist zu korrigieren, nicht um die Revolution zu beleidigen!«

Hué: »Ich habe nie etwas gegen das Land, das Volk und sogar gegen deine Regierung getan. Ich bin ein Mönch, der im Schweigen lebte und in Pagoden betete. Man hat mich ohne einen Grund verhaftet, den ich verstehen könnte. Man hält mich hier schon zweihundert Tage ohne Urteil. Aber mein einziger Richter ist

Buddha. Hier oder in der Pagode sind mein Leben und meine Gebete die gleichen. Ich habe kein Eigentum, keine Kinder, keine irdischen Bindungen. Meine Revolution habe ich gemacht. Wenn du willst, bringe mir einige Liter Benzin und ich lasse mich auf der Stelle verbrennen. Heute sterben oder in zwanzig Jahren – das ist dasselbe. Laß mich durch deine Soldaten töten, laß mich Hungers sterben – auch das ist gleich. Das hängt von dir ab, deine Drohungen fürchte ich nicht. Eines Tages, wenn du erwachsen und bedacht bist, wirst du verstehen, was ich sage ...«

Ban: »Schweig! Hier sind wir nicht in der Pagode, und mit den Predigten ist es aus. Leg dich hin und laß dich nicht wieder fassen, sonst ist es der Karzer.«

Hat Leutnant Ban überhaupt begriffen, daß er den unbeugsamen Mönch nicht einzuschüchtern vermag? Er konnte nur mechanisch die übliche und hier so lächerliche Drohung zitieren. Aber bei Menschen wie Hué, für die der Tod nur ein Durchgang ist, die von dieser Welt losgelöst sind, haben Waffen, Kraft, Gefängnis ihre Wirkung verloren*. An jenem Abend schlief man in der Zelle 7 spät ein, aber mit einer unsäglichen Freude im Herzen. Es war meine 479. Gefängnis-Nacht.

* Thien Hué wurde mit anderen Mönchen im Dezember 1977 entlassen, um die Öffentlichkeit nach der Festnahme der wichtigsten Repräsentanten des Buddhismus zu beruhigen. Im März desselben Jahres hatte der Exekutivrat der Vereinigten buddhistischen Kirche zahlreiche Verletzungen der Glaubensfreiheit bekanntgegeben: Verhaftung von Mönchen, Zerstörung und Beschlagnahme von Pagoden usw.

Das »Testament«

Während meines letzten Haftjahres, vom November 1976 bis Oktober 1977, wechsle ich in fünf verschiedene Gemeinschaftszellen der Zone C von Le Van Duyet. Es gelingt mir auch dank der Behauptung, schon als Frisör gearbeitet zu haben, die Haare der Häftlinge zu schneiden. Diese Umstände erlaubten mir, Hunderte von Gefangenen kennenzulernen und viele Dinge zu erfahren, die ich aus leicht verständlichen Gründen nicht alle hier mitteilen kann; die Mehrzahl jener Menschen ist noch immer in Haft. Aus dem gleichen Grund ist es mir unmöglich, im einzelnen darzustellen, auf welche Weise das »Testament« (dessen Text sich im Anhang befindet) entworfen und zur Unterschrift der Häftlinge weitergegeben wurde. Daher mag folgende Feststellung genügen: Da ich zu den wenigen gehöre, die nicht allein das Glück hatten, freigelassen zu werden, sondern auch das Land verlassen zu dürfen, wurde mir die Verwahrung dieses Dokuments anvertraut, das natürlich nicht in aller Form geschrieben und unterzeichnet wurde. Ich lernte es auswendig, und weil ich im Innern der C-Zone viel herumkam, konnte ich den Inhalt verbreiten. Die 48 Unterzeichner haben ihre ausdrückliche Zustimmung gegeben, daß ihr Name genannt wird. Es sind Menschen, die es als ihre Pflicht erachteten, diese Gefahr auf sich zu nehmen, oder die nichts mehr zu verlieren hatten. Hätten sie nicht eine Verschärfung ihrer Haft befürchten müssen, dann hätten sich zweifellos Hunderte weiterer Gefangener diesem Aufruf angeschlossen. Es versteht sich von selbst, daß wir weder um die Billigung ehemaliger Mitarbeiter der Thieu-Regierung noch um die Krimineller nachgesucht haben. So gut wie alle Unterzeichner sind ehemalige Widerständler, Kommunisten, FNL-Mitglieder oder liberale Intellektuelle, die das alte Regime abgelehnt haben.

Der erste Entwurf des »Testaments« stammt von Dinh Huy Binh, einem sehr alten Häftling in Tran Hung Dao. Mehrere Häftlinge korrigierten und billigten den Text, der dann geheim andere Gefängnisse, vor allem Le Van Duyet und Chi Hoa, erreichte. Als Prinzip hatten wir bestimmt, das Dokument nur solchen Menschen vorzulegen, die mit dem gestürzten Regime nicht kollaboriert hatten und sich im Gefängnis würdevoll verhielten. Manche verweigerten ihre Zustimmung aus der, im übrigen begründeten, Furcht vor Repressalien, die sich nicht allein gegen sie, sondern auch gegen ihre Familien richten konnten. Andere zogen, aus den gleichen Gründen, ihre bereits gegebene Zusage zurück. Die hier verzeichneten Namen kannte ich bei meiner Freilassung; wahrscheinlich gab es noch andere, die mir nicht bekannt waren. Und seitdem sind sicher noch welche dazu gekommen. Mehrere Unterzeichner dieses Dokumentes bezahlten ihren Mut mit ihrem Leben. Seit seiner Veröffentlichung im Juni 1978 hat die Polizei alle Druckmittel angewendet, um die bekanntesten Unterzeichner zur Zurücknahme ihrer Unterschrift zu bewegen. Darunter befanden sich der Oppositionsführer unter dem Thieu-Regime, Tran Van Tuyen, ein Führer der KP in den dreißiger Jahren, der achtzigjährige Van Thang, der Vorsitzende des Komitees gegen die Korruption, Pater Tran Huu Thanh. Die beiden ersten sind im Gefängnis gestorben, Pater Thanh hat seine Unterschrift zurückgezogen und wurde dennoch nicht entlassen. Zwei andere, Hoang Vinh Loc und Nguyen Thanh Hai, wurden in solch einem Zustand freigelassen, daß sie kurz danach starben. Außer mir konnte ein einziger Unterzeichner des »Testaments« ins Ausland gelangen: der Mönch Huu Hieu, Professor an der buddhistischen Universität Van Hanh, bekannter Schriftsteller und Übersetzer, floh mit dem Schiff aus Vietnam, als ich gerade in Frankreich ankam. Hieu war unter seinem Ordensnamen Thich Chon Phap unter dem früheren Regime ein eifriger Pazifist. Heute hat er in Washington die Kutte abgelegt, um sich uneingeschränkt dem Widerstand zu widmen. »Wir müssen das barbarische Regime, das sich unseres Landes bemächtigt hat, stürzen«, sagt er. Den Kommunisten ist eine seltsame Bekehrung gelungen: sie verwandelten einen gebildeten und friedfertigen Mönch in einen Kreuzfahrer, der bereit ist, das Schwert zu ziehen. Unter den Kommunisten, die das »Testament« unterzeichneten, überraschte mich vielleicht am meisten Tran Doan, Chef der Gemeinschaftszelle Nummer 4, wohin ich nach dem Ende meines Verhörs und meiner Gespräche mit Sau Cau überführt wurde. Ich hatte sogleich den Eindruck, daß Tran Doan mit meiner besonderen Überwachung beauftragt worden war. Später hat er es mir auch bestätigt. Die Verwaltung hatte auf das Gebot der Disziplin gegenüber der Partei verwiesen, um mich weiter sanft zu bearbeiten. Als Motiv gab man an: »Achtung, Toai ist gefährlich.« Bei Tran Doan war die Treue zur Partei seine zweite Natur geworden. So hatte er aus eigener Initiative zur Teilnahme zu den Vorbereitungen des 4. Kongresses in der Zelle eine tägliche kommentierte Lektüre der Parteizeitung *Nhan Dan* organisiert. Die Häftlinge hätten auf solche Pflichtübung gern verzichtet, auch wenn sie dabei manchmal einige magere Nachrichten erfuhren. Zwar hatte Tran Doan erklärt, daß niemand gezwungen sei, an diesen Sitzungen teilzunehmen, aber er tat es auf eine Weise, die jedem klarmachte, es sei besser, aufmerksam zu sein oder wenigstens so zu tun, als sei man es. Mir selbst wurde eine besondere Aufmerksamkeit geschenkt. Als er mich in die Zelle führte, wies mir der Wärter – was ganz ungewöhnlich ist – meinen Platz zu: neben Tran Doan. Er stellte mir so viele Fragen über meine Vergangenheit, daß selbst ein Naiverer als ich mißtrauisch geworden wäre. Tran Doan war kein eigentlicher Spitzel. Solch eine Kreatur handelt aus niedrigen persönlichen Motiven, für Tran Doan galt allein das Parteiinteresse. Man hatte ihm gesagt: »Achtung, Toai ist gefährlich.« Und so wollte er im Auftrag des Befehls wissen, welche Gefahr ich für das Regime darstellte; was in meinem Kopf noch steckte, ohne daß die Verhöre es aufgespürt hätten. Natürlich hütete ich mich, ihn über die Wandlung meiner politischen Ideen seit 1975 zu informieren; aber meinen Lebenslauf konnte ich, ohne zu lügen oder irgendetwas auszulassen, ihm erzählen. Allmählich war er so sehr von meiner Aufrichtigkeit überzeugt, daß er mir den erhaltenen Auftrag gestand und hinzufügte, die Spitzelei nur angenommen zu haben, weil man mich als ganz besonders »gefährlich« geschildert hatte.

»Jetzt bin ich sicher, daß du kein Feind der Revolution bist, und ich werde es sagen«, meinte er.

Es gibt gute Gründe anzunehmen, daß Tran Doans Bericht auf die weiteren Geschehnisse einen glücklichen Einfluß ausgeübt hat. Das betrifft zunächst die unschätzbare Ernennung zum Frisör. Da das Vertrauen hergestellt war, wußte ich über Tran Doan bald fast soviel wie er über mich. Er war ein Südländer, der nach dem Genfer Waffenstillstandsvertrag 1954 in den Norden gegangen war. Dort studierte er auf der Universität Hanoi Chemie, sein Studium vervollständigte er in China und in der ČSSR. Nach Vietnam zurückgekehrt, wurde er leitender Ingenieur in der chemischen Abteilung des Wirtschaftsministeriums. Als die Kommunisten den Sieg im Süden davongetragen hatten, wurde er nach Saigon geschickt, wo ein Vorgesetzter ihn beschuldigte, vierhundert Liter Benzin entwendet zu haben. An dem Tage, da er sich zu dieser vertraulichen Mitteilung entschließt, spricht er mit erstickter Stimme, Tränen in den Augen:

»Wie hätte ich vierhundert Liter Benzin stehlen können! Ich habe doch nicht dreißig Jahre meines Lebens der Partei und der Revolution gegeben, um so tief zu fallen. In meiner Stellung stiehlt man nicht vierhundert, sondern zehntausend Liter Benzin. Aber ich habe gar nichts gestohlen. Ich bin von meinem Chef, einem Nordländer, angezeigt worden, der mich durch einen ihm Ergebenen ersetzen wollte. Das ist die eigentliche Wahrheit.«

Wie so viele andere blieb auch Tran Doan der Partei treu. Aber das Unrecht, dessen Opfer er war, erbitterte ihn. Nachdem er gezögert und sich vergewissert hatte, daß das Dokument nichts Reaktionäres enthielt, schloß er sich den Unterzeichnern an. Der bereits erwähnte Journalist Dang Giao, der den Aufruf unterzeichnete, beschrieb mir die Einzelheiten seiner Verhaftung, die ebenso grotesk wie makaber waren. »Wenn ich eines Tags die Freiheit wiederfinde«, sagte er mir, »werde ich das erzählen. Kommst du je von hier heraus, erzähle es an meiner Statt.« Hier ist Giaos Bericht, den ich fast wörtlich wiedergebe:

»Etwa vierzig Mann kamen in einem Autobus an. Der leitende *Can Bo* stellte sich vor mich hin und las feierlich folgenden Text:
Angesichts der Sicherheitserfordernisse des Landes,
aufgrund der Anzeige des Volkes,
befiehlt das Zentrale Sicherheitsbüro von Ho Chi Minh-Stadt:
1. das Haus von Tran Duy Cat alias Dang Giao und seiner Frau Chu Vi Thuy, Tochter des Verräters Chu Tu, zu durchsuchen und allen Besitz zu beschlagnahmen;
2. diese beiden Personen wegen volksfeindlicher und der amerika-

nischen Marionettenregierung günstiger Kulturaktivität in den Zeitungen »Song Than« und »Song« zu verhaften;
3. sie werden nach dem Gesetz Nr. 3/76 abgeurteilt.
Ja, so war ich einer der ersten »Nutznießer« des Gesetzes 3/76. Bis dahin herrschte gesetzlose Willkür, nunmehr berief sie sich auf ein Gesetz: ein gewaltiger Fortschritt. Der Kader gab ein Zeichen, worauf die ganze Meute sich ins Haus stürzte. Manche waren kaum sechzehnjährig. Welcher Eifer!

Sie warfen alles um, zerschlugen alles. Sie zerschnitten die Sesselpolster, rissen die Holztäfelungen aus dem Salon, prüften die Decke, zerstörten Familienandenken. Meine Frau, die unser kleines Haus mit soviel Sorgfalt eingerichtet hatte, schloß die Augen, um dieses Desaster nicht zu sehen. Ich sage dir: eine Meute! Wenn Jugendliche im Namen des Gesetzes wüten dürfen, dann kannst du sicher sein, daß sie es mit ganzem Herzen tun. Die *Bo Doi* brachten nacheinander ihre »Funde« dem Offizier, der sie mit bedeutsamer Miene prüfte. Die Geste des revolutionären Führers, der dabei ist, schamlose Volksfeinde zu entlarven. Wir stehen in einer Zimmerecke, während er in Familienalben, alten Zeitungen, ja sogar in unseren Liebesbriefen blättert. Jetzt liest er auch das Tagebuch, das meine Frau seit Jahren führt. Plötzlich hält er ein: »Was ist denn das?« Entrüstet weist er mit dem Zeigefinger auf diese Passage:

»*Ein Uhr!* Es ist spät und ich bin beunruhigt. Der Wind weht heftig. Nacheinander landen die Flugzeuge. Ich denke an dich und möchte, daß du bei mir bist ...

Vier Uhr dreißig! Einen Moment bin ich eingeschlafen. Plötzlich weckte mich das Telefon – welches Glück. Aber jemand irrte sich nur in der Nummer. Ich kann nicht wieder einschlafen.«

»Was ist denn das?« wiederholt scharf der *Can Bo.*

»Sie haben es doch gelesen, folglich müßten Sie es verstehen.«

»Antworten Sie höflich. Ich bin ein Vertreter der Regierung, und Sie stehen unter Haftbefehl. Halten Sie mich etwa für einen Analphabeten? Ich habe ein Diplom der Universität Hanoi, nicht der reaktionären Schulen Saigons.«

Da ich im Anfang glaubte, er mache sich über mich lustig, antwortete ich ironisch:

»Nun, als Kader des sozialistischen Regimes müßten Sie verstehen, daß es sich um das Tagebuch meiner Frau handelt. Diese Passagen sind vor mehreren Jahren geschrieben worden.« Ich wende mich meiner Frau zu, die dies bestätigt und schweigend weint. »Es handelt sich um unser Privatleben.«

»Es handelt sich um einen Kode zwischen Ihnen und den Verrätern. Warum ist denn die Zeit mit solcher Genauigkeit angegeben? Warum die Flugzeuge? Und dieser Telefonanruf? Scheinbar ein Irrtum. Die Amerikaner, die sich so gerissen und stark glaubten, konnten uns nicht täuschen. Dann werden uns auch die kleinen Marionettenverräter nicht hereinlegen können.«

Ich glaubte, nicht richtig zu hören, ich war entsetzt von der prätentiösen Ignoranz, die ich schon bei anderen Kadern aus dem Norden bemerkt hatte. Sie sind in einem Brutkasten aufgezogen worden; von der Welt abgeschnitten, wittern sie überall Komplotte, interpretieren alles nach dem Schwarz-Weiß-Schema. Gehört man nicht zu ihnen, ist man notwendig ein bezahlter Agent des Imperialismus. Unnütz, mit diesen Burschen zu diskutieren, wenn sie meinen, den charakteristischen Geruch eines Volksfeindes, wie man es ihnen beigebracht hat, ausgemacht zu haben. So sagte ich:

»Tun Sie mit mir, was Sie wollen. Aber meine Frau ist gerade vor zwei Wochen niedergekommen. Sie können sie jetzt nicht verhaften. Warten Sie wenigstens so lange, bis das Kind ohne seine Mutter leben kann.«

»Unmöglich. Sie haben bürgerliche Gewohnheiten. Die Frauen im Norden schossen schon einen oder zwei Tage nach ihrer Niederkunft auf amerikanische Flugzeuge und sind nicht gestorben.«

»Und das Kind?« frage ich.

»Das Kind geht mit seiner Mutter. Sie werden beide sehr gut behandelt. Wie heißt es?«

Ich weiß nicht, was in mir vorging. Wir hatten das Kind noch nicht getauft. Ein kalter, verzweifelter Zorn diktierte die Antwort:

»Es heißt Giai Phong (Befreiung).«

Meine Frau, die bislang nichts gesagt hatte, fühlte, daß die Provokation zu weit ging:

»Ich weiß noch nicht. Da es gerade erst geboren wurde, haben wir noch keinen Namen gefunden.«

Der Offizier liest einen von ihm verfertigten Zusatz vor, demzufolge »die Verhaftung eines namenlosen Babys« im Interesse der Landessicherheit verfügt wird. So genoß mein fünfzehn Tage alter Sohn die Ehre, der jüngste Häftling von Tran Hung Dao zu werden, wohin er am 26. April 1976 auf den Armen seiner Mutter gelangte, der eine schöne humanitäre Geste die Handschellen ersparte. Mir wurden sie natürlich angelegt. Wir ließen unsere beiden Ältesten zurück: sie waren sechs und acht Jahre alt.«

Wie Dang Giao es sagte, war er einer der ersten »Nutznießer« des Gesetzes 3/76, das die Bedingungen präzisiert, unter denen eine Person verhaftet werden kann. Das Gesetz berechtigt alle Bürger, jede Person zu einem Polizeiposten zu bringen, die einer illegalen Tätigkeit verdächtigt oder gar *in flagranti* gefaßt wird. Jeder Verdächtige kann auf Beschluß des Polizeikommissars zwei Monate lang inhaftiert werden, vier Monate bei ernstem Verdacht. Dieser »Gewahrsam« kann, entsprechend den Notwendigkeiten der Untersuchung, um das Doppelte verlängert werden. Folglich kann ein einfacher Polizeikommissar einen bloß Verdächtigen vier oder acht Monate hinter Gittern behalten. Darüber hinaus ist der Beschluß einer höheren Behörde erforderlich. Die Ortspolizei muß sich an den Bezirk wenden, der Bezirk an die Provinz. Aber auf dieser Ebene bestimmt das Gesetz 3/76 gar keine Grenze der Haftdauer mehr. Mit anderen Worten: Die Untersuchung kann sich, wenn die Polizei es für richtig hält, unendlich bis zum Tode des Verdächtigen fortsetzen. Tatsächlich wird dies alles ausschließlich unter Polizisten entschieden. Keinen Augenblick greift ein Richter in den Lauf der Untersuchung ein. Das Gericht wird erst an dem Tage mit der Sache betraut, wenn die Polizei glaubt, damit fertig zu sein. Und es ist sozusagen ausgeschlossen, daß das Gericht den polizeilichen Schlußfolgerungen widerspricht. Bedeutsam genug, gibt es zwar ein Sicherheitsministerium, aber kein Justizministerium. Wenn man auch Richter findet, die nicht der Partei angehören, so besitzen sie doch nicht die notwendige Autorität, um einen hohen Polizeibeamten zu desavouieren. Die Vermengung der Gewalten – ihrer aller Unterordnung unter die Parteiautorität – ist total. Der Polizeichef von Ho Chi Minh-Stadt ist zugleich Abgeordneter, stellvertretender Bürgermeister und natürlich auch Mitglied des Zentralkomitees der Partei. Ein anderes Beispiel, das einer Karikatur ähnelt: Bei den Aprilwahlen 1976 war der Vorsitzende des Wahlausschusses für die Bestimmung der Kandidaten, Truong Chinh, gleichzeitig mit der Behandlung der Reklamationen beauftragt. Und zusätzlich war er auch selbst noch Kandidat. Muß man hinzufügen, daß der Stand eines unabhängigen Anwalts, als einer dekadenten bürgerlichen Institution, nicht mehr existiert? Die »verstaatlichten« Anwälte sind im Grunde stets mit dem Gericht einverstanden. Es sind Beamte, die bezahlt werden, um für mildernde Umstände zu plädieren, nie für Freisprechung. Auch das Gericht kann nicht freisprechen, weil die Polizei ihm an sich nur Schuldige zuweist. Es beschränkt sich darauf, die Gefängnisjahre zu ermessen. Die Häftlinge werden – so wie es letztlich mit mir geschah – durch einen Beschluß der Polizei, nicht des Gerichts, freigelassen. So funktioniert heute das »Rechtswesen« des vietnamesischen GULAG. Dennoch ist das Gesetz 3/76 ein Fortschritt gegenüber dem ersten Jahr der kommunistischen Herrschaft. Heute weiß man wenigstens, wer den Haftbefehl erteilt hat, und daß man tatsächlich auch der Gesuchte ist. 1975 genügte es, daß Ihr Name im Notizbuch eines Verdächtigen stand oder daß man mit einem anderen verwechselt wurde, um ins Räderwerk zu geraten. In diesem Zusammenhang muß ich die Geschichte der »vier Ban« erzählen.

30. Juli 1975, nach Mitternacht. Ein Jeep hält vor dem Polizeiposten, der den Sektor Vo Di Nguuy, nahe dem Flughafen, kontrolliert. Ein nordvietnamesischer Hauptmann, in Begleitung von fünf *Bo Doi,* tritt ins Büro:

»Wir sind von der Zentralen Sicherheit und haben den Auftrag, einen gewissen Dang Co Ban zu verhaften. Er ist sechzehn oder siebzehn Jahre alt und war Schüler in einem Gymnasium dieses Viertels. Können Sie uns helfen, ihn zu finden, Genosse?«

Der Chef des Postens wendet sich am Tam The, einen ehemaligen Rikschafahrer, der in einem Nachbarhaus wohnt und jetzt sein Nachrichtenagent ist:

»Ich bin erst seit kurzer Zeit hier, aber vielleicht wird Genosse Tam The es wissen.«

Der runzelt besorgt die Stirn:

»Man müßte wenigstens den Namen des Vaters kennen oder im Gymnasium die Schülerliste finden.«

Der Hauptmann ist ungeduldig:

»Ich habe nicht den Namen des Vaters, und wir dürfen keine Zeit verlieren, sonst wird dieser junge Reaktionär noch fliehen können.«

Jetzt hält auch ein Autobus vor dem Polizeiposten an. Fünfzig aufgeregte junge Leute, in Zivil mit roten Armbinden, klettern heraus: die neuen Milizen. Seinen Begleitern sagt der Hauptmann:

»Jeder von euch übernimmt eine Gruppe von zehn Mann und durchsucht das Viertel. Damit er nicht unter einem falschen Namen flieht, verhaftet ihr alle sechzehn- bis siebzehnjährigen Ban. Die Sicherheit wird den Richtigen dann schon entdecken.«

Sogleich beginnt die Jagd. Man schlägt an die Türen, Hunde bellen, Lichter gehen an, die im Schlaf aufgeschreckten Bewohner müssen den Kommandos Rede und Antwort stehen:

»Gibt es hier einen Jungen namens Ban?«

Ist dies der Fall, will man ihn sehen: Zwischen sechzehn und zwanzig Jahren wird er mitgenommen. So verhaftete man in jener Nacht:

1. Tran Dinh Ban, kurz vor dem Sturz des alten Regimes in die Südarmee eingezogen. Er hatte nur drei Tage Umerziehung bekommen, danach meldete er sich freiwillig für die neuen Wirtschaftszonen. Er hatte sogar seine Eltern überzeugt, sich diesem großen revolutionären Abenteuer anzuschließen.

2. Nguyen Duc Ban war es 1974 gelungen, durch Bestechung seine Einberufung in die Armee um ein Jahr zu verschieben. Daher bezeichnete ihn der Jugendverband als »gehorsamen Neffen Onkel Hos«. Sein Vater, ein freundlicher Schneider, sympathisierte mit der FNL und wurde Chef des *To**.

*. In der neuen Gesellschaft ist der *To* (Zelle) die kleinste städtische Unterteilung. Ho Chi Minh-Stadt besteht aus 21 *Quan* (Bezirken), jeder *Quan* zählt 20 bis 30 *Phuong* (Viertel), jeder *Phuong* hat 20 bis 30 *Khu Vuc* (Zonen), und jeder *Khu Vuc* hat 20 bis 30 *To*, die jeweils einige Dutzend Familien umfassen. Es handelt sich um ein engmaschiges Netz, der *To*-Chef kennt jeden Bewohner seiner Zelle. Nach dem kommunistischen Sieg waren es zunächst nicht nur KP-Mitglieder. Heute sind es meistens aus dem Norden gekommene *Can Bo*, an deren Seite zwei Einwohner und zwei Polizisten stehen.

3. Nguyen Dan Ban, siebzehnjähriger Schüler der Abschlußklasse im gleichen Gymnasium wie der gesuchte Ban. Feuer und Flamme für die Revolution, hatte er stürmische Debatten mit seinem Vater, einem *Rangers*-Hauptmann des alten Regimes. Der Vater hatte Jahre gekämpft, jetzt fand er einen fast erwachsenen Sohn, der ihm von Geschichte und Politik sprach. Er dachte, sich zu verstecken, sogar in den Untergrund zu gehen. Doch der Sohn überzeugte ihn, sich den neuen Behörden loyal für einen einmonatigen Umerziehungskurs zu stellen. Ich weiß nicht, was aus ihm geworden ist, doch die meisten Offiziere seines Grades – besonders wenn sie Eliteeinheiten wie den *Rangers* und Fallschirmjägern angehörten – sind Anfang 1979 noch immer in Lagern.

4. Schließlich wurde der wirkliche »Schuldige« gefunden, Dang Co Ban. Dieser junge »verbrecherische Reaktionär« hatte in seinem Gymnasium eine geheime Gruppe gebildet, *Tu Nguyen* (Die Freiwilligen). Es wurden Flugblätter verteilt gegen »das neue tyrannische Regime, das die Versprechen der Front verraten hat«. Es fehlte nicht an ehemaligen FNL-Mitgliedern, die sich schon damals als betrogen empfanden. Der Sturz der Führer im Süden ist nichts Neues in der vietnamesischen KP. 1949 wurde ein wichtiger Führer im Süden, Bach Mai, liquidiert. Chi Thanh verschwand 1967 unter verdächtigen Umständen. Er war der Zweite in der Militärhierarchie nach Giap und der Sechste im Politbüro. Mehrere Kommunisten, denen ich im Gefängnis begegnete, waren überzeugt, daß er das gleiche Schicksal wie Mai erlitten hatte. In seinen Flugzetteln hatte der junge Dang Co Ban nicht mehr ausgedrückt, als viele ehemalige Front-Mitglieder dachten. Aber er beging die Unvorsichtigkeit, es zu schreiben. Sein naives Schüler-Komplott hatte die Hölle entfesselt, gegen seinen Spielzeugrevolver setzte das Regime schwere Artillerie ein. Nach einigen Exempeln solcher Art hatte die Bevölkerung revolutionäre Disziplin erworben, begleitet von vollkommen imitierter Begeisterung und wohlbegründeter Vorsicht. Die vier Ban, mit auf dem Rücken gefesselten Händen, wurden in den Bus geworfen und ins Tran Hung Dao-Gefängnis eingeliefert. Schon beim ersten Verhör gab Dang Co Ban die Fakten zu und hoffte so, daß die drei Unschuldigen sofort entlassen würden. Das hieß den Widerwillen des kom-

munistischen Strafsystems verkennen, einen Verhafteten wieder herauszugeben. Einen Monat nach ihrer Festnahme waren die drei anderen Ban noch immer in Haft, und der mit der Untersuchung beauftragte *Can Bo* hatte sogar Motive für deren Aufrechterhaltung herausgefunden.

Der Fall der »vier Ban« ist kein Fehltritt; er illustriert im Gegenteil auf treffende Weise, einer Karikatur ähnlich, die Prinzipien des vietnamesischen Polizeisystems: lieber einen Unschuldigen verhaften, als einen Schuldigen in Freiheit lassen. Dieses Prinzip wurde mehrfach von Wärtern in Le Van Duyet erläutert: »Es ist weniger gefährlich, jemanden zu lange im Gefängnis zu behalten, als ihn zu früh zu entlassen.« Dieses Rezept ist die praktische Umsetzung einer vorsätzlichen, von der Parteiführung definierten Politik, deren verschleierte Formulierung man in offiziellen Dokumenten finden kann. So schrieb das Politbüromitglied Tran Quoc Hoan in der KP-Zeitschrift *Cong San* 1977: »In der Vergangenheit ist es uns gelungen, dank der Mitarbeit des Volkes alle reaktionären Kräfte zu zerstören ... Wir haben zahlreiche reaktionäre Elemente verhaftet, manche hingerichtet, andere umerzogen ... Die Gewalt ist nur ein Mittel, aber wenn es notwendig ist, muß man sie ohne Zögern und kräftig anwenden. Die zur Bezwingung der Reaktionäre erforderlichen Maßnahmen sind nicht allein Verhaftung und Umerziehung, sondern auch Liquidierung ... Man darf keinen entwischen lassen!« Das Mißtrauen bekundet sich nicht nur gegenüber offenen Reaktionären, sondern gegenüber der gesamten »nichtengagierten« Bevölkerung; visiert sind Sympathisanten, aber auch Mitglieder der KP. So schrieb das Zentralorgan der Partei *Nhan Dan* am 4. August 1978: »In unserem Kampf mußten wir schwache Elemente hinter uns lassen oder entfernen. Zahllose Verräter sind von Zeit zu Zeit aufgetaucht und haben sich den Aggressoren verkauft.« Und von neuem am 18. August: »Die verräterischen Elemente sind noch gefährlicher als die Imperialisten ... Man muß die revolutionären Reihen säubern.« Diese Drohungen kündigen Säuberungen an, die noch nicht beendet sind. Seit der Parteigründung hat es sie stets gegeben, sie scheinen vom Parteikonzept selbst hervorgebracht. Die Führer können nur dann ihre Macht behaupten, wenn sie nicht allein ihre Feinde beseitigen, sondern auch ihre möglichen Rivalen. Denn bei den internen Säuberungskampagnen geht es viel mehr um den Machtkampf als um revolutionäre Moral. Um sie ist es traurig genug bestellt. Wie hätte es sonst die zahlreichen Skandale jener Fluchtschiffe geben können, die ihre klägliche Fracht von zwei- bis dreitausend Menschen nur dank der mit Gold bezahlten Komplizität hoher kommunistischer Kader an Bord zu nehmen vermochten? Verzweifelt muß ich gestehen: Nie hatten unter dem alten verfaulten und repressiven Regime Korruption und Willkür einen solchen Grad erreicht wie im heutigen sozialistischen Vietnam. Bei denjenigen, die dreißig Jahre lang vom nordvietnamesischen Kommunismus erzogen wurden, haben die Säuberungs-, Mißtrauens- und Hexenjagdreflexe solch eine wahnsinnige Atmosphäre geschaffen, daß es manchmal besser ist, schuldig statt verdächtig zu sein. Hier die Geschichte von Ho und Thi – sie könnte eine Parabel sein, ist aber leider authentisch. Ho und Thi, die sich nicht kannten, haben zwei gemeinsame Kennzeichen: beide sind Nachtwächter in Textilfabriken, und in beiden Unternehmen fanden Stoffdiebstähle statt. Bei Vinatexco, wo Ho arbeitet, verschwanden 76 m Stoff, und Ho wurde verhaftet. Leidenschaftlich bestreitet er jede Verantwortung, gegen ihn gibt es keinen Beweis. In der anderen Fabrik, deren Name ich vergessen habe, entschwanden 380 m Stoff. Nachtwächter Thi gestand, daß er der Schuldige sei. Nach sechs Monaten wird Thi ohne Gerichtsverfahren freigelassen, weil seine Sache klar ist und die Polizei meint, er habe ausreichend gesühnt. Ho dagegen gibt nichts zu, und aus gutem Grund: er ist nicht allein unschuldig, er kennt sogar den Dieb. Doch wagt er nicht, ihn zu nennen; es ist ein mit der Bewachung der Fabrik beauftragter *Bo Doi*. Er hat ihn mit seinen eigenen Augen gesehen. Es ist besser, die neuen Herren aus dem Spiel zu lassen, vor allem wenn man nur ein kleiner Nachtwächter chinesischen Ursprungs ist, der vor der Befreiung für eine von den Amerikanern kontrollierte Gesellschaft gearbeitet hat. In der Gemeinschaftszelle von Le Van Duyet, wo er letztlich landete, erzählt er uns seine traurige Geschichte. Wir drängen Ho, den *Bo Doi* zu nennen: »Wenn du es nicht tust, wirst du jahrelang im Gefängnis bleiben.« Schließlich verlangt Ho ein Gespräch mit dem Untersuchungsoffizier, um diese Enthüllung zu machen. Zunächst fährt man ihn an:

»Wie? Ein *Bo Doi* ist ein Patriot, er kann sich kleiden. Wozu sollte er denn stehlen? Und wie jemandem glauben, der für die Amerikaner gearbeitet hat?«

Doch angesichts der Präzision der Aussage glaubt man endlich dem armen Ho, nicht ohne ihm sein langes Schweigen vorzuwerfen. Eine Woche hindurch wird er noch bearbeitet, dann läßt man ihn laufen. Er verbrachte einundzwanzig Monate im Gefängnis.

Unter den politischen Häftlingen von Le Van Duyet ist der Anwalt Tran Danh San ein besonderer Fall. Am 18. April 1977 versuchte der junge Mann vor der Saigoner Kathedrale, eine Erklärung zu verlesen, die die Mißbräuche des kommunistischen Regimes anklagte, Arbeiter und Intellektuelle der ganzen Welt aufrief, von der vietnamesischen Regierung Rechenschaft zu verlangen über die systematische Verletzung der Menschenrechte. Ein Akt heroischen Wahns, dessen Folgen San und die paar Menschen, die ihn umgaben, im voraus kannten. Zwei Jahre nach dem kommunistischen Sieg, in einer von 200000 *Can Bo* und *Do Boi,* uniformierten und nichtuniformierten Sicherheitsagenten sowie Spitzeln streng bewachten Stadt, kann eine oppositionelle politische Kundgebung keinen Erfolg haben. Und da es in Ho Chi Minh-Stadt keinen einzigen nichtkommunistischen Korrespondenten mehr gibt, besteht sozusagen keine Möglichkeit, im Ausland ein Echo hervorzurufen. Doch hoffte San, seinen Appell durch einen vietnamesischen Franzosen, der das Land verlassen sollte, bekanntzumachen; und er glaubte, ihn wenigstens vor einigen Dutzend Passanten vorlesen zu können. »Tatsächlich«, erzählte mir einer seiner Gefährten, »hatte er kaum Zeit, die ersten Sätze zu lesen. Die Polizisten kamen von überall her, versperrten die Straßen rings um die Kathedrale. Sie sind viel besser informiert als Thieus Polizei.« Der Mann, der das Dokument nach Frankreich bringen sollte, konnte aus Mangel an Geld nicht abreisen. So wurde ich, in Erwartung einer möglichen Entlassung, einer der Treuhänder dieses Aufrufs, den ich, desgleichen wie das »Testament«, auswendig lernte. Der Text befindet sich im Anhang dieses Buches. Anwalt San und seine Gefährten wurden von den Häftlingen besonders rücksichtsvoll behandelt, sie erhielten die besten Schlafplätze, sogar die Wärter zeigten ihnen eine gewisse Achtung. Tatsächlich waren alle untadelige Menschen, die unter dem früheren Regime schwere Tage gekannt hatten, weil sie schon damals für Freiheiten und Rechte stritten. Unter ihnen befanden sich einstige Studentenführer; der Vorsitzende des Verbandes der vietnamesischen Presse, Thanh Vi, war beim Einmarsch der kommunistischen Truppen in Saigon im Gefängnis, und Professor Duong Ky wurde nach der Befreiung zweiter Vorsitzender der FNL in Saigon. Als ich nach meiner Ankunft in Paris den Aufruf bekanntgab, erklärten die Kommunisten, daß zwei der zehn genannten Unterzeichner nicht verhaftet seien und das Dokument mißbilligten. Daraus schlossen sie, es handele sich um eine Fälschung. Später behauptete Hanoi, Van My und Duong Ky hätten ihre einmal gegebene Unterschrift zurückgezogen. Man kann sich unschwer den ausgeübten Druck vorstellen, dem die anderen mutig widerstanden. Warum ließ das kommunistische Regime Duong Ky nicht nach Paris kommen, um auf meine Pressekonferenz öffentlich zu antworten? Und warum sagte es nichts von den anderen Unterzeichnern, dem fünfundachtzigjährigen Ta Nguyen Minh, einem alten Kampfgefährten Ho Chi Minhs, nichts von dem zweiundachtzigjährigen Pham Vi Ky, einem alten antikolonialistischen Kämpfer und ständigem Gefangenen unter allen Regimen? San war die Seele dieser kleinen Gruppe, die die Atmosphäre der Gemeinschaftszelle 8 der Zone C 2 verwandelt hatte, wohin ich bisweilen kam, um mein Frisörtalent auszuüben. Dort herrschte ein ganz ungewöhnlicher Optimismus. Kultiviert, gewandt, gesprächig, hatte San ein fröhliches und ironisches Temperament; er schuf um sich einen Widerstandsgeist, der die Bedrücktesten stärkte. Er stand lange genug in der vordersten Linie der Opposition, um über die Mißbräuche der Macht Bescheid zu wissen. Als Vorsitzender der »Kräfte der fortschrittlichen Jugend« wurde San 1965 für drei Jahre eingekerkert; ein Jahrzehnt später war er, aus dem gleichen Grund, wieder verhaftet. Jeden Tag wurden die Mitglieder der Menschenrechtsgruppe stundenlang verhört. Das währte drei Monate. Dann werden sie dem obersten Polizeichef von Saigon Mai Chi Toi* vorgeführt, der

*. Mai Chi Tho ist der Bruder des Politbüromitglieds Le Duc Tho, der mit Kissinger den Pariser Vertrag aushandelte und sich mit ihm den Friedens-Nobelpreis

sich mit erstaunlichen Worten, in denen Freimütigkeit und Zynismus sich mischen, an sie wendet:

»Die Untersuchung ist beendet. Ich gebe zu, daß ihr aus patriotischen Motiven gehandelt habt. Ich möchte sogar sagen: Leute eurer Qualität sollten Parteimitglieder sein. Schade, aber jetzt ist es zu spät. Objektiv habt ihr euch gegen die Autorität der Partei und der Regierung erhoben, ihr seid verhaftet worden und bleibt im Gefängnis. Wir werden euch nicht töten, aber wir werden keinem von euch die Gelegenheit geben, einen Solschenizyn zu spielen. Künftig werden wir die Tore öffnen, um Ausländer zu empfangen. Aber vorher muß man das Haus kehren. Bei uns leben eine Million Reaktionäre und Verräter, ihnen gegenüber gibt es keine Versöhnung und Gnade. Sonst könnten wir nicht regieren. Um das zu ändern, bedarf es der Zeit. Onkel Ho hat gesagt: ›Um einen Baum wachsen zu lassen, genügen zehn Jahre. Um einen Menschen wachsen zu lassen, bedarf es hundert Jahre.‹« Warum hat Mai Chi Tho die wahren Absichten der Parteiführer vor den Häftlingen so klar enthüllt? Vielleicht drückte er Respekt vor ihrem Mut aus. Aber vielleicht war es bloßer Übermut: der Polizeichef konnte sich gewiß nicht vorstellen, daß seine Worte je durch die Mauern von Le Van Duyet dringen würden.

teilte. 1975 leitete er die Offensive gegen Südvietnam, die den Pariser Vertrag verletzte. Ein anderer Bruder, Dinh Duc Thien, ist Mitglied des Zentralkomitees der Partei, General sowie Erdölminister. Die drei engverbundenen Brüder stellen eine imposante Macht dar.

Umerziehung durch das KZ

In den schlimmsten Tagen der Diktaturen von Diem und Thieu gab es nicht so viele Gefängnisse und Gefangene wie heute. Die Gefängnisse des alten Regimes werden nicht allein wieder benutzt, die Zellen enthalten auch zwei- bis fünfmal soviele Insassen wie vor der »Befreiung«. Kein Gefängnis wurde geschlossen, aber sie wurden vergrößert, und man schuf neue. In Saigon wurden das Dai Nam-Hotel, das Dai Loi-Gebäude, die To Hien Thanh-Kaserne, das Waisenhaus Long Thanh in Gefängnisse umgewandelt. Aufgrund der Informationen, die ich während meiner Haft erhalten habe, kann ich behaupten, daß Ende 1977 in den Gefängnissen von Ho Chi Minh-Stadt sich mindestens 70000 Personen befanden. Eine Stadt innerhalb der Stadt. Neben den großen Haftanstalten hat jeder der 21 Stadtbezirke sein Gefängnis mit 500 bis 1000 Insassen. Jeder Bezirk ist in 20 bis 30 Viertel eingeteilt, und in jedem Viertel gibt es einige Zellen mit fünf bis zehn Insassen. In der Provinz sind die Zahlen schwieriger auszumachen, aber man weiß, daß auch dort die Gefängnisse überfüllt sind. Jede der vierzig Provinzen hat ein Zentralgefängnis mit einigen tausend Häftlingen, und jeder der zweihundert Bezirke hat ebenfalls sein eigenes Gefängnis. Nach den mir zugänglichen Informationen kann man die Zahl von 400000 als ein Minimum für die Gesamtheit des Landes angeben. Diese Häftlinge unterstehen einer polizeilichen Untersuchung, hinzufügen muß man die Internierten der »Arbeitsumerziehungslager« – mit anderen Worten: der Zwangsarbeitslager. Als Journalisten den Premierminister Pham Van Dong während seiner Pariser Reise im April 1977 diesbezüglich befragten, antwortete er, daß sich darin nicht mehr als etwa Fünfzigtausend befänden. Ohne Übertreibung kann man die Zahl mit acht multiplizieren. Die »Umerziehbaren« gehören zwei großen Kategorien an:

1. Militärs, Polizisten und Beamte des alten Regimes. Nach der amtlichen Zeitung von Ho Chi Minh-Stadt *Giai Phong* meldeten sich im Juni 1975 400000 für »Umerziehungskurse«, die nicht länger als einen Monat dauern sollten. Untere Beamte und ein Teil

der einfachen Soldaten wurden bald entlassen. Aber die Soldaten der Eliteeinheiten (*Rangers*, Fallschirmjäger, Marinefüsiliere), Polizisten, Beamte von einem gewissen Rang ab und natürlich Offiziere befinden sich noch immer, vier Jahre nach der Befreiung, in der »Umerziehung«.

2. Ehemalige Kommunisten und FNL-Mitglieder, die sich dem alten Regime angeschlossen hatten. Es waren ungefähr 200000. Des Kriegs überdrüssig, vom Kommunismus enttäuscht oder aus bloßem Opportunismus, hatten sie auf die Kampagne »Offene Arme« geantwortet, die den Überläufern Amnestie anbot. Weil ihre früheren Kameraden sie kannten, war es ihnen zumeist unmöglich, den Lagern zu entgehen. Aufgrund des kommunistischen Prinzips, demzufolge ein Verräter schlimmer ist als ein Feind, kann man wetten, daß nur wenige von ihnen je freigelassen werden.

Die meisten Vietnamesen sind heute überzeugt, daß die »Umerziehungslager« KZ sind, in denen die Kader des alten Regimes, die man für unbrauchbar oder virtuell gefährlich hält, langsam vernichtet werden. Den Irrtum Pol Pots in Kambodscha (dessen Brutalität sie zu »strafen« aufgebrochen sind) vermeidend, wenden die vietnamesischen Kommunisten die langsame Ausrottung an, ohne Maschinengewehrsalven und ohne Gasöfen, weit weg von allzu neugierigen Blicken. Einige willfährige Journalisten, die in einem Modellager herumgeführt wurden, wo sauber gekleidete ehemalige Offiziere ihr Bedauern ausdrückten, einer schlechten Sache gedient zu haben, können den Verdacht nicht auslöschen. Was ich persönlich von Menschen erfahren habe, die dort gewesen sind, genügt, um den Verdacht in eine Anklage zu verwandeln. Wie paradox es auch scheinen mag, die Häftlinge machten sich vielleicht mehr Illusionen über die Lager als die anderen. Wie Sardinen in Zellen ohne Luft und ohne Licht zusammengepfercht, ohne Wasser, schlecht ernährt, ohne Recht zu lesen noch zu schreiben, betrachteten viele von uns die Überführung ins Lager als eine erste Etappe der Freilassung. Die Wärter bemühten sich – vielleicht waren sie aufrichtig –, diesen Mythos zu verbreiten. Ich erinnere mich jenes Dezembertages, als eine ungeheure Aufregung herrschte, weil mehrere Häftlinge den Befehl erhalten hatten, ihre

Zellen zu verlassen. Solche Befehle an einzelne waren oft beunruhigend: manchmal konnte es sich um eine Verlegung in eine anderen Zelle handeln (was man nicht gern hatte, weil man an Freunde und Verhältnisse gewöhnt war), aber manchmal handelte es sich auch um eine Isolierungsmaßnahme. Dagegen erweckten Kollektivverlegungen bisweilen eine ungewöhnliche Hoffnung. Obwohl man wußte, daß Le Van Duyet nicht das schlimmste Gefängnis war, erhoffte jeder die Verbesserung seines Loses. Und die Transporte in die Umerziehungslager waren vielversprechend. Ganz gewiß gäbe es dort Platz, eine Tätigkeit, bessere Nahrung. Man sprach sogar von Kursen für Studenten! Das Folgende habe ich von zwei Häftlingen erfahren, die ich nach einigen Monaten wieder sah. Der eine hatte aus dem Lager zu fliehen versucht, der andere hatte einen *Bo Doi* beleidigt.

Den für den Transport Bestimmten sagte der Gefängnisdirektor:

»Euer Fall ist geklärt, die Regierung gewährt euch Gnade. Kurze Zeit werdet ihr in einem Umerziehungslager arbeiten, dann entlassen. Die Höchstdauer beträgt ein Jahr.«

Namen wurden aufgerufen: X bekommt drei Monate Gefängnis zudiktiert, Y sechs Monate. Tatsächlich warteten die Betreffenden vergeblich. Als sie den Lagerkommandanten an das ihnen gegebene Versprechen erinnerten, sagte er:

»Ich weiß nicht, was man euch in Le Van Duyet versprochen hat. Hier ist es anders, ich habe keine Befehle für euch.«

Ein Wärter vertraute den Häftlingen: »Das versprechen sie immer den Gefangenen, damit sie ruhig bleiben.« Die hauptsächliche Sorge der Verantwortlichen scheint die Furcht vor einer Revolte zu sein, vor einem Massenausbruch während der Transporte, die gewöhnlich nachts stattfinden – denn die Bevölkerung soll nichts erfahren – in Lastwagen und Autobussen, auf manchen Strecken auch zu Fuß. Vor der Abfahrt um zwei Uhr früh wurden jeweils zwei Häftlinge aneinander gefesselt und über die Vorschriften informiert, die während des Transportes befolgt werden müßten: Nicht sprechen, nicht aufstehen, bei Fluchtversuch Erschießung ohne Vorwarnung und so weiter. Über das Lager hat mir einer berichtet: »Es ist schlimmer als das Gefängnis. Mit genauso wenig

Nahrung muß man wie ein Tier arbeiten. Man verendet aus Erschöpfung. Absichtlich habe ich den *Bo Doi* beschimpft, um ins Gefängnis zurückgeschickt zu werden – und eine Chance zu haben, meine Haut zu retten.« Jedes einzelne der Hunderte von Lagern hat eine Kodenummer, was ihre örtliche Situierung erschwert. Nach direkten Zeugnissen ist Nr. 1248 bei Suoi Mau gelegen, in der Provinz Bien Hoa, etwa dreißig Kilometer nördlich von Saigon, ein Durchgangslager für höhere Offiziere der einstigen Südarmee, die nach und nach in den Norden gebracht werden, um besser isoliert zu sein. Im Gebiet von Bui Gia Map, etwa fünfzig Kilometer östlich Saigons, befinden sich zahlreiche Lager (Nr. 3138 und 3152) mit 38000 früheren Offizieren. Es ist eine bewaldete Gebirgsgegend, deren Ruf ist finster, weil dort Malaria und Dysenterie herrschen. Unter der französischen Herrschaft kamen die Widerspenstigen dahin. Von dort kommen wenig Nachrichten. Ein noch dichteres Schweigen umgibt das Lager Nr. 7790 bei Long Giao, hundert Kilometer östlich Saigons. Dort befinden sich die als am gefährlichsten betrachteten Kader des alten Regimes: Absolventen amerikanischer Universitäten, Offiziere des psychologischen Kriegs, der Sicherheits- und Militärpolizei. Zunächst wurden diese Leute auf der Insel Phu Quoc, an der Grenze der vietnamesischen und kambodschanischen Gewässer, interniert. Der Krieg zwischen Vietnam und Kambodscha bewirkte die Überführung des Lagers auf das Festland. Über Long Giao weiß man nur, daß die dort herrschende Disziplin grausam ist und daß jegliche Nichtbeachtung der Vorschriften mit der sofortigen Hinrichtung bestraft wird. Rings um das Lager seien zahllose Gräber, sagte man mir. Natürlich ist kein Besuch erlaubt. Dagegen ist das Lager Nr. L-19 HT 7590 sehr genau bekannt. Es ist ein Modelllager, das ebenfalls genau ausgesuchte Ausländer besuchen dürfen. Das Lager befindet sich, ganz in der Nähe Saigons, in der ehemaligen Unteroffiziersschule der Südarmee. Die dort Internierten stehen vor ihrer Entlassung, folglich neigen sie wenig zur Kritik. Überdies sind zahlreiche Spitzel unter ihnen, die sowohl den Auftrag haben, die Häftlinge zu überwachen wie auf Fragen der ausländischen Besucher zu antworten.

Cong Hoan zeichnet ein seltenes Kennzeichen aus: er war Abgeordneter des alten und des neuen Regimes. Unter der Thieu-Herrschaft gehörte er zur Opposition, im kommunistischen Vietnam entschloß er sich zur Flucht. Mit einem Schiff floh er im Juli 1977 nach Japan. Als Repräsentant des kommunistischen Regimes konnte der Abgeordnete Cong Hoan einige Lager seiner Provinz Phu-Yen, 300 Kilometer nördlich Saigons, besuchen. Im Lager A-30 befanden sich 3000 Häftlinge; im Bezirk Son Hoa gab es zwei- bis dreitausend in vier Lagern, die die Nummern T-51 bis T-54 trugen. Hoan sah auch das Lager A-20, das einen besonderen Fall darstellt. Ein Drittel der Insassen waren Kinder. Es handelte sich um Leute, die mit den Amerikanern geflohen waren, und nach ihrer Ankunft in Guam die Rückkehr in ihre Heimat verlangt hatten. Fürchteten sie die Schwierigkeiten einer Niederlassung im Ausland? Glaubten sie den kommunistischen Versprechen einer »Eintracht und Wiederversöhnung«? Oder hatten sie ganz einfach Heimweh? Wie dem auch sein mag, schließlich fuhren sie mit einem vietnamesischen Schiff wieder zurück. Bei ihrer Ankunft wurden sie sogleich isoliert. Man behandelte sie wie Pestkranke, unter dem Verdacht, von der CIA angesteckt worden zu sein. Ohne Rücksicht auf das Alter wurden sie in einem geheimen Lager untergebracht, in einer entlegenen Provinz, ohne jeglichen Kontakt mit der Außenwelt. Ohne den Abgeordneten Hoan wüßte niemand etwas über das Schicksal jener tausend naiven Rückkehrer, die – unterschiedslos Männer, Frauen und Kinder – von bewaffneten Posten bewacht werden und ihre »Umerziehung« absolvieren.

Das theoretische Programm der »Umerziehung« gliedert sich in neun Lektionen:

1. Der amerikanische Imperialismus hat Vietnam angegriffen und ist folglich der Feind.

2. Die Saigoner Marionettenregierung war nur ein Instrument des amerikanischen Imperialismus.

3. Soldaten und Beamte der Marionettenregierung waren Söldner dieses Imperialismus.

4. Gründe des Bankrotts der Diener des Imperialismus.

5. Der Sinn des revolutionären Siegs.

6. Die Folgen des Siegs.

7. Pflichten des Volkes.

8. Heilige Pflicht zur Arbeit.

9. Präsident Ho Chi Minh lebt ewig in unseren Herzen und in unserer Geschichte.

Sogar die talentlosesten »Schüler« hatten das Programm in einem Monat begriffen und den neuen Katechismus sogar auswendig gelernt. Und doch sind schon Hunderttausende seit vier Jahren dabei, ihr Studium fortzusetzen. Man muß entweder annehmen, daß sie ganz besonders stumpfsinnig sind oder daß das kommunistische Regime ihrer überhaupt nicht bedarf. Die Lager sind über das ganze Land verstreut. Allein in der Umgebung Saigons gibt es einige Dutzend. Es sind die erträglichsten, dort sind die harmlosesten Häftlinge; sie können Besuche empfangen und etwa alle drei Monate ein Paket. Je wichtiger oder je verdächtiger ein Häftling ist, umso weiter weg wird er von den Städten verlegt, in Lager inmitten des Urwalds oder nahe der Grenze. Dort sind Pakete (ein oder zwei Kilo Lebensmittel) nur selten erlaubt, Besuche noch seltener. Die Besuche unterliegen einem strengen Ritual. Der Häftling muß sagen, daß es ihm gut gehe und er gut behandelt werde. Der Besucher muß ihn ermahnen, gehorsam und gewissenhaft zu sein, damit seine Freilassung rascher erfolge. Bevor sie weggehen, erhalten die Besucher vom *Can Bo* einige Empfehlungen für das, was sie zuhause erzählen sollen: Der Häftling sei in guter Gesundheit, seine Umerziehung verlaufe günstig, die Regierung wende die Politik der Wiederversöhnung großzügig an ...

Manche Gefangene dürfen weder Besuche noch Pakete noch Briefe empfangen. Manchmal erlaubt man ihnen, ihrer Familie ein Lebenszeichen zu geben. Eine Postkarte mit einigen stereotypen Worten: »Es geht mir gut. Ich werde gut behandelt.« Aber keine Adresse für eine Antwort. Schließlich sind die »gefährlichsten« Gefangenen (höhere Offiziere, hohe Beamte der alten Regierung, Polizeikader und – liberale Intellektuelle) im allgemeinen in nordvietnamesischen Lagern. Dort ist ihre Isolierung total, ihre Familien wissen nicht einmal, ob sie noch am Leben sind. Man kann eine »Umerziehungs«-Hierarchie nach dem Grad abnehmender Strenge folgendermaßen beschreiben:

1. Ehemalige KP- oder FNL-Mitglieder, die zum alten Regime übergelaufen sind;

2. Fortschrittliche Intellektuelle oder Anhänger der »dritten Kraft«.
3. Antikommunistische politische Führer.
4. Polizisten, auch niederen Rangs.
5. Hohe Beamte und Militärs, auch einfache Soldaten der Eliteeinheiten.
6. Nordvietnamesen, die nach der Landesteilung 1954 in den Süden geflohen sind.

Song Than, ein ehemaliges Militärlager nahe Saigons, ist ein ziemlich typisches Beispiel für die Umerziehungsstätten jener Gegend. Die Menschen schlafen direkt auf dem Boden. Sie stehen vor Tagesanbruch auf, arbeiten in Zehnergruppen, unter Bewachung sehr junger *Bo Doi,* auf dem Felde. Die Nahrung (Reis und Maniok, kein Fleisch) ist unzureichend; sie wird noch gekürzt, wenn die Gruppe die festgesetzte Norm nicht erreicht. Zum Glück der Gefangenen gehört, eine Eidechse oder eine Maus zu erwischen. Fluchtversuche werden mit sofortiger öffentlicher Hinrichtung geahndet. Diese Einzelheiten teilte mir der Ingenieur Lam Quang mit. Unter dem Verdacht, fliehen zu wollen, wurde er in Le Van Duyet zur Untersuchung eingeliefert. Zwei oder drei Tage war er in einer Gemeinschaftszelle, wo ich ihn kennenlernte. Dann kam er in den gegenüberliegenden Karzer. Jemand sah ein Rinnsal herausfließen, man dachte, es sei Wasser. In der Nacht entdeckte ein Wärter das Drama: Truong hatte sich, wahrscheinlich mit einem Glasstück, die Pulsadern aufgeschnitten.

Vierzig Kilometer nördlich Saigons ist Long Thanh das wichtigste Umerziehungslager des Gebiets. Vorher war es ein Waisenhaus auf einem zehn Hektar großen Grundstück. Die dort lebenden Waisen wurden, wie man mir berichtete, in den Norden gebracht, um dort eine mustergültige marxistische Erziehung zu empfangen. Kann es etwas Attraktiveres geben, als aus einem von jedem schädlichen Einfluß befreiten Waisenkind das Modell eines neuen Menschen zu machen, einen »gehorsamen Neffen Onkel Hos«? Fast alle bedeutenden politischen Führer des gestürzten Regimes kamen nach Long Thanh, das als eine Art Rangierbahnhof diente. Es ist das erträglichste Lager, das manchmal einige Journalisten besuchen dürfen, wo sie sich mit *Bo Doi* unterhalten, die als Häftlinge verkleidet sind. Und dort sprechen sie auch mit dem Ex-General

Huu Co, der gewissenhaft seine Rolle als ein von der Offenbarung Onkel Hos ergriffener »Marionettenoffizier« spielt, während ihn die KP in Wirklichkeit beauftragt hatte, den Sturz des Regimes von innen voranzutreiben. In Long Thanh, wie in den anderen Lagern um Saigon, arbeiten die Häftlinge in den Reis- und Maniokfeldern oder im Wald. Es gibt deren ungefähr 4000. Wecken um 5 Uhr früh. Um 6 Uhr, nach dem Waschen und der Gymnastik, Aufstellen zum Fahnengruß, kommentierte Lektüre der Parteizeitung. Um 7 Uhr Abmarsch zur Arbeit. Mittags einstündige Ruhepause, Essen, Prüfung der geleisteten Arbeit, dann Rückkehr auf die Felder bis 6 Uhr abends. In manchen Lagern gibt es mittags nichts zu essen, sondern nur eine viertelstündige Pause zum Trinken. Nach dem Abendessen (stets das gleiche Gericht: 150 g Reis oder Maniok, genauso wie in Le Van Duyet) kommt die tägliche Sitzung der Selbstkritik, der Kritik und Propaganda. Das ist der didaktische und geistige Teil des Umerziehungsprogramms, der die morgendliche Lektüre der Parteizeitung ergänzt. Der größte Teil der Zeit wird damit verwendet, indem man die Ansicht jedes Häftlings über die geleistete Arbeit wissen will. Dabei soll er Irrtümer nennen, Verantwortliche denunzieren – das heißt Kameraden, denn natürlich darf kein *Bo Doi* beschuldigt werden. Das Niveau der Umerziehung mißt sich an der Fähigkeit des Gefangenen, seinen Gefährten anzuklagen, man belohnt ihn mit zusätzlichem Reis, was bei manchen die Spitzelei mächtig fördert. Doch gilt dies keineswegs als Spitzeltum. Periodisch wiederholen die *Can Bo* in diesem Punkt die Grundlektion, die sich kaum von der unterscheidet, die mir Sam Cau in Le Van Duyet erteilte: »Das alte Marionettenregime benutzte Spitzel um die Gefangenen zu denunzieren. Wir wollen solche unwürdigen Methoden nicht anwenden, aber wir wollen jeden Tag ein höheres Bewußtsein erwerben, ein höheres Niveau unserer Arbeitseffektivität. Jeder soll folglich lernen, seine Irrtümer und die der anderen zu erkennen. Und er soll seine Beobachtungen mitteilen, damit alle Fortschritte machen können. Wer die von ihm und anderen begangenen Fehler zu erkennen weiß, ist auf dem richtigen Weg der Umerziehung.« Zur sonntäglichen Unterhaltung müssen die Häftlinge von Long Thanh ihre ewige Biographie neu verfassen, mit der die *Can Boi* nie zufrieden sind. Manche Politiker, sagt man, hätten so mehr als tausend Seiten ausgefüllt.

Dr. Van Dzi, einstiger Insasse des Lagers L-19 HT 15 in Long Giao und jetziger Flüchtling in den Vereinigten Staaten, wohnte dem monströsen Massaker von 600 Gefangenen bei. Inmitten der Nacht wurden die durch Zwangsarbeit Erschöpften durch Lautsprecher aufgeweckt, die die Ankunft von *Phuc Quoc Quan* (neue Widerständler des Südens) meldeten: »Steht auf! Wir sind *Phuc Quoc Quan* und wollen euch befreien. Flieht! Ihr seid frei!« Viele trauten dieser finsteren Regie, doch bei ihrer kurzen Flucht wurden sie niedergeschossen. Das geschah im Juni 1976. Die *Can Bo* erzählten später den Familienangehörigen, es hätte ein Angriff seitens des Untergrunds stattgefunden. Den Überlebenden im Lager sagten sie: »Die Revolution ist großmütig, und ihr wolltet sie verraten. Dies möge euch als Lehre dienen!« Ein Jahr nach der Befreiung Südvietnams ist eine Lehre dieser Art keine Seltenheit.

Bei Pleiku, auf der Hochebene, bestand ein während des Krieges von der FNL für Gefangene der Südarmee geschaffenes Lager. Damals betrug die Tagesration 300 g Reis. Das war nicht viel, aber die Gefangenen brauchten nicht zu arbeiten und erhielten monatlich etwas Geld, um in der Kantine Lebensmittel und Zigaretten zu kaufen. Außerdem bekamen sie Seife, Zahnpasta und zwei Kleidungsstücke im Jahr. Nach den in den heutigen Umerziehungslagern angewandten Normen war das eine echte Vergeudung. Tatsächlich wollte die FNL ihren Gefangenen zeigen, daß sie human behandelt wurden und von einem Regimewechsel nichts zu befürchten hätten. Nach dem Fall Saigons änderte sich die Lage schlagartig. Die Mehrzahl der Gefangenen blieb interniert, und rasch wurde ihr klargemacht, daß es mit dem Nichtstun nun vorbei sei. Die neuen aus dem Norden gekommenen Chefs gebrauchten eine neue Sprache: »Bisher habt ihr vom Kriegsgefangenenregime der Front und der provisorischen Revolutionsregierung profitiert. Jetzt ist das Land befreit, wir sind Sieger und ihr seid Besiegte. Ihr könnt glücklich sein, daß ihr noch immer lebt. Nach der russischen Revolution von 1917 wurden alle Besiegten beseitigt. Ihr habt das Glück, daß die Regierung beschlossen hat, gegenüber dem Marionettensöldlingen wie euch eine Politik der Gnade anzuwenden. Aber von nun ab müßt ihr den Reis verdienen, den ihr eßt!« Der mir über dieses mindestens 10000 Internierte zählende Lager berichtet hat – seinen Namen muß ich verschweigen –, sprach vom furchtbaren Elend dieser im Dschungel Vergessenen, die unterernährt Zwangsarbeit leisten müssen und hoffnungslos von aller Welt abgeschnitten sind. Dysenterie, Malaria, Grippe wirken sich verheerend aus. Viele leiden unter Krätze, die den Körper mit offenen Wunden bedeckt. Das einzige verfügbare Desinfektionsmittel ist spärlich verteiltes Salz. »Im Lauf eines Jahres«, erzählte mir ein Kamerad in Le Van Duyet über das Lager von Pleiku, »starben sechs in meiner Gruppe von zwanzig Mann. In den anderen Gruppen war es ähnlich. Mehr oder weniger rasch ist man zum Tode verurteilt. Ich hatte das Glück, hierher geschickt zu werden, um in einem Verhör als Zeuge aufzutreten. Wenn sie mich zurückschicken, bringe ich mich um. Ich werde dazu schon irgendetwas finden.«

Ein anderer Überlebender berichtete mir über ein Lager im Gebiet von Tay Ninh. Dort bauten 4000 Häftlinge eine Straße quer durch den Wald in Richtung Kambodscha – wahrscheinlich eine der Straßen, die Anfang 1979 zur Invasion des Khmer-Territoriums dienten. Für solche Arbeiten fehlen keine Maschinen, die Amerikaner haben ein umfangreiches Material zurückgelassen. Aber es wird selbstverständlich nicht in den Lagern benutzt: dies widerspräche der auf Sühne beruhenden Umerziehungspädagogik. Die Häftlinge roden den Urwald mit dem Messer und zerschlagen, elf Stunden täglich, Kubikmeter von Steinen mit kleinen Hämmern. Den erschöpften Gefangenen, die sich zu beklagen wagten, antworteten höhnisch die Wärter: »Wir Revolutionäre haben mit den gleichen Werkzeugen auf Hunderte von Kilometern den Ho Chi Minh-Pfad durch Laos, Kambodscha und Vietnam, unter amerikanischen Luftangriffen, erbaut. Deshalb haben wir gewonnen. Jetzt müßt ihr Reaktionäre lernen, was Wille und Arbeit heißt.« Von Zeit zu Zeit wird eine Kolonne, unter Bewachung, 50 Kilometer vom Lager fortgeschickt, um Proviant zu holen. Die Leute kommen, mit schweren Säcken auf dem Rücken, in Zwangsmärschen durch den Wald zurück. »Schneller! Schneller!« schreien die Soldaten und schlagen mit Gewehrkolben auf Zurückbleibende.

Während der ersten zwei oder drei Revolutionsjahre waren die

Umerziehungslager im Mekongdelta humaner als die eben beschriebenen. Sie wurden von Südländern geleitet, die weniger fanatisch waren als die Soldaten aus dem Norden. In My Tho und Can Tho zum Beispiel bekamen die Gefangenen monatlich fünf Piaster, die Ernährung war besser, die Arbeit weniger schwer, die Indoktrination weniger bedrückend. Die Häftlinge konnten jeden Monat einen Besuch empfangen und manchmal eine Nacht mit ihrer Frau in einem besonderen Gebiet verbringen. Aber ein ehemaliger, aus Can Tho entlassener Unteroffizier, den ich kurz vor meiner Abreise aus Vietnam traf, erzählte mir, dies sei alles beendet. Im Februar 1978 wurde der Lagerkommandant durch einen Offizier aus dem Norden ersetzt, der alle Kader austauschte und eine eiserne Disziplin einführte. Keine Besuche, kein Taschengeld, mehr Arbeit und mehr Propaganda. Im Grunde das normale Regime ... Von Nord bis Süd arbeiten hunderttausende Menschen in Hunderten von Lagern kostenlos für die neuen Herren. 95% begingen nur ein einziges Verbrechen: sie dienten in der Saigoner Armee oder waren in einer Behörde beschäftigt. Ihre Umerziehung sollte höchstens einen Monat dauern, das war ein Betrug. Hätte man die Wahrheit gesagt, hätte sich die Mehrzahl versteckt oder wäre untergetaucht. Zur Beruhigung der Bevölkerung und als Antwort auf die Kritiken im Ausland – wo dank der Ankunft der Flüchtlingsmassen die Wahrheit durchzusickern begann – gab die Regierung 1977 zu verstehen, daß die Umerziehungszeit höchstens drei Jahre betragen würde. Nun, drei Jahre nach dem kommunistischen Sieg hat sich nichts verändert; auch heute kündigt nichts eine Änderung an. Tatsächlich weist alles darauf hin, daß das verfolgte Ziel nicht die Umerziehung ist, sondern die Beseitigung aller Menschen, die imstande sein könnten, der Konsolidierung des kommunistischen Regimes zu widerstehen. Die französische Zeitung *Le Monde,* die während des Krieges eindeutig die FNL sowie Hanoi unterstützte und lange über die Vorgänge nach der »Befreiung« Südvietnams schwieg, schrieb dann doch in einem Leitartikel am 5. Oktober 1978: »Zwischen dem kambodschanischen Völkermord und der vietnamesischen Repression besteht natürlich ein gewaltiger Gradunterschied. Aber das Motiv ist leider von gleicher Natur.« Was ist besser: der langsame oder der schnelle Tod?

Ein Visum für sechzig Gold-Luong

Herrn Direktor der Sicherheits-
abteilung von Ho Chi Minh-Stadt

Gefängnis Le Van Duyet, den 12. Oktober 1977

»...Nach zweijährigem Gefängnisaufenthalt hat mir noch niemand deutlich erklärt, was mir vorgeworfen wird. Ich habe mich nie dem neuen Regime widersetzt. Wenn man mir zeigen kann, daß ich irgendeinen, auch nur leichten Fehler begangen habe, eine verbale Unvorsichtigkeit, daß Mitglieder meiner Familie für das Marionettenregime oder gegen die Partei tätig waren, bin ich bereit, die schwerste Strafe, sogar die Todesstrafe zu erleiden.

Seit meiner Verhaftung habe ich Ihnen das schon mehrfach mitgeteilt, aber ich habe nie eine direkte oder indirekte Antwort erhalten. Entweder werden Ihnen meine Briefe nicht zugestellt oder Sie haben keine Zeit, sie zu lesen. Dennoch erscheint es mir unannehmbar, daß man einen Menschen ohne Beweise verhaften und im Gefängnis ohne Gerichtsurteil behalten kann. Wenn man mich innerhalb einer Frist von hundert Tagen nicht gerichtet hat, werde ich mich selbst richten ...

Doan Van Toai.«

Diesmal erfolgte eine Reaktion irgendwo auf höherer Ebene. Eine Woche, nachdem ich den Brief geschrieben und dem Wärter übergeben habe, werde ich in die A-Zone verlegt, wo ich früher schon einmal gewesen bin. In der neuen Gemeinschaftszelle befinden sich – was unglaublich ist – nur 25 Insassen. Die Häftlinge dieser Zelle sind offenkundig »Sonderfälle«, aber sie sind so verschieden, daß man nicht weiß, ob solche Auszeichnung etwas Gutes oder Schlechtes bedeutet. Was mich angeht, so kann mein letzter Brief an den Sicherheitsdirektor meinen Fall sowohl erschwert wie auch verbessert haben. Die anderen Häftlinge leben in derselben Ungewißheit. Unter ihnen befindet sich Ban, ein ehemaliger FNL-Bezirkschef und Botschaftsattaché in Washington unter Diem. Eine schwere Vergangenheit. Weshalb wurde er verhaftet? Er sagt es nicht. Dann ist da noch der ganz junge Nguyen unter der Anklage, für den Geheimdienst des früheren Regimes gearbeitet zu haben. Er erzählt mir seine Geschichte: die eines gewöhnlichen Opfers, wie es Tausende in den Gefängnissen und Umerziehungslagern gibt. Man nennt sie »Volksfeinde«, die »antipatriotische Verbrechen« begangen haben. Um der Einziehung in die Armee zu entgehen, bestach Nguyen einen Oberst, der ihn auf die Liste der Nachrichtenagenten setzte. Das verpflichtete zu nichts anderem, als dem Oberst eine monatliche Bestechungssumme zu bezahlen. Nach dem Sturz des Saigoner Regimes waren Nguyen und seine Eltern froh, glaubten sie sich doch der Erpressung entledigt. Es kam anders. Nguyen wurde verhaftet. Vergeblich erklärte er seine Affäre, schwor, nie als Geheimagent gearbeitet zu haben. Auch die lokalen FNL-Führer versicherten erfolglos, daß er ein aktiver Sympathisant gewesen sei. Natürlich gab Nguyen den Namen des Obersts an, aber der war schon in den Vereinigten Staaten. Da er über seine Agententätigkeit nichts aussagen konnte, galt der Schüler als »störrisch«. Hat man letztlich seine Aufrichtigkeit anerkannt, oder wurde er einem noch strengeren Regime unterworfen?

Ich weiß nicht, was aus meinen Zellengefährten geworden ist. Mein Los entschied sich mit überraschender Schnelligkeit. Vorher erfuhr ich noch die schreckliche Nachricht des Todes meiner Mutter. Das teilten mir Mittelsmänner mit, deren Namen ich nicht angeben kann, ohne sie zu gefährden. Damals kannte man mich praktisch in allen Gemeinschaftszellen von Le Van Duyet. Und in allen Gefängnissen verbreiten sich die Nachrichten besser, als es je die Wärter ahnen können. Der Tod meiner Mutter traf mich mitten ins Herz, doch weinte ich nicht. Vielleicht hatte ich schon zu viele Tote gesehen? Vielleicht hatte die Haft mich auch schon so abgehärtet? Ich erinnerte mich nur des letzten Mals, als ich sie nachmittags, am 22. Juni 1975, einige Stunden vor meiner Verhaftung verließ. Wie alle Mütter aller Länder mahnte sie: »Komm nicht zu spät!« Und wie alle jungen Leute antwortete ich zerstreut: »Ja, ja Mutter.« Jedesmal, wenn ein Kind sie verläßt, und sei es nur bis ans Ende der Straße, glaubt eine Mutter, es sei das letztemal. Als ich an jenem späten Nachmittag zum Konzert wegging, ahnte ich nicht, daß es wirklich das letztemal war. Ich verlangte ein Blatt Papier, um nochmals an den Sicherheitsdirektor zu schreiben und meinen Entschluß zu unterstreichen, mich umzubringen, wenn man mich nicht vor ein Gericht stellte. Ich weiß nicht, ob meine Briefe jemals vom Sicherheitsdirektor gelesen wurden; ich glaube auch nicht, daß er irgendetwas für meine Freilassung getan hat. Wie dem auch sein mag, die Dinge gingen jetzt sehr rasch. Eine Woche nach meiner Überführung in die A-Zone, wurde ich zu einer wichtigen Persönlichkeit bestellt, dem Oberst Tam Nam. Das konnte nur etwas Entscheidendes bedeuten. Gut oder schlecht? Ich war auf beides gefaßt. Der Oberst erwähnte weder meine Briefe an den Sicherheitschef noch den Tod meiner Mutter. Er machte es kurz und etwas feierlich:

»Die Sie betreffene Untersuchung ist beendet. Die Revolution ist zu dem Schluß gekommen, daß Sie ein Patriot sind, geprägt von positivem Geist. Aber weil Ihre frühere Tätigkeit nicht vollständig von der Partei kontrolliert werden konnte, hatten einige Verdacht geschöpft. Dank des Wohlwollens der Partei werden Sie in sehr naher Zukunft freigelassen. Natürlich unter der Voraussetzung, daß Sie mit der Revolution zusammenarbeiten.«

»Von welcher Zusammenarbeit wollen Sie sprechen?« fragte ich.

»Darüber werden wir noch reden. Vorerst schweigen Sie über Ihre Freilassung, kein Wort davon an Ihre Zellenkameraden.«

Zwischen Freude und Zweifel hin- und hergerissen, verließ ich das Büro des Obersts. Vielleicht ist dies nur ein neuer Betrug? Drei Tage später, kurz vor dem Abendessen um 16 Uhr, ruft ein Wärter durch die Türklappe:

»Doan Van Toai! Ziehen Sie sich an und kommen Sie heraus mit allen Ihren Sachen.«

Alle Gefährten glauben, genauso wie ich selber, es handele sich um die Verlegung in eine andere Zelle. Aber dann befinde ich mich dem Obersten Bai Hieu gegenüber, dessen Parteiname Tu Tuan ist. Der Gefängniskommandant bietet mir einen Sessel an und läßt Tee servieren. Ich glaube zu träumen. Der Oberst lächelt sehr höflich:

»Ich bin glücklich, Ihnen sagen zu können, daß Sie von jetzt an frei sind. Als Vertreter der Partei und der Regierung erkläre ich, daß jeglicher Verdacht gegen Sie hinfällig ist. Die Revolution zählt auf Sie für den Aufbau des Landes und des Sozialismus. Ich habe noch zwei weitere Nachrichten für Sie, eine gute und eine schlechte. Die gute Nachricht: Ihre Frau ist mit den drei Kindern in Frankreich angekommen und erwartet Sie dort. Die andere betrifft den Tod Ihrer Mutter, den ich sehr bedauere. Sie war schon recht alt, nicht wahr? Aber jetzt sind Sie frei. Blicken Sie in die Zukunft, nicht in die Vergangenheit. Die Revolution benötigt Sie!«

Verwirrt durch diese Lawine wichtiger Nachrichten in einem Ort, wo sonst Geheimnisse streng gehütet sind, denke ich zunächst nur an die Zusammenarbeit. Ich verstehe nicht, wie man gleichzeitig davon sprechen kann, ich solle zu meiner Familie nach Frankreich reisen und für die Revolution arbeiten. Ich begreife auch nicht, daß ein Repräsentant der sozialistischen Revolution die Abreise meiner Familie in ein kapitalistisches Land als positiv bewerten kann.

»Auf welche Weise benötigt mich die Revolution? Ich bin sehr müde und möchte zunächst die Meinen wiedersehen.«

»Sie können nachhause gehen. Die Revolution wird bei geeigneter Gelegenheit Ihnen mitteilen, was sie von Ihnen erwartet.«

Der Oberst ließ die bei meiner Verhaftung, vor achtundzwanzig Monaten, beschlagnahmten Objekte aushändigen. Auf geheimnisvolle Weise hatte sich meine gute Armbanduhr in ein billiges Stück Blech verwandelt, mein Führerschein war verschwunden – aber das alles war unwichtig. Als Gegenwert der 1975 noch gültigen Piaster erhielt ich 20 Dong. Ganz besonders wichtig war, daß ich meinen Ausweis wiederbekam. Dies bedeutete, daß ich wieder ein normaler Bürger wurde. Oft erhalten die Entlassenen ihren Ausweis nicht mehr zurück, der angeblich verloren wurde. Stattdessen bekommen sie einen Gefängnis- oder Lagerschein, der sie der besonderen Aufmerksamkeit der Polizei aussetzt, was praktisch einer ständigen Überwachung gleichkommt. Der Gefängniskommandant nahm sich die Mühe, mich bis zum Wachtposten zu begleiten, so daß ich seitens der anwesenden *Can Bo* und *Bo Doi*, deren Arroganz ich genügend kennengelernt hatte, eine fast untertänige Höflichkeit erleben konnte. Vielleicht war ich ein geheimer Parteischützling, ein versteckter Untersuchungsbeauftragter? Die so prompt ihre Autorität mißbrauchenden Machtinhaber sind ebenso rasch bereit, sich servil zu verneigen, sobald sie einen Wandel der Lage wittern. Großmütig übersah ich die mir entgegengestreckten Hände, bis auf die des Obersts, die ich, vorsichtig genug, ergriff.

Und dann befand ich mich auf dem Chi Lang-Boulevard. Es war ungefähr fünf Uhr nachmittags. Der 1. November 1977, der vierzehnte Jahrestag des Sturzes von Diem. 863 Tage war ich nicht allein auf der Straße, jetzt durfte ich nach links gehen, nach rechts oder auch geradeaus. Eine Rikscha kam vorbei, ich gab ein Zeichen. Das war mein erster gesellschaftlicher Akt. Der junge Mann vor mir auf dem Fahrrad, mit zerlöchertem Hut, führte mich in die neue Gesellschaft.

»Wohin willst du, Genosse?« fragte der Rikschafahrer, indem er seinen Kopf leicht wendete.

»Ich werde es dir später sagen. Im Augenblick möchte ich etwas spazierenfahren. Ich bin müde, so werde ich etwas frische Luft bekommen.«

»Einverstanden«, sagte der Rikschafahrer.« Ich verstehe das. Sie sehen sehr bleich aus. Den ganzen Tag im Büro ist nicht gut für die Gesundheit. Ich bin den ganzen Tag draußen. Und jetzt, da es weniger Wagen und Motorräder gibt, kann man besser atmen.«

Die Situation amüsierte mich. Der Übergang vom »Du« zum »Sie«, die Anspielung auf Büros, die optimistische Beurteilung des Rikschaberufs (vorher hatten sie sich stets beklagt) und der Verkehrsverhältnisse (vorher träumten die Rikschafahrer davon, Taxifahrer zu werden) ließen keinen Zweifel: der junge Mann hielt mich für einen kommunistischen Kader. Vielleicht war es meine Ausdrucksweise, denn meine Kleidung wies nicht darauf hin, übrigens auch mein ganzes Aussehen nicht. Immerhin gab es noch magere und schlecht gekleidete *Can Bo.* Das Papier, das ich aus meiner Tasche zog und las, war jedoch nur der mir vom Gefängnisdirektor ausgehändigte Entlassungsschein:

Der zentrale Untersuchungsdienst der Sicherheitsdirektion befiehlt die Freilassung von
Doan Van Toai, geboren in Vinh Long 1946.
Grund der Verhaftung: (keine Bemerkung)
Grund der Entlassung: (keine Bemerkung)

Doan Van Toai muß sich den Dienststellen der örtlichen Sicherheit für die Regelung seiner Lage melden.

Zur Information übergeben an:	*Für die Ausführung:*
Volkskomitee von Ho Chi Minh-Stadt	*Der Chef des Le Van Duyet-Gefängnisses, Bai Hieu*

Nach dem Entlassungschein – das einzige Dokument, das ich je erhielt – bin ich also ohne Grund verhaftet und auch freigelassen worden. Ich hatte Glück, kam mit achtundzwanzig Monaten ohne Grund davon. Hunderttausende sind, wenn man so sagen kann, noch für weniger interniert. Denn ich hatte eine politische Aktivität, die die Aufmerksamkeit auf sich lenken, eine gewisse geistige Unabhängigkeit, die Mißtrauen erwecken konnte. Aber zahllose Unglückliche, die nichts als Figuren auf dem Schachbrett waren, sind bedroht, in den Lagern des langsamen Todes zu verenden, nur weil sie schlecht und recht unter dem alten Regime überlebten, indem sie das Gesetz des Stärkeren beachteten. Jene, die in der Einflußzone des FNL waren, gehorchten der FNL, die anderen gehorchten Saigon; und die dazwischen lagen, beugten sich entsprechend der Windrichtung. Was die liberalen Intellektuellen angeht, so brachten sie es zustande, zugleich in den Augen der Saigoner Generäle wie der Hanoier Kommissare verdächtig zu sein und unter beiden Regimen als Parias zu gelten. Ich selbst war mit meinen Träumen von einer Dritten Kraft, von einer Verständigung mit der FNL, von Unabhängigkeit der Kommunistischen Partei und allen Großmächten gegenüber, ein vollkommenes Beispiel generöser Illusionen von Menschen, die ein Höchstmaß an Freiheit für alle und an Gerechtigkeit für jeden wünschen. Doch in Vietnam waren nur zwei Lager möglich: das des Siegers und das des Besiegten. Schweigend blieb ich in dieser Meditation, meinen Entlassungsschein in der Hand, während der Rikschafahrer mal diese, mal jene Straße nahm. Ich blickte, ohne es eigentlich zu sehen, auf das neue Antlitz Saigons. Es gab kein Motorknattern mehr. Auf den Bürgersteigen war das Gedränge größer als auf der Fahrbahn. Nur selten sah man das Flattern der *Ao Dai*, des hübschen Überhangs, den die vietnamesischen Frauen über den schwarzen Hosen tragen. Da und dort trotteten *Bo Doi*-Gruppen herum. Die Stunde des Reisnapfes war im Gefängnis schon längst vorbei. Plötzlich begriff ich, daß ich frei war, etwas Geld hatte und selber beschließen konnte, in einem Restaurant zu essen. Ich rief dem Fahrer zu:

»Wir werden dort unten in der Hai Ba Trung-Straße anhalten, um einen *Pho* zu essen. Wenn du willst, lade ich dich dazu ein.«

Der Junge drehte den Kopf herum:

»Einen *Pho?* Natürlich! Schon lange habe ich mir keinen mehr gegönnt. Natürlich darf man nicht vergessen: zuviel Fleisch essen, ist nicht gut für den Bauch. Aber von Zeit zu Zeit sollte man es sich nicht versagen.«

Ich hatte bemerkt, daß viele Geschäfte geschlossen waren, die eisernen Rolläden gesenkt, aber der von mir anvisierte *Pho* war offen. Es war im Zentrum Saigons, eine sehr belebte Stätte, die ich liebte, mit zahlreichen Studenten. Einstmals aß man dort einen Napf Nudelsuppe mit viel Fleisch für 300 Piaster. Das war der halbe Tageslohn eines Rikschas, des ärmsten Arbeiters. Das Restaurant war fast leer, die wenigen Gäste sprachen leise, die Atmosphäre war unheimlich. Der *Pho* kostete 4 Dong (2000 alte Piaster) und enthielt nur halb soviel Fleisch.

»Jetzt kann ich natürlich nicht mehr oft ins Restaurant gehen«, sagte der Rikscha. »Natürlich verstehe ich, daß alles teurer geworden ist. Vorher bezahlten uns die Amerikaner als Söldlinge, jetzt müssen wir allein durchkommen. Da heißt es, den Gürtel enger schnallen.«

Ein echter Saigoner Straßenjunge, der gern mehr sagen möchte, aber nicht weiß, mit wem er es zu tun hat. Ich muß alles auspacken:

»Kennst du das Gebäude, vor dem du mich geholt hast?«

Einige Sekunden hält er den Löffel in der Luft:

»Da bin ich schon oft vorbeigekommen. Wachtposten, sicher irgendeine Behörde.«

»Es ist ein Gefängnis, Le Van Duyet, und ich komme von dort. Ich war ein Gefangener.«

»Verflucht! Ich hielt dich für einen *Can Bo.* Wer kann sich denn sonst noch einen *Pho* leisten und mich dazu noch einladen. Aber für einen Häftling hast du reichlich Geld.«

Ich erkläre ihm die Herkunft meiner zwanzig Piaster und daß ich damit nicht weit kommen werde.

»Da hast du recht! Manche Monate mache ich ganze sechs Dong, kaum genug, um die offiziellen Rationen zu kaufen. Ich kann gar nicht daran denken, hierher zu gehen. Früher kostete ein Kilo Fleisch 1000 Piaster, heute 12000. Natürlich auf dem Schwarzmarkt. Na ja, du weißt es nicht. Monatlich soll jede Person ein Pfund Fleisch zum amtlichen Kurs bekommen, aber das sagt gar nichts, weil man keines findet.«

Ich erzähle ihm etwas von mir; dann sagte er, auch sein Vater sei verhaftet:

»Als Reaktionär haben sie gesagt. Hast du eine Ahnung! Seit zwanzig Jahren machte er Rikscha und um Politik scherte er sich einen Dreck. Vielleicht hat er mal an einer Ecke einen *Bo Doi* beschimpft. Er soff ein wenig und konnte dann seine Zunge nicht mehr im Zaum halten.«

Diesen *Pho,* von dem ich so lange geträumt hatte, aß ich langsam, fast ohne Lust. Meine Freilassung war kein Fest. Natürlich befürchtete ich die Rückkehr ins leere Haus, aber die Atmosphäre der ganzen Stadt war bedrückend. Beim Hinausgehen begrüßte ich den Besitzer, der mich wiedererkannte und sich sogleich über das schlechte Geschäft beklagte. Einige Wochen später war das Restaurant »auf Anzeige des Volkes« geschlossen. So verschwanden in den letzten Jahren zehntausende Geschäfte, die »Volkseigentum« wurden. Der Rikscha will mir eine Freude machen, mich zu einer Frau hinfahren: »Ich kenne die sehr schöne Frau eines Offiziers, der im Lager ist.«

»Nein danke! Mit der Frau eines Gefangenen. Hat sie denn nichts anderes gefunden, während ihr Mann ...«

»Was soll sie denn tun? Den Angehörigen der Marionettenoffiziere und Beamten, die in den Lagern sind, schlägt man vor, in die ›neuen Wirtschaftszonen‹ zu gehen, wo Leute, die von Landwirtschaft nichts verstehen, verrecken. Also ziehen sie vor, hier zu bleiben. Sie verkaufen den Funktionären nach und nach alles, was sie haben: Möbel, Fernseher, Kühlschrank, sogar das Bügeleisen und die Uhr. Und wenn nichts mehr da ist, schlafen sie mit den *Can Bo.* Unter den Amerikanern gab es Bordelle, Bars, man keilte offen an. Das war ekelhaft. Heute werden die Nutten umerzogen, und die Frauen der Häftlinge arbeiten jetzt als Nutten geheim zuhause. Vielleicht ist das noch ekelhafter.«

Jetzt fahren wir zu mir, der Rikscha will kein Geld annehmen. Nachbarn haben mich entdeckt und kommen heran. Die Ältesten, Freunde meiner Mutter, umarmen mich weinend. Im Verhalten dieser Leute gibt es etwas, das über die übliche Zuneigung gegenüber einem unglücklichen Nachbarn hinausgreift: ein verzweifelter Elan, wie man ihn bei großen Katastrophen sieht, die Unbekannte einander näherbringen. Ich gehe auf unser altes Haus zu. Ich weiß nicht, weshalb ich ein Schild bemerke mit der Aufschrift: »Haltet euer Haus sauber! Haltet eure Straßen sauber!« Tatsächlich war es hier noch nie so rein. Der Eingang zu unserem Haus ist mit Stacheldraht versperrt. Es ist noch hell genug, um ins Innere zu sehen. Alles ist leer, keine Möbel mehr, nur noch Mutters Foto vor dem Ahnenaltar. Mein Vater und meine Schwester stehen jetzt, vom Lärm der Nachbarn angelockt, vor der Tür. »Toai«, sagt mein Vater beim Umarmen, »sie haben dich wegen Mutters Tod entlassen?«

»Ich bin vollständig frei, mit allen meinen Bürgerrechten«, sage ich so laut, daß es alle Nachbarn hören können. Mein Vater stammelt auf Französisch: *Très bien, très bien,* so wie es die gebildeten Vietnamesen seiner Generation häufig taten. In einigen Stunden erfahre ich viele peinliche Dinge, die ich nicht im einzelnen darstellen will. Ich erfahre, wie meine Eltern und meine Frau nach und nach allen Besitz verkaufen mußten, um zu überleben und mir etwas Geld ins Gefängnis zu schicken. Ich erfahre, wie vor vier Monaten ein uniformierter *Can Bo* in einem Wagen mit Fahrer ankam, um mit meinen Eltern über mich zu sprechen. Ich konnte ihn nicht identifizieren, aber er kannte genau meinen Lebenslauf und behauptete, »Sympathie« für mich zu haben, umso mehr, als wir, wie seine Frau, aus der Provinz Vinh Long stammen. Er war bereit, mir ein Kleider- und Lebensmittelpaket zu übergeben. Kein Geld, weil dies zu gefährlich sei. Für sich selbst lehnte er tugendhaft jegliche Entschädigung ab. Meine Eltern waren überglücklich. Eine Woche später kehrte der *Can Bo* mit bestürzter Miene zurück, um meiner Mutter zu berichten, in welch schrecklicher Lage sich ihr Sohn befinde. Ich hätte einem Kader eine tödliche Spritze gegeben und sei daher selber verloren, wenn man nichts unternehme. Zu meiner Rettung übergaben die Eltern dem »Wohltäter«

die letzte Reserve, die Vietnamesen bis zum äußersten behalten: Zehn Gold-Luong.* Der Kader versprach Hilfe, man sah ihn nie mehr wieder.

Die Angst um mich beschleunigte den Tod meiner Mutter. Ihre Aufnahme ins Krankenhaus wurde verweigert. Da es keine privaten Ärzte mehr gab, entschied darüber das Bezirks-Gesundheitsamt. Dort stellte man Fragen, die mit dem Zustand der Kranken nichts zu tun hatten. Weil ein Sohn im Ausland und der andere im Gefängnis war, wurde Mutter noch nicht einmal zur Untersuchung zugelassen. Kein Krankenhaus für Mütter von Volksfeinden. Vater erinnerte sich meiner Freundschaft mit Tan Mam, jetzt Abgeordneter eines Saigoner Bezirks. Fünf Tage später kam Mam mit der Genehmigung für die Aufnahme ins Krankenhaus. Ich bin überzeugt, daß er so schnell wie möglich gehandelt hatte. Aber auch für einen Repräsentanten des Regimes gab es Hürden. Mutter war schon tot und begraben. Aus Scham möchte ich mir ersparen, die erniedrigenden Demarchen zu beschreiben, die man unternehmen muß, um einen Nächsten zu bestatten. Man könnte glauben, daß noch der Tote unter dem wachsamen Auge der Partei bleibt und noch nicht einmal das Recht hat, ins Reich der Ahnen zurückzukehren.

Am Tag nach meiner Entlassung ging ich ins Sicherheitsbüro meines Viertels »zur Regelung meiner Lage«. Um neun Uhr früh warteten schon Dutzende vor dem fünfstöckigen Gebäude. Der verantwortliche Leutnant kam um zehn Uhr herunter, mittags wurde ich vorgelassen. Der Leutnant prüfte meinen Entlassungsschein.

»Warst du Marionettenoffizier?«

»Nein.«

»Marionettenbeamter?«

»Nein.«

Überraschung, eigenartiger Fall.

»Warum hat man dich also verhaftet? Dieb? Plünderer?«

»Ich weiß es nicht. Ich war weder Militär noch Beamter, ich

* Ein Luong entspricht einem Gold-Tael von 37,5 g.

kenne weder den Grund meiner Verhaftung noch den meiner Freilassung. So ist es eben.«

Der Leutnant sucht nach einer Orientierung: »Wann bist du verhaftet worden?«

»Am 22. Juni 1975.«

»Noch nicht einmal zwei Monate nach der Befreiung, und du behauptest, den Grund deiner Verhaftung nicht zu kennen. Machst du dich nicht ein wenig lustig über mich?«

Der Leutnant schlägt dabei mit der flachen Hand auf den Tisch.

»Als mich gestern Oberst Tu Tuan aus dem Gefängnis entließ, erklärte er, daß ich vollständig unschuldig sei.«

Absichtlich gebrauchte ich den Parteinamen des Obersts, denn die Parteileute achten auf solche Einzelheiten: wer den Kode verwendet, gehört irgendwie zum Kreis der Initiierten. Der Leutnant ist ratlos:

»Ich kann Ihren Fall nicht regeln, gehen Sie zur Sicherheit des Bezirks.«

Ich verlange, er solle wenigstens mein Erscheinen in seinem Büro bestätigen, was er auch durch eine Notiz auf der Rückseite des Entlassungsscheins besorgt. Auf dem Polizeiamt des 1. Bezirks empfängt mich ein Hauptmann, der mir ein Formular überreicht. Noch einmal der Lebenslauf – sie müssen davon schon ein gutes Dutzend haben – mit Fragen über meine Eltern, Großeltern, Geschwister, Onkeln und Tanten, Vettern, meine Frau, Kinder, Schwiegereltern, Schwäger und Schwägerinnen; wo ich gelebt, studiert, gearbeitet habe, von wann bis wann usw. Früher schrieb man auf gewöhnlichem Papier, jetzt sind die Fragen vorgedruckt. Die Inquisitions-Bürokratie organisiert sich. Ich bin derart in der Übung, daß der Hauptmann erstaunt ist: »Sind Sie schon fertig? Haben Sie auch auf alle Fragen geantwortet?« Ein Blick auf das Formular überzeugt ihn, daß ich nichts vergessen habe.

»Haben Sie einen Ausweis?«

Ich zeige das Papier vor, was ihn offenkundig günstig stimmt. Es beweist, daß ich weder ein ehemaliger Offizier noch Beamter bin. Die Tatsache, daß mir der Ausweis zurückgegeben wurde, kommt einer Rehabilitierung gleich, einer Rückgabe der Bürgerrechte.

»Wo wohnen Sie?«

»Bei meinem Vater.«

»Und Ihre Frau? Ebenfalls?«

»Nein. *Ve que.*«

In Vietnamesischen heißt *ve que* sowohl »Rückkehr ins Dorf« wie »ins Vaterland«. Nicht zufällig habe ich diesen doppelsinnigen Ausdruck benutzt. Hätte ich gesagt, meine Frau sei nach Frankreich gereist, hätte der Hauptmann gestutzt und mich an eine höhere Stelle verwiesen, was nicht ohne Komplikationen abgegangen wäre. Natürlich ahnte ich, daß mein »Fall« von hohen Funktionären abhing, die über alles, was mich betraf und vor allem die Ausreise meiner Frau, genau Bescheid wußten. Doch gleichzeitig war ich auf Polizeifunktionäre einfachen Ranges, wie diesen Hauptmann hier, angewiesen, dessen subalterne Unruhe um keinen Preis geweckt werden durfte. Doch die geringste Unterbrechung in dem Kreislauf von Stempeln und Unterschriften, derer ich für die Ausreise bedurfte, hätte alles für Monate oder Jahre infragestellen können. *Ve que:* Damals, als die Behörden die arbeitslosen Einwohner Saigons zwangen, in ihre Dörfer zurückzukehren oder in die »neuen Wirtschaftszonen« zu gehen, war der Ausdruck so geläufig, daß der Hauptmann keine Miene verzog. Von der Banalität der Sache überzeugt, unter dem Druck auch des Aktenberges, der auf seine Entscheidung wartete, schrieb er auf die Rückseite meines Entlassungsscheins, während ich den Atem anhielt: »Darf drei Monate in Ho Chi Minh-Stadt bleiben, bevor *ve que vo*« (bevor er zu seiner Frau ins Dorf – ins Land – zurückgeht). Ich versuchte, meine Befriedigung, so gut es ging, zu verbergen.

»Kommen Sie morgen wieder. Die Entscheidung muß vom Chef des 1. Bezirks gebilligt werden.«

Am nächsten Tag erhielt ich das von Oberst Le Tuan unterzeichnete kostbare Papier. Nun stieg die Akte relativ leicht bis zu jenen Stellen, die ein Visum für Frankreich erteilen konnten. Der Gefängniskommandant Tu Tuan besuchte mich. Japanischer Wagen, Gefolge, bewaffnete Begleiter. Im Viertel war das ein Ereignis.

»Ich habe dir gesagt, daß ich ein wenig besser mit dir bekannt werden wollte. Jetzt, da du frei bist, ist es einfacher.«

Eine recht verwirrende Situation, ich sprach so wenig wie möglich. Schließlich wollten die anderen etwas von mir, und sie waren die Stärkeren.

»Man hat deine Akte gründlich untersucht. Mein Vorgesetzter hat mir gesagt, daß er mit unseren Schlüssen einverstanden ist: Sie sind ein Patriot, kein Feind des Sozialismus und der Partei. Die Partei wendet eine humanistische Politik an und wünscht die Zusammenführung getrennter Familien. Ihre Familie ist in Frankreich, wir sind damit einverstanden, daß Sie zu ihr hinfahren. Wir möchten vor allem die Schwierigkeiten der Vietnamesen französischer Staatsangehörigkeit beheben. Das ist der Fall Ihrer Frau, der erlaubt wurde, mit ihren Kindern nach Frankreich zu fahren. Wir verstehen, daß Sie zu ihnen hinwollen, und Sie werden es tun können.«

Schweigend warte ich auf die Bedingungen. Wann werde ich das Visum erhalten? Der Oberst legt sich nicht fest:

»Sie werden sehr bald abreisen können. Wir hoffen, daß Sie in Frankreich mit allen Kräften uns helfen, die humanistische Politik der vietnamesischen Regierung darzustellen, die neue, auf sozialistischen Prinzipien gegründete Gesellschaft. Sie haben Beziehungen in den westlichen Ländern, Sie waren ein Gegner des alten Regimes. Man kann Ihnen glauben, wenn Sie die in unserem Land sich vollziehende Revolution beschreiben.«

Ich war verblüfft. So konnte man also jemanden ohne Grund achtundzwanzig Monate einkerkern und ihn danach ohne Skrupel mit der Auslandspropaganda für ebendieses Regime beauftragen. Der Oberst wird zufrieden sein. Ich werde die vietnamesische Revolution so darstellen, wie sie ist, ohne etwas zu erfinden. Wenn ich ohne Motiv verhaftet und freigelassen wurde, die Erlaubnis erhielt, das Land zu verlassen, so ist es für mich wie ein Wunder. Hunderttausende sind noch immer gefangen, Hunderttausende setzten ihr Leben ein, um aus dem Land zu fliehen.

»Und wenn ich vom Ausland her eine Bewegung gegen Sie auslöste?«

Oberst Tu Tuan lächelt freundlich:

»Wer es vorher sagt, tut nichts. Wer sagt ›Und wenn ich euch verrate?‹, der verrät nicht.«

»Ich habe keine Verpflichtung der Kommunistischen Partei gegenüber«, erwiderte ich.

»Aber Sie haben Verstand. Sie wissen doch, daß die Partei über Mittel verfügt, sich zu verteidigen. Nicht wahr?« Dann greift er scheinbar ein anderes Thema auf: »Sie leben hier mit Ihrem Vater und Ihrer Schwester, wenn ich richtig verstanden habe?«

Auch ich habe verstanden, was Oberst Tu Tuan sagen will. Mein Vater und meine Schwester dürfen das Land nie verlassen, sie dienen als Geiseln. Doch der Oberst weiß nicht, daß die Meinen mir erlaubt haben, sobald es möglich ist, frei zu sprechen. Im voraus haben sie ihre Freiheit geopfert. Ich hoffe nur, daß der Skandal, der ihre Verhaftung auslösen würde, sie beschützt. Um nicht das Mißtrauen des Obersts zu erwecken, mache ich ihm etwas vor: »Ich habe genug von der Politik, jetzt will ich nur eines: mit meiner Familie ein ganz normales Leben führen.«

Diese Lektion habe ich im Gefängnis gelernt: wer zuviel Eifer zeigt, wird verdächtig. Gegenüber den Leuten, die ich treffe, verhalte ich mich ähnlich. Manche bedrängen mich, politisch »etwas zu tun«. Ich will davon nichts wissen, sage, im Delta Reis anbauen zu wollen. Die mich aus der großen Zeit des Studentenverbandes kennen, sind überrascht. Ich vertreibe meine Zeit, indem ich Mädchen suche, schwimmen gehe und wertloses Zeug rede.

Februar 1978, mein Visum ist noch immer nicht da. Ich bitte, vom Abgeordneten des 1. Bezirks Duong Van Day empfangen zu werden, den ich vor acht Jahren mitgeholfen habe, aus den Thieu-Gefängnissen zu befreien. Sein imposantes Büro befindet sich in einem Luxus-Building nahe dem Intercontinental Hotel. Louis XVI-Möbel, die wahrscheinlich einst einem reichen französischen Siedler gehörten. Komik der Geschichte. Reizende Sekretärin, Kaffee. Dann erscheint Day, mager, besorgt, beschäftigt.

»Toai, was führt dich her?«

Ich ziehe meine Nummer als einsichtiger Gefangener ab, der sich um nichts mehr kümmern will und nur wünscht, daß man die Bewilligung des Visums beschleunigt.

»Ich will versuchen, dir zu helfen, aber es ist nicht einfach.«

Ich gebe zu verstehen, daß ich, ungeachtet meiner Armut, dem Helfenden mich erkenntlich zeigen kann. Einige Tage später kommt der Abgeordnete zu mir nachhause, um anzudeuten, daß sich die Sache mit 60 Gold-Luong arrangieren ließe. Damals entsprach ein Gold-Luong 2000 neuen Piastern (Dong).* Einer der bestbezahlten Männer des neuen Regimes, verdiente Day monatlich 120 Dong. Ohne Scheu nenne ich den Namen Day, ein Privilegierter des kommunistischen Regimes, der nicht zögerte, einen Freund zu erpressen, dem er einst seine Freilassung aus dem Kerker verdankte. Man kann ermessen, mit welcher Dreistigkeit er sich Unbekannten gegenüber verhält. Und es erlaubt, die verallgemeinerte Korruption zu ahnen, die mittels Goldzahlung die Ausreise erlaubt. Es gibt keinen emigrierten Vietnamesen, der nicht ein beträchtliches Bakschisch in Gold oder Dollars an einen Funktionär der kommunistischen Regierung gezahlt hätte. Die sechzig Gold-Luong konnte ich natürlich nicht in meiner Familie finden. Ich konnte sie auch nicht bei Leuten leihen, die ängstlich ihre letzte Habe hüteten, um eines Tages aus dem sozialistischen Paradies zu fliehen. Ich darf nicht sagen, auf welche Weise ich letztlich dreißig Luong aufgebracht habe. Ich ging zu Van Day:

»Es ist mir unmöglich, mehr zu tun. Den Gegenwert der restlichen Summe schicke ich aus Frankreich.«

Day ließ nicht mit sich reden:

»Das genügt nicht. Du scheinst nicht zu verstehen, wieviele Leute ich bezahlen muß, um dein Visum ›abzudecken‹.«

Ich mußte noch dreißig Gold-Luong finden. Meine damaligen Helfer bereiten insgeheim Vietnams Befreiung vor, viele von ihnen leben schon im bewaffneten Untergrund. Bald wird man von ihnen hören. Ihre Kraft nährt sich aus der ungeheuren Enttäuschung des vietnamesischen Volkes. Nach so vielen Kampfjahren, so viel Blut, so vielen Opfern, um sich der Fremdherrschaft zu entledigen, sind die Vietnamesen heute mehr unterdrückt, als sie es je waren. Die »Befreiung« des Jahres 1975 war für das ganze vietnamesische Volk ein Betrug. Vom Flugzeug aus, das mich am 11. Mai 1978 ins Exil forträgt, blicke ich schweren Herzens auf die sich entfernende Ho Chi Minh-Stadt, auf die verlöschenden Spiegel der Reisfelder, auf die entschwindende Küste. Mein Land ist ein ungeheures Gefängnis geworden. Wir werden uns von neuem befreien müssen.

* Ein Luong entspricht einem Gold-Tael von 37,59.

Anhang

1. Testament der patriotischen Gefangenen Vietnams

Wir patriotischen Arbeiter und Bauern, Priester, Künstler, Schriftsteller, Intellektuelle, gegenwärtig in den Gefängnissen Vietnams, wollen zunächst unsere tiefe Dankbarkeit bekunden: allen fortschrittlichen Bewegungen in der Welt, allen Kampfbewegungen der Arbeiter und Intellektuellen, allen Personen, die während des letzten Jahrzehnts den Kampf für die Achtung der Menschenrechte, für Demokratie und Freiheit der unterdrückten Vietnamesen unterstützt haben.

Im Namen des Glaubens an eine gerechte Sache wollen wir euch, Freunde der Gerechtigkeit und Freiheit sowie die internationale Öffentlichkeit, auf eine Strafrechtspolitik hinweisen, die in der Menschheitsgeschichte noch nie angewendet wurde und deren Grausamkeit man nicht ermessen kann – eine geplante Grausamkeit gegenüber allen Insassen der vietnamesischen Gefängnisse. Außer den 400000 Soldaten, Offizieren, Beamten des alten Regimes, die lebenslang in Konzentrationslagern schmachten, hält die gegenwärtige kommunistische Regierung 400000 Personen anderer Kategorien gefangen: patriotische Arbeiter, Bauern, Intellektuelle, die mit dem alten Saigoner Marionettenregime nichts gemein hatten und im Gegenteil bei der Bevölkerung bekannt sind aufgrund ihrer Unbestechlichkeit und ihres einstigen Kampfes für den Frieden. Aus Furcht vor der breiten Opposition aller Gesellschaftsklassen hat der Sicherheitsdienst des gegenwärtigen Regimes unterschiedslos Greise, Frauen und Invalide verhaftet. Ohne Zögern hat er sogar Geisteskranke, Kinder und Neugeborene festgenommen. Unter tausenden Fällen können wir folgende Verhaftungen anführen:

- des Journalisten Doan Ke Tuong, seiner Frau und ihres fünfzehntägigen Babys;
- des Journalisten Dang Giao, Generalsekretär der Zeitung *Song*, seiner Frau und ihres siebentägigen Babys;
- des 82jährigen Phan Vo Ky, Generalsekretär des Obersten Rates der Religionen in Vietnam;

– des Hochwürdigen Quang Do, Generalsekretär der Vereinigten buddhistischen Kirche Vietnams, Pagode An Quang;
– des Paters Nguyen Van Bo, Direktor der Diözese Fatima in Saigon.

Trotz der eindrucksvollen Zahl von Gefängnissen, die das alte Regime hinterlassen hat und die seinerzeit von der internationalen Öffentlichkeit scharf verurteilt wurden, hat die kommunistische Regierung nicht genug Platz, um ihre Häftlinge unterzubringen. Sie baute nicht allein neue Gefängnisse, sondern verwandelte Schulen, Hotels, Häuser, Waisenanstalten in Kerker. Das gilt für das Dai Nam-Hotel, das Dai Loi-Building (im Zentrum Saigons), das Waisendorf Long Thanh.

Anstelle des Strafsystems des alten Regimes trat ein noch subtileres System geplanter Grausamkeit. Jede Verbindung zwischen dem Häftling und seiner Familie, sogar der Schriftverkehr, ist absolut verboten. Die Familie eines Häftlings, die von seinem Los nichts weiß, lebt in unerträglicher Angst und muß schweigen, damit der als Geisel gehaltene Häftling nicht ermordet wird, ohne daß sie es überhaupt erfährt. Diese äußerst wirksame Politik hat noch nie gesehene Dramen hervorgerufen: zahlreiche Kinder haben endgültig ihren Vater verloren, und viele Frauen werden ihren Mann nicht wiedersehen.

Die Ernährung der Gefangenen soll nach den Beschlüssen der Regierung monatlich 9,2 Piaster (3,5 Dollars) kosten. Tatsächlich reduzieren sowohl die Korruption der Kader wie die Inflation die Ration auf höchstens 70% der vorgesehenen Menge. Man muß auf die unvorstellbaren Haftbedingungen verweisen. Im Saigoner Chi Hoa-Gefängnis waren unter dem alten Regime 8000 Insassen (und dies wurde streng gerügt), heute sind dort fast 40000 eng zusammengepreßt. Oft sterben sie an Unterernährung, mangelnder Luft, unter der Folter oder bringen sich selbst um. Unter den Toten befinden sich der 80jährige Pater Hoang Quynh, Präsident des Obersten Rates der Religionen, der Schriftsteller Duyen Anh usw.

Gegenwärtig kennen wir nicht das Schicksal des Paters Tran Huu Thanh, Präsident der Bewegung gegen die Korruption unter Thieu, des Hochwürdigen Thong Buu, offizieller Vertreter der An Quang-Pagode und des Gia Dinh-Bezirks, des Rechtsanwalts

Tran Dangh San, Präsident der Kampfbewegung für die Menschenrechte, des Karikaturisten Nguyen Hai Chi alias Choe. Alle schwerkrank und ohne Medikamente. Ein Fünftel starb bereits in den Umerziehungslagern. In Vietnam gibt es zwei Arten von Gefängnissen: die offiziellen Gefängnisse und die Konzentrationslager. Letztere sind im Dschungel verloren, der Häftling ist zu lebenslänglicher Zwangsarbeit verurteilt, kommt vor kein Gericht und kein Anwalt kann ihn verteidigen. Die Gefangenen kämpfen gegen dieses unmenschliche Regime. Tausende wurden bereits geopfert wie der Industrielle Do Duc Vuong, der Anwalt Luu Dinh Vip, der Caodai-Würdenträger Tran Quang Vinh. Ihr heroischer Akt wurde im Ausland nicht bekannt, denn Vietnam ist von einem eisernen Vorhang umgeben. Kein Journalist wird hineingelassen, die Bevölkerung darf nicht mit Ausländern sprechen, sogar nicht mit Sowjetbürgern. Das gegenwärtige Regime hat sehr geschickt schöne Programme präsentiert, verführerische Versprechungen gemacht, um seine Kader einzuschläfern und die internationale Öffentlichkeit zu täuschen mit dem Ziel der endgültigen Errichtung einer unmenschlichen Diktatur.

In dem ungeheuren Gefängnis, das Vietnam jetzt darstellt, und in den eigentlichen Gefängnissen zielt die Politik darauf ab, die Volksmeinung, sofern sie konstruktiv ist, schon im Anfangsstadium zu ersticken. In der zeitgenössischen Geschichte ist die Existenz solch eines Regimes eine Verletzung der Menschheit, eine Schande für das Gewissen. Es ist überdies eine Herausforderung der internationalen Öffentlichkeit, der fortschrittlichen Kräfte, der internationalen Organisationen und aller Menschen guten Willens. Wendet euch der Hölle Vietnam zu! In dieser letzten Minute der Agonie appellieren hunderttausende Häftlinge an euch. Greift mit allen Mitteln ein, damit unverzüglich diese mittelalterliche Grausamkeit aufhört. Der Holocaust der ermordeten Juden ist eine ungeheure Wunde der Menschheit. Aber in Vietnam werden Hunderttausende gefoltert, unterdrückt, leben in ständiger Angst, im Leiden und im Wahnsinn.

Wenn es wahr ist, daß die Menschheit zurückweicht aus Furcht vor der Entwicklung des Kommunismus, besonders vor der angeblichen Unbesiegbarkeit der vietnamesischen Kommunisten, die den »allmächtigen amerikanischen Imperialismus bezwungen« haben, so verlangen wir Gefangenen Vietnams vom Internationalen Roten Kreuz, von den Hilfsorganisationen, von den gutwilligen Menschen, daß sie umgehend einem jeden von uns eine Zyankali-Tablette schicken, damit wir unser Leiden und unsere Erniedrigung beenden können. Wir wollen sofort sterben! Helft uns, diesen Akt zu verwirklichen: Helft uns, sofort zu sterben. Wir werden euch dafür dankbar sein.

Hergestellt in Vietnam zwischen August 1975 und Oktober 1977. Dieses Testament redigierte Dinh Huy Bin, unter dem Thieu-Regmie und unter dem kommunistischen Regime eingekerkert. Der Text wurde gelesen, korrigiert und angenommen von:

1. Ta Nguyen Minh, 80jährig, sechzehnmal verhaftet unter den Franzosen, unter Diem, Thieu und der kommunistischen Herrschaft. Vierzehn Jahre lang Weggefährte Ho Chi Minhs. Unterzeichnete im Le Van Duyet-Gefängnis, Saal 8, Quartier C.

2. Nguyen Van Thang, 80jährig, viermal im Gefängnis unter den Franzosen, unter Diem, unter den Kommunisten. Alter Revolutionsveteran, Freund des jetzigen Präsidenten Ton Duc Thang, in Rach Gia verhaftet. Unterzeichnete im Tran Hung Dao-Gefängnis, Gemeinschaftszelle B.

3. Pater Tran Huu Thanh, Vorsitzender der Bewegung gegen die Korruption unter Thieu. Unterzeichnete im Chi Hoa-Gefängnis bei seiner Überführung nach Tran Hung Dao.

4. Rechtsanwalt Tran Van Tuxen unterzeichnete im Long Thanh-Gefängnis. Kam dann nach Chi Hoa, wurde 1976 in den Norden deportiert und starb dort.

5. Thanh Thuong Hoang, Vorsitzender der Journalisten-Gewerkschaft, unterzeichnete im Le Van Duyet-Gefängnis, Saal 7, Quartier C1.

6. Professor Ho Huu Tuong, unter Diem zum Tode verurteilt, unterzeichnete im Vo Tanh-Gefängnis.

7. Die Schriftstellerin Nha Ca unterzeichnete im Tran Hung Dao-Gefängnis.

8. Professor Nguyen Hung Truong, Direktor des Khai Tri-Verlags, unterzeichnete in Le Van Duyet, Saal 3, Quartier C2.

9. Nguyen Kien Giang, Direktor der Zeitung *Quotidien*, Vor-

sitzender der Gewerkschaft südvietnamesischer Journalisten, unterzeichnete in Long Thanh.

10. Der Hochwürdige Thien Hue, von der Dai Giac-Pagode, unterzeichnete in Le Van Duyet, Saal 2, Quartier A.

11. Nguyen Van Hieu, genannt Muoi Huong, hoher kommunistischer Kader, 30 Jahre Mitgliedschaft in der KP, Direktor der Fabrik Tran Hung Dao (Nordvietnam). Leitete die Tet-Offensive 1968 in Saigon. Unterzeichnete im Tran Hung Dao-Gefängnis, Gemeinschaftssaal B.

12. Nguyen Van Tang, genannt Hai Tang, 30 Jahre Mitgliedschaft in der KP, Bauer, stellvertretender Bürgermeister im Bezirk Binh Chanh. Unterzeichnete in Le Van Duyet, Saal 5, Zone A.

13. Nguyen Hoan, Künstler der Gruppe Befreiung (FNL). Unterzeichnete in Le Van Duyet, Saal 5, Zone A.

14. Rechtsanwalt Vu Dang Dung, Vorsitzender des Anwalts-Verbands von Mittel-Vietnam und Vorsitzender der Bewegung für die Anwendung des Pariser Vertrags. Unterzeichnete in Le Van Duyet, Kerker 25.

15. Doan Van Toai, stellvertretender Vorsitzender des Saigoner Studentenverbandes (Vorsitzender Tan Mam), Chefredakteur der Zeitschrift *Tu Quyet,* zweimal in Haft unter Thieu. Unterzeichnete in Tran Hung Dao, Lager B.

16. Rechtsanwalt Tran Danh San, Vorsitzender der Bewegung für die Menschenrechte, unter Diem eingekerkert. Unterzeichnete, durch Folter körperlich erschöpft, in Le Van Duyet, Saal 8, Quartier C 2.

17. Rechtsanwalt Nguyen Huu Giao, Vorsitzender des Studentenverbandes in Hué 1964. Leitete die Operation gegen das amerikanische Informationszentrum in Hué. Unter Diem eingekerkert. Unterzeichnete im Kerker Nr. 4, Zone C 1 in Le Van Duyet.

18. Rechtsanwalt Ho Cong Lo, Vorsitzender der Jugendbewegung Mittel-Vietnams für die Anwendung des Pariser Vertrags. Unterzeichnete in Le Van Duyet, Saal 3, Zone C 2.

19. Verleger Pham Quang Khai. Unterzeichnete in Le Van Duyet, Saal 7, Zone C 1.

20. Rechtsanwältin Nguyen Thi Nga, Generalsekretärin der Jugend für den neuen Widerstand. Unterzeichnete in Le Van Duyet, Kerker Nr. 3, Zone C 1.

21. Rechtsanwalt Nguyen Huu Doan, Vorsitzender des Saigoner Studentenverbandes 1963. Unter Diem eingekerkert. Unterzeichnete im Vernehmungszentrum Le Van Duyet.

22. Huynh Thanh Vi, Vorsitzender des Verbandes der Zeitungsverleger. Unterzeichnete in Le Van Duyet, Saal 3, Zone A.

23. Son Diem Nguyen Viet Khanh, genannt Viet Lang Quan, unterzeichnete im Umerziehungslager Gia Rai.

24. Nguyen Hai Chi, genannt Choe, bekannter Karikaturist. Durch die Haft vollständig gelähmt, unterzeichnete in Le Van Duyet, Saal 1, Zone A.

25. Hai Chieng Thang, ehemaliger Kommandant der FNL-Armee. Unterzeichnete in Le Van Duyet, Saal 9, Zone C 1.

26. Schriftsteller Nguyen Huu Hieu. Unterzeichnete in Le Van Duyet, Saal 4, Zone C 1.

27. Regisseur Hoang Vinh Loc. Unterzeichnete in Le Van Duyet, Saal 4, Zone C 1. Starb kurz nach seiner Entlassung im Oktober 1977.

28. Fräulein Nguyen Thi Tuyet, Schneiderin. In der FNL-Zone verhaftet, nach Chi Hoa überführt, wo sie unterzeichnete.

29. Dinh Van Cau, Vorsitzender des Flüchtlingsverbandes. Unterzeichnete in Le Van Duyet, Kerker 21.

30. Schriftsteller Nhu Phong. Unterzeichnete im Kerker, Le Van Duyet, Zone A. Führte einen hunderttägigen Hungerstreik, um gegen das kommunistische Strafregime zu protestieren.

31. Phan Vo Ky, 82jährig. Elfmal verhaftet unter den Franzosen, unter Diem und Thieu, Generalsekretär des Obersten Rates der Religionen. Unterzeichnete in Le Van Duyet, Saal 7, Zone C 1.

32. Pater Huyen Linh, von der Fatima-Kirche, unterzeichnete, schwer gelähmt, in Le Van Duyet, Kerker B, Saal 3.

33. Professor Mai Van Le, Dekan der Rechts-Fakultät in Hué. Unterzeichnete in Le Van Duyet, Kerker C 1, Saal 13.

34. Ho Van Dong, Direktor der Tageszeitung *Quyet Tien*. Unterzeichnete in Le Van Duyet, Kerker 9, Zone C 1.

35. Professor Vu Quoc Thong, Dekan der Rechts-Fakultät in Saigon. Unterzeichnete in Tran Hung Dao, Kerker 5.

36. Schriftsteller Doan Quoc Sy. Unterzeichnete in Le Van Duyet, Kerker 24, Zone C 1.

37. Journalist Doan Ke Tuong. Unterzeichnete in Le Van Duyet, Saal 2, Zone A.

38. Frau Doan Ke Tuong, genannt Trieu Giang, unterzeichnete im Frauengefängnis Tran Hung Dao.

39. Dang Gia, Redaktionssekretär der Zeitung *Song*, unterzeichnete in Le Van Duyet, Saal 1, Zone C 2.

40. Schriftstellerin Chu Vy Thuy unterzeichnete im Frauengefängnis Tran Hung Dao.

41. Vo Long Trieu, Direktor der unter Thieu oppositionellen Zeitschrift *Dai Don Toc*. Unterzeichnete in Le Van Duyet, Saal 9, Zone C 2.

42. Professor Nguyen Van Thang, Generalsekretär des Saigoner Studentenverbandes, Vorsitzender der Bewegung für das Lebensrecht des Volkes 1970. Unterzeichnete in Le Van Duyet, Saal 2, Zone B.

43. Nguyen Thanh Hai, FNL-Leutnant, politischer Kader, von den Kommunisten 1974 verhaftet. Unterzeichnete in Le Van Duyet.

44. Tran Doan, Kommandant der nordvietnamesischen Volksarmee, Bürochef für chemische Produkte im Wirtschaftsministerium. Unterzeichnete in Le Van Duyet, Saal 4, Zone C 1.

45. Ingenieur Ho Ky Duc, Studium in der DDR, Direktor der Rohstoffabteilung in Danang. Unterzeichnete in Le Van Duyet, Saal 3, Zone C 1.

46. Mai Van So, Bruder des ehemaligen nordvietnamesischen Botschafters in Paris, Generalstabschef der FNL-Zone 2, schloß sich nach 1968 dem Thieu-Regime an. Unterzeichnete in Le Van Duyet, Saal 3, Zone C 1.

47. Der Hochwürdige Thich Quang Do, Generalsekretär von Vien Hoa Dao der Vereinigten buddhistischen Kirche. Unterzeichnete in Le Van Duyet, Kerker 21, Zone C 2.

48. Pater Pam Huu Nam. Unterzeichnete in Le Van Duyet, Saal 3, Zone C 2.

2. Erklärung der enterbten Vietnamesen über die Menschenrechte

(vor der Saigoner Kathedrale am 18. April 1977 vorgelesener Text)

Mit den uns verbliebenen schwachen Kräften, mit dem uns verbliebenen versehrten Geist beschließen wir, auf dem Wege gewaltloser Aktionen für die Achtung der Menschenrechte in Vietnam zu kämpfen. Unsere Kräfte sind durch Entbehrung und Hunger geschwächt. Unser Geist ist versehrt, denn wir müssen, gesenkten Hauptes und gebeugten Rückens, blind, ohne Widerruf und endgültig den Befehlen einer tyrannischen Partei und Regierung gehorchen. Wir haben den Weg der Gewaltlosigkeit gewählt; er ist der einzige, der einem seit mehreren Jahrzehnten gequälten Volk Blutvergießen und Opfer ersparen kann.

Bauern der ganzen Welt! Seht auf eure Gefährten in Vietnam. Der vietnamesische Bauer arbeitet in erschöpfender tropischer Hitze, erleidet die Last der Natur, um letztlich zu sehen, wie seine Ernte im Namen der Errichtung eines angeblichen Sozialismus beschlagnahmt wird. Nachdem der Büffel den Pflug gezogen hat, darf er ein wenig ausruhen. Dagegen muß der vietnamesische Bauer nach einem Tagewerk auf den Reisfeldern in seiner knappen Freizeit Propagandalektionen, sinnlose Doktrinen erleiden.

Arbeiter der ganzen Welt! Stellt euch die Lebensbedingungen des vietnamesischen Arbeiters vor. Er muß einen ganzen Monat sich quälen ohne Hoffnung auf eine andere Woche, eine ganze Woche ohne Hoffnung auf einen anderen Tag, einen ganzen Tag ohne Hoffnung auf eine andere Stunde. Das alles für einen Elendslohn, wobei er überdies erklären muß, daß er es freiwillig tut. So muß er seinen Schweiß, seine Tränen, sein Blut den führenden Parteikadern opfern und verkünden, daß er dies seiner Regierung, der Klarsicht der Partei verdanke. Das heiligste Recht der Arbeiter, der Streik, ist in Vietnam beseitigt.

Gläubige, Wissenschaftler, fortschrittliche Künstler und Intellektuelle der Welt! Betende in den Kirchen, unterbrecht euer Gebet! Wissenschaftliche Forscher, verlaßt euer Laboratorium! Kunstschaffende, zerbrecht Feder und Pinsel! Wendet euch der

Tragödie Vietnams zu. Hier werden Kirchen und Pagoden Indoktrinationsstätten; die Prinzipien der Wissenschaft werden nach den Propagandaerfordernissen des Regimes entstellt; Künstler und Journalisten müssen ihre Worte verdrehen, um die Irrtümer der Partei und Regierung zu verschleiern.

Die vietnamesischen Bauern, Arbeiter und Intellektuelle stehen vor folgender Option: sich beugen und den Befehlen der neuen Rasse von Spekulateuren – den kommunistischen Kadern – blind gehorchen für einen Elendslohn, für Essensabfälle, eine langsame und hoffnungslose Agonie. Oder hinter dem Stacheldraht eines Konzentrationslagers verenden, wie es so viele in diesem Land gibt.

Die ganze Ernte des Bauern, alle von den Arbeitern erzeugten Produkte sind in den Händen des Staates, der sie nach eigenen Kriterien verteilt. Wir haben gesehen: Arbeiter und Bauern wurden gezwungen, während ihrer Freizeit ohne Lohn zu arbeiten aus Furcht, daß ihrer Familie die Reisration entzogen und somit zum Hungertod verurteilt wurde. Greise und Frauen waren genötigt, auf Versammlungen Freude zu simulieren, denn sonst hätte ihre Familie keinen Reis und keine lebenswichtigen Produkte erhalten. Sogar der entlassene Häftling muß schweigen und wagt nicht, über die Greuel in den Gefängnissen zu sprechen aus Furcht, daß seine Kinder, seine Frau die Reisration verlieren könnten und hungern müßten.

Man kann den Mut haben, sein eigenes Leben zu opfern, aber man hat nicht den Mut, seine Nächsten um seiner selbst willen zu opfern. Das erklärt völlig unvorstellbare Fälle, da ein Vater, um eine Reisration zu erhalten, seinen Sohn veranlaßt, ihn zu denunzieren. Sonst müßten sich alle beide opfern. Ähnliche Fälle haben sich zugetragen, und niemand, der nicht in Vietnam gelebt hat, kann sie verstehen: eine Frau denunziert ihren Mann, ein Mann seinen Bruder. Das gegenwärtige Regime benutzt die Nahrung, um das Volk zu regieren, um seinen Willen zu brechen, jeden Widerstand zu verhindern. Jedes konstruktive Denken wird schon im Stadium des Entwurfs, nicht der Aktion, als reaktionär bezeichnet. Wer es ausdrückt, dem droht Haft ohne Gerichtsurteil. Gericht, Polizei, Vernehmungszentrum, Parlamentsabgeordnete:

alles politische Kader, die nach den Direktiven der Einheitspartei handeln.

Während die Propagandamaschine von Gnade, Menschlichkeit, Freiheit und Demokratie spricht, sieht die Realität ganz anders aus. Morde und tödliches Foltern trafen ein Fünftel der Beamten des alten Regimes in den Konzentrationslagern. Überdies hat die Regierung Wohnungen beschlagnahmt, auch von Arbeitern, die aus den Städten vertrieben wurden, um auf Baustellen oder auf dem Lande zu arbeiten.

Intellektuelle der ganzen Welt, erwacht! Arbeiter der ganzen Welt, steht auf! Um das Humane, das noch im Menschen verbliebene Gewissen zu retten, müßt ihr handeln, damit diese Grausamkeit, diese Verletzung der Menschen- und Bürgerrechte durch die jetzige Regierung Vietnams aufhören. Keine Minute darf mehr verloren werden. Aufgrund der Artikel 13 und 63 der Charta der Vereinten Nationen müssen die fortschrittlichen Völker, die Regierungen, internationalen Organisationen und besonders die UN mit allen Mitteln eingreifen, um die Verletzung der Menschenrechte zu unterbinden, die planmäßige Usurpation der Freiheiten, die Politik, die den Menschen vertiert, beugt und blind Befehlen unterwirft. In jeder Stunde, die verstreicht, sterben Tausende in den Lagern und Gefängnissen. Jeder Tag, der vorübergeht, ist ein Tag zusätzlicher Leiden für Millionen Vietnamesen. Sie warten auf das Wort und die Aktion der Humanisten in der ganzen Welt.

Saigon, den 18. April 1977

Unterzeichner:

1. Rechtsanwalt Tran Danh San, Vorsitzender der Kräfte der fortschrittlichen Jugend gegen den Militarismus 1965;

2. Professor Pham Bieu Tam, stellvertretender Vorsitzender der Vereinigung patriotischer Intellektueller;

3. Professor Ton That Duong Ky, stellvertretender Vorsitzender der FNL in Saigon, von der Saigoner Regierung wegen seiner pazifistischen Tätigkeit nach Nordvietnam ausgewiesen;

4. Huynh Thanh Vi, Vorsitzender des Verbandes der vietnamesischen Presse, unter Thieu verhaftet.

5. Rechtsanwalt Nguyen Huu Giao, stellvertretender Vorsit-

zender der Studenten von Hué 1964, organisierte den Brand des amerikanischen Informationszentrums;

6. Rechtsanwalt Trieu Ba Thiep, Vorsitzender des Kampfkomitees der Studenten gegen die Diem-Diktatur 1963;

7. Professor Nguyen Van Thang, Generalsekretär des Saigoner Studentenverbandes 1969, Vorsitzender des Studentenverbandes für das Lebensrecht des Volkes.

Michel Voirol, geb. 1934, lebt als Journalist in Paris. Er arbeitete u. a. bei *Combat* und *Quotidien de Paris.* Sein zunehmendes Interesse galt der Politik Ostasiens. Anläßlich einer Vietnam-Reportage lernte er 1970 Doan Van Toai kennen, der als oppositioneller Studentenführer damals gerade eine Gefängnisstrafe während des Thieu-Regimes abgesessen hatte. Nach seiner Entlassung 1978 und Emigration nach Frankreich nahm Van Toai den Kontakt zu Michel Voirol wieder auf und verfaßte zusammen mit ihm den *Vietnamesischen Gulag.*

Veit Valentin
Geschichte der Deutschen

Mit einem Abriß der deutschen Geschichte seit 1945 von Erhard Klöss. Mit ausführlicher Zeittafel, Register, und ca. 140 Abbildungen. Gebunden. Ca. 700 Seiten.
In einer Zeit der Rückbesinnung auf Geschichte, auch auf deutsche Geschichte, nimmt Veit Valentins *Geschichte der Deutschen* einen hervorragenden Stellenwert ein.
Sie erschien 1946 in weiter »Entfernung vom Schauplatz der Ereignisse«, in den USA. Das Werk wurde in zahlreiche Sprachen übersetzt und brachte dem in Deutschland geächteten, aus der Gilde der Wissenschaftler durch Kollegenneid und -intrige ausgeschlossenen und schließlich im aufkommenden Nationalsozialismus zum Verlassen seiner Heimat gezwungenen Historiker Veit Valentin späte, allzu späte Genugtuung.
Der Verlag legt diesen Klassiker unter den Geschichtsbüchern jetzt erneut vor – mit sorgfältig ausgewählter Bebilderung und einem kurzen Abriß der deutschen Geschichte seit 1945 Erhard Klöss.

Von Veit Valentin sind ferner erschienen:
Geschichte der deutschen Revolution 1848–1849 2 Bände 1970; Von Bismarck zur Weimarer Republik 1979

k&w
Verlag Kiepenheuer & Witsch

Dieter Wellershoff
Die Schönheit des Schimpansen

Roman. Gebunden. 310 Seiten.

Dieser Roman erzählt die Geschichte eines Mordes und zeichnet das Charakterbild des Mörders. Mit intimer Genauigkeit legt dies Buch das Netzwerk des Verhängnisses frei. Es ist ein Blick hinter die stille, unauffällige Fassade eines Menschen, in dem ganz allmählich der Todeswunsch die Oberhand über die Selbstbehauptung gewinnt und sie unter sein blutiges Diktat stellt.
Unaufhaltsam verengt sich die Welt des Mörders, er geht weiter über heißer werdenden Boden auf die notwendige Vollendung seiner Geschichte zu.

Dieter Wellershoff veröffentlichte bisher folgende Bücher:

Gottfried Benn-Phänotyp dieser Stunde 1959; *Der Gleichgültige. Versuche* 1963; *Ein schöner Tag* 1966; *Die Schattengrenze.* Roman 1969; *Literatur und Veränderung.* Essays 1969; *Das Schreien der Katze im Sack.* Hörspiele 1970; *Einladung an alle.* Roman 1972; *Literatur und Lustprinzip* Essays 1973; *Doppelt belichtetes Seestück* und andere Texte 1974; *Die Auflösung des Kunstbegriffs.* Essays 1976; *Glücksucher.* Drehbücher 1979;